新シリーズ
社会学

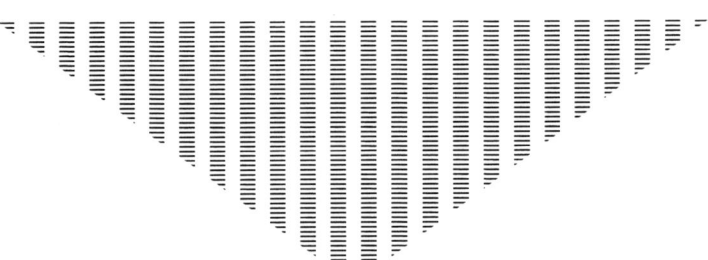

第二版
福祉コミュニティ論

奥田道大 編著
和田清美

学文社

執筆者紹介

奥田 道大　中央大学文学部教授　（第Ⅰ部，第Ⅱ部，第Ⅲ部）
越智　昇　横浜市立大学名誉教授　（第Ⅱ部，第Ⅳ部2）
林　泰義　計画技術研究所所長・千葉大学客員教授　（第Ⅱ部，第Ⅳ部1）
和田 清美　東京都立短期大学助教授　（第Ⅱ部，第Ⅳ部3）
児玉 善郎　日本福祉大学社会福祉学部助教授　（第Ⅱ部）
高橋 儀平　東洋大学工学部建築学科助教授　（第Ⅱ部）
菱田 紀子　元・東京都社会福祉協議会　（第Ⅱ部）
川井 誉久　東京都社会福祉協議会　（第Ⅱ部）
木原 明子　東京都社会福祉協議会　（第Ⅱ部）
森本 佳樹　立教大学コミュニティ福祉学部教授　（第Ⅱ部）

▼▼▼ はじめに

　1．本書は，福祉コミュニティに関する構想と現実を，事例調査を中心にとりまとめたものである．福祉コミュニティとは何かを自問自答しながらも，私たちは，まず「定義」から入るのが東京方式，「実態」から入るのが関西方式との世間でとりざたされている話をひきついで，関西方式を採ることにした．

　福祉コミュニティの背景をなす都市化社会，高齢化社会，国際化社会も，地域社会レベルでは独自の様相を示している．都市化社会も，都市化の途上段階ではなく，成熟段階の都市型社会にある．高齢化社会も，高齢化率の2000年全国予測値が，大都市既成市街地では，すでに現実の問題となっている．また国際化社会も，中国，韓国等からのアジア系外国人を迎え入れるなかで，「多国籍企業」ならぬ「多国籍市民」がともに住み合う条件づくりが，地域社会の現実の問題となっている．

　したがって，高齢化問題一つとっても，都市型社会にあっては，高齢者世代に特有の問題というよりも，地域社会全体の問題である．高齢者世代も，そうでない世代も，ハンディキャップのある人びとも，そうでない人びとも，気脈を通じ合い，ともに生き，助け合うシステムづくりが，地域社会の課題となる．とくに若い世代，健常者と言われる人びとにあっては，身近な高齢者問題，ハンディキャップ問題を，一旦は自分たちの問題におきかえる複眼的なものの見方，あるいは発想，想像力が，地域生活上の作法，けじめともなる．

　福祉コミュニティのあり方は，コミュニティ自体のあり方でもある．逆に言えば，福祉コミュニティの発想を欠くコミュニティは，コミュニティの内実に値しないことになる．

　2．私たちは，「実態」から入るにあたって，およそ次の三つの分野を，事例調査の中心においた．

　第1は，都市化社会のコミュニティ，あるいは自治の核心にふれた，比較的長い歴史と深い経験を持つ，コミュニティ形成・まちづくり運動の事例に学ぶ．

第2は，都市型社会，高齢化社会，国際化社会，表現をかえれば21世紀型社会につながる問題群を地域課題として現に受けとめている，あるいは受けとめようとしている先駆的な事例をたずねる．

　第3は，それが民間のボランタリーな運動であれ，行政と組む「公」「私」連携の運動であれ，運動の新しい担い手の登場をさぐる．併せて，新しい担い手の運動参加の動機づけ，行動様式，あるいはネットワーキングその他への着目．

　私たちの調査指針は，第2，第3の「新規の」事例に中心のあったことは，当然である．しかし現地をおたずねするうちに，当初は「過去の経験」に学ぶはずであった第1の事例に，しだいに中心が移っていった．それは，新規の運動事例や担い手は，過去のそれらと水脈でつなぎ合っていることを，あらためて知らされたからである．たとえ地域を異にしていても，地域の新規の事例は，指針とする地域経験，運動事例の情報をゆたかに蔵している．また過去の事例と言っても，1960年代，70年代当時の運動としての自己主張や組織力の「盛期」は見られないものの，決して運動の終止符をうったわけではない．むしろ過去の事例は，都市型社会，高齢化社会にふさわしい，運動としての「洗練さと成熟度」を備えている．

　一方，第2の分野で，たとえば国際化社会のありようを地域社会，そして地域社会間の現場でフルに稼働の新規の事例も，過去にはほとんどその存在が知られていない，あるいは「眠っている」と見なされたこともある．むしろこの期間に地力を蓄えて，地域社会と波長が合うなかで，登場（再登場）したということである．福祉（あるいは福祉行政）プロパーの運動と組織事例でも，地域社会の水脈で一見異質の事例と結び合っていることが，少なくない．

　本報告書に収めた30の事例は，コミュニティ形成・まちづくり運動，あるいは福祉行政等に携わっている人びとには，すでに「知られている」ということで新鮮味に欠けるかもしれない．しかし，福祉コミュニティの構想が「絵」の部分で語られるのに対して，「地」の文脈をいかし，あらためて読みとくなかで，「地」と「図」の関係性こそを問うたという点に，本事例調査の特色がある．「地」の文脈を抜きにした「図」は，一枚の「絵」でしかない．

3．現地調査にあたっては，原則として複数のメンバーが参加して，学んだ新しい情報と知見を相互に報告し合った．そして，事例の読みと福祉コミュニティの座標軸での位置づけを中心に，討議した．

紙幅の関係もあり，30の調査事例は内容紹介の見出し程度にとどめたが，一つの事例は地域の複数の他事例と結び合っているので，実際には100の調査事例を紹介した気分である．30の調査事例を，大都市を舞台にネットワーク構図が描けたならば，一つの事例も拡がりと重層性あるものとして，生きてこよう．

本書は，もともと1989年3月から1991年3月にかけて東京都社会福祉協議会のなかに「福祉コミュニティ構想」研究委員会（委員長・奥田道大）が設けられて，越智昇，林泰義，和田清美氏らの研究者と東京都社会福祉協議会の職員らとのジョイント・ワークで，現地調査を通じて福祉コミュニティの構図を明らかにした作業成果に基づいている．その成果は，『福祉コミュニティを拓く―大都市における福祉コミュニティの現実と構想』(東京都社会福祉協議会，1991年3月刊)とのタイトルの調査報告書にまとめられた．このたび学文社の社会学叢書の一冊に加えられたが，新たに編むに当たってはヴォリューム全体を『福祉コミュニティを拓く』の3分の2程度に割愛するとともに，文章上の訂補を加えた．内容骨子上の変更はないが，『福祉コミュニティ論』としての上梓が社会学の分野でも現代コミュニティ論の副読本として幅ひろく読まれることを編者としては願っている．新たな刊行にあたっては，東京都社会福祉協議会の関係者の並々ならぬ御好意に負っている．とくに「福祉コミュニティ構想」研究委員会当時の職員，菱田紀子，川井誉久，木原明子氏らの貢献がおおきかった．なかでも菱田紀子氏(現在，東京都目黒高年齢者就業相談所)は研究委員会の牽引車的役割とともに，本書の生命ともいうべき現地調査の第一線にあって獅子奮迅の働きをなした．この場を借りて心からの御礼を申し上げる次第である．

 1992年9月

              奥田　道大

▼▼▼ 第二版刊行に当って

　本書が10年目に増刷される機会に，福祉コミュニティの地域現場でのリアリティの捉えかたに中心的役割を担われた和田清美氏にお願いして，いくつかの事例の追跡調査とアセスメントについて新しい章をおこしていただいた．地方分権化が政策的に押し進められている現在，「地域」から発想の福祉コミュニティを現場とともに共働してきた当時の私達研究グループにとって，本書が21世紀に繋ぐ「下からの（from Below）」ブループリントとして再読されることを願っている．

　　　2003年2月12日　　　　　　　　　　　　　　　　　　　　（奥田記）

目　次

まえがき ……………………………………………………………… i

第 I 部　福祉コミュニティを考える

奥田道大

1．福祉コミュニティへの視点……………………………………… 2
2．いま，なぜ，福祉コミュニティなのか………………………… 3
3．福祉コミュニティを担う新しい主役たち……………………… 5
4．激しさをます大都市中心地の地殻変動………………………… 8
5．地域の「衰退化」を「成熟化」に読みかえると……………… 9
6．先駆的な住民運動のその後……………………………………… 12
7．「もう一つの国際化」の側面…………………………………… 13
8．民間ボランティア組織の諸活動………………………………… 16
9．福祉コミュニティの現場から…………………………………… 17

第 II 部　福祉コミュニティの事例を読み解くと

和田清美・高橋儀平・川井誉久
児玉善郎・菱田紀子・木原明子ほか

● 大都市郊外の福祉ボランティア活動「町田ハンディ
　　キャブ友の会」（町田市）……………………………………… 21
● 障害者仲間の自立を自らの手で築く「ヒューマンケア協会」（八王子市）…… 29
● 障害児・者と共に生きる地域づくりをめざす福祉施設
　　「このみ」（東久留米市）……………………………………… 39
● 住民相互による"困った時の助け合い"システム
　　「サービス生産協同組合・グループたすけあい」（横浜市） …………… 43
● 障害児と親と住民と──地域に育つ訓練会「さくらんぼ会」（横浜市）…… 47

- ●時代の住民ニーズをとらえて「横須賀基督教社会館」(横須賀市) ……… 52
- ●新旧住民の交流の中で
  「心身障害者地域作業所・三ツ葉園」(相模原市) ……… 58
- ●働く親と共に育つ「座間子どもの家保育園」(座間市) ……… 61
- ●多摩河畔の自治活動――生活環境を守る闘いから
  「鎌田南睦会」(世田谷区) ……… 63
- ●保育園を拠点に地域の人が集まるしかけづくり
  「烏山杉の子保育園」(世田谷区) ……… 66
- ●親が老いても安心して生きていける環境を
  「練馬障害児者をもつ親の会」(練馬区) ……… 70
- ●新しい区民のネットワーク――町内会型まちづくりを超えて
  「野方の福祉を考える会」(中野区) ……… 74
- ●地域を超えた草の根ネットワーク
  「トーコロ情報処理センター」(新宿区) ……… 87
- ●とげぬき地蔵のある相談機関「とげぬき生活館相談所」(豊島区) ……… 94
- ●京島に根づいて70年「興望館」(墨田区) ……… 100
- ●下町・あらかわの手作り食事サービス
  「荒川区社会福祉協議会」(荒川区) ……… 109
- ●寝たきり老人や身障者対象にごみの各戸収集
  「向島清掃事務所」(墨田区) ……… 113
- ●官民一体となったまちづくり――HOPE計画の落とし子
  「荒川すまいづくりセンター」(荒川区) ……… 117
- ●くらしの中にとけこんでいる福祉活動
  「春日学区住民福祉協議会」(京都市) ……… 121
- ●自治連合会を中心とした地域福祉活動の取り組み
  「唐橋学区自治会連合会」(京都市) ……… 125
- ●半世紀にわたる地域福祉活動――現代に継承される隣保事業の形態と精神
  「善隣館」(金沢市) ……… 131

- ●丸山コミュニティの水脈「神戸市長田区丸山地区」（神戸市）………136
- ●下町でダイナミックに息づく住民主体のまちづくり
  「神戸市長田区真野地区」（神戸市）………………………………149
- ●上六共同体の形成とその後「上六開発株式会社」（大阪市）………156
- ●ごみの分別収集から障害者・高齢者の就労の場を
  「リサイクルみなみ作業所」（名古屋市）…………………………165
- ●アジア系外国人と隣合わせるとき「豊島区池袋地区」（豊島区）…172
- ●時代と国籍を超えた地域の生活支援施設
  「女性の家ヘルプ」（東京都・区部）………………………………177
- ●権利を奪われている人びとの苦しみを共に担う
  「カラバオの会」（横浜市）…………………………………………181
- ●同じ地域に住む日本人と在日韓国・朝鮮人の「であい」の場を
  「聖和社会館」（大阪市）……………………………………………183
- ●共に生きる拠点として「青丘社・ふれあい館」（川崎市）…………186

第Ⅲ部　福祉コミュニティをすすめるために

奥田道大

1．福祉コミュニティの内実とは ………………………………………190
2．福祉コミュニティの連続と断絶 ……………………………………191
3．福祉コミュニティを支える人 ………………………………………194
4．福祉コミュニティを支える組織 ……………………………………196
5．福祉コミュニティを支えるシンボル「施設・装置」……………200
6．福祉コミュニティを支える「公」と「私」………………………203
7．福祉コミュニティを支える「社協」組織 …………………………205

第Ⅳ部　福祉コミュニティへのパースペクティブ

1．市民主導による支援ネットワーク …………………………………210

林　泰義

2．新しい共同社会としての福祉コミュニティ ……………………………214

　　　　　　　　　　　　　　　　　　　　　　　越智　昇

3．21世紀につなぐ福祉コミュニティ …………………………………235
　　――現実と構想――

　　　　　　　　　　　　　　　　　　　　　　　和田清美

　　索　引 ……………………………………………………………276

第 I 部　福祉コミュニティを考える

1. 福祉コミュニティへの視点

　私たちは福祉コミュニティ問題をテーマ化したが，テーマ化にあたっては現地の住民活動・運動事例に直接学ぶことにした．社会福祉の研究分野では，福祉コミュニティの問題がたとえば岡村重夫，三浦文夫らによって，1970年代当時からとりあげられている（たとえば，岡村重夫『地域福祉論』光生館　1974年ほか）．また福祉行政分野では，永田幹夫らの福祉コミュニティの提言がある（永田幹夫『地域福祉論』全国社会福祉協議会　1988年）．しかし研究，実践分野ともに，「福祉コミュニティ」という表現はとらないまでも，その内実にふれた概念化，政策提言が数多く寄せられていたことも，確かである．社会学では，コミュニティへの視点・概念・モデル構成の蓄積が比較的豊かだが，コミュニティ研究が社会福祉分野とも交差するかたちで拡がりを見せたのは，1960年代の高度成長期を挟んだ70年代以降である．とくに大都市地域をはじめとして全国各地のコミュニティ形成・まちづくり運動の経験に学ぶなかで，コミュニティ研究の現実化がはかられた．コミュニティの概念化でも，70年代当時のさまざまのコミュニティ類型の提出（たとえば，「地域共同体─コミュニティ」モデル，「コミュニティネス」モデル，その他）から，いわば多元的コミュニティの内実にふれる概念化へと絞りこまれてきている．

　このことは，コミュニティ一般（Community）からコミュニティ自身（the Community）への推移とも言える．コミュニティ自身の内実として，あるいは結晶核として，「福祉コミュニティ」への発想と概念化が図られることは，当然の経過である．たとえば，鈴木広は「幸せなコミュニティ」「福祉コミュニティ」の概念化を，住民のさまざまのボランタリー活動とのつながりで図っている（たとえば，鈴木広編『大都市コミュニティの可能性』九州大学文学部　1988年）．また同じボランタリー活動とのつながりを意図するとしても，地域福祉文化の観点から，福祉コミュニティの構想と現実を考究する社会学者に，越智昇がある．越智昇は，「私は，地域的生活福祉を住民の愛情と知恵と力でつくりあげよう，と言いたいのである．それは住民一人ひとりの成長，「気づく主体」から「築く主

体」への成長にたえず回帰しながら，地域生活のあり方を根本的に問いなおし，そして，歴史上もこれまでになかった生活関係の質をつくりあげようという主張である」(越智昇『社会形成と人間』青娥書房 1990年)と述べている．また越智の表現を借りれば，「ヒューマンな福祉的ストックが地域生活の様式としてたえず新鮮に蓄積され，交流され，それをベースにした」コミュニティへのアイデンティティが，福祉コミュニティの内実をなすことになる．

　仮に福祉コミュニティの概念を使わないまでも，コミュニティの定義の2，3，「地域の重荷を喜んでともに担い合う住民諸活動」「さまざまの意味での異質・多様性を認め合って，相互に折り合いながら，ともに築く洗練された新しい共同生活のルール，様式」(奥田道大・大森彌他『コミュニティの社会設計』有斐閣 1982年；奥田道大『現代コミュニティ論―都市型社会のコミュニティ』NHK学園 1988年各参照)その他を見るとき，コミュニティの定義自体が福祉コミュニティの内実にふれていることがわかる．やや単純化して言えば，コミュニティ(the Community)の定義と福祉コミュニティのそれとは，相互交替的である．それが福祉コミュニティであれ，コミュニティであれ，福祉コミュニティの発想の前提には，(1)「ひと」と「ひと」とのより自覚的，人格的な結びつき，(2)地域生活の新しい「質」の構築，再構築を含んでいることがわかる．福祉コミュニティがこれまでの地域生活，そして社会のあり方の根底にふれるという意味では，一つの「思想」運動としての側面をもつ．地域福祉文化の観点からしたら，福祉コミュニティは，一つの「文化変容」に他ならない．当然・自明視されている地域生活，組織・制度面を含む社会システムの「厚い壁」に，ドリルで穴をあけるような作業，これが「文化変容」である．

2. いま，なぜ，福祉コミュニティなのか

　私たちは，福祉コミュニティの新しい可能性をさぐる作業として，各地域現場に直接学んだ．それがコミュニティ形成・まちづくり運動であれ，あるいは，さまざまの地域ボランティア活動であれ，福祉コミュニティが共通の地平でとらえられだしたことは，確かである．各活動・運動が，福祉コミュニティを発

想する,あるいはコミュニティに内在する生活の新しい「質」に漸く気づきだした,と言えようか.表現をかえれば,各活動・運動ともに,福祉コミュニティを避けては通れない,そのような時代の地平を迎えたと言うことであろうか.

本書でとりあげた事例は,東京の大都市地域を中心としながら,関西の大都市地域,そして地方都市へと及んでいる.東京の大都市地域を中心としたのは,都市化社会,国際化社会の大きな流れにあって大都市地域の変貌過程が著しく,したがって福祉コミュニティの可能性と条件を大都市地域に求めることが緊要のテーマをなすからである.先の,(1)人と人との基本的な結びつき,(2)地域生活の新しい質の問題は,まず大都市地域でたしかめられねばならない.当然,同じ大都市地域と言っても,郊外周辺地域と中心地域(都心,都心外周の伝統的な下町)に分かれる.

調査では,まず郊外周辺地から入った.東京の山の手,新郊外は,1960年代から70年代にかけて,地域生活に根ざす各種の「作為要求型」そして「作為阻止型」の住民活動・運動の発祥地であり,事例の宝庫でもあった.そして活動・運動の担い手が新住民のホワイトカラー層等を中心としていたことは,一つの特色であった.地域で"アウトサイダー"と見られた新住民層の「地域民主主義」の草の根運動が杉並区で提起されたのが,1960年であった(阿利莫二・松下圭一他『大都市における地域政治の構造―杉並区における政治・行政・住民』都政調査会 1960年).とくにマイホームを求める大量の新住民層を迎えた新郊外では,生活環境と福祉問題,また地域関連施設等の充実をめぐって,さまざまの住民要求が噴出した.渇いた土地に水が滲み渡るように,新郊外では住民活動・運動の流れがつくられた.1960年代の住民活動・運動は,「作為要求型」「作為阻止型」の別を問わず,やがてはコミュニティ形成・まちづくり運動へと内実化した.もちろん住民活動・運動の総てが,コミュニティ形成の発想と内実を得たわけではないが,本調査では,東京,関西大都市の新郊外に育まれたコミュニティ形成・まちづくり運動のいくつかを,先進事例として選んだ.

調査事例は,東京大都市圏の武蔵野,三鷹,町田,小金井,八王子,あるいは横浜,相模原,座間,また関西大都市圏の京都近郊,大阪,神戸等の各地域

に及んでいる．同時に注目されるのは，この各地域と結ぶ自治体行政が，住民活動・運動の"洗礼"を経験するなかで，それが参加型行政であれ，生活福祉プロジェクトであれ，先進的実績を積んだ，と言える．シビル・ミニマム（住民1人当たり必要最低限の生活環境基準の確保）と生活福祉行政の先鞭をつけた武蔵野，神戸の各市，住民と行政をつなぐ地域プロジェクト（一例として，生活道路，Park & Recreation，学校開放，ひなた村―遊びと創造のむらづくり，23万人の個展，ゴミュニティ―ゴミのリサイクル運動，車いすで歩けるまちづくり他）の参加型行政の町田市等は，その参考例である．

しかし一方では，第二次大戦後のいわば戦後的経験に新しい画期をしるした先駆的住民活動・運動，また生活福祉行政等は，新郊外地域自体の変貌のなかで，しだいに住民活動・運動の舞台，主役が交替するようになる．また先駆的行政プロジェクトも，しだいに行政一般の枠組みや機構のなかに，位置づけられるようになる．新しい「制度化」の側面と言えようか．

3．福祉コミュニティを担う新しい主役たち

1980年代以降の一つの現象に，60年代の高度経済成長を「会社人間」として支えた男性層の定年期の訪れがある．先駆的住民活動・運動を実質上支えた専門，自由，技術職等の男性層，また家庭の婦人層とともにかれらも新郊外にマイホームを求めた新規参入組であったが，文字どおりの「定時制市民」「地域アウトサイダー」として職場中心の生活に明け暮れた．かれらが働き蜂＝「会社人間」と言われるゆえんである．

マイホームの入居当時から四半世紀を経るなかで定年期を挟んで，「会社人間」から「地域社会人間」あるいは「全日制市民」への転換が促されている．しかし「会社人間」から「地域社会」人間への役割転換は，一朝一夕に果たされるものではない．むしろ，家庭や地域社会場面では，日常生活のゆたかな過しかた，対人関係をもてない定年男性層の悲喜劇がくりかえされている．先の武蔵野，三鷹，町田の各市，また世田谷区等では，定年男性層の地域社会参加の準備訓練として，各種講習，現地実習等のプロジェクトを組み出している．

各地の「市民大学」「長寿者大学」等の出席者に，定年男性層の占める比重が少なくない．

しかしかれらが，「会社」中心の生活が染みこんでいるからと言って，地域社会参加に全く消極的であるわけではない．むしろキッカケさえ与えられれば，地域社会の各場面に顔を出し，プロジェクトの一翼を担うようになる．当初は，長年の職業生活の経験に近い場面での参加がおおい．たとえば建築・都市計画，まちづくり等のプロジェクト，人と情報のネットワーク化のプロジェクト，各領域の学習プロジェクトその他である．また，これまで家庭主婦と青年を中心としていたボランティア活動に定年男性層が加入したことで，男性層の組織運営のしかた，人のネットワーク，また関係機関との交渉等のノウハウが活かされ，ボランティア活動の幅が一段とひろがったというケースも少なくない．ボランティア活動等への参加経験を介して，かれらは「会社中心では見えなかった，もう一つの「世間」「社会」を知った」「新しい人との出会い」「自分のものの見方の幅がひろがった」「何よりも楽しい，やり甲斐がある」「自分自身のためにも」その他の率直な感想を示している（たとえば，調査報告書『高齢化社会の市民——高齢層の生きがいと社会参加に関する調査研究報告書』東京都生活文化局1983年参照）．

定年男性層自身の高齢化社会にあっての福祉問題（たとえば，家屋，土地等の財産を市に信託して，老後福祉サービスを受ける保障システムの武蔵野シルバー新機構その他）もあるが，そのこと以上に，地域社会にあって新しい対人関係を通して，ボランティア活動等への役割を担い合うことは，自らの生活設計の一本の柱となってよい．この意味では，1980年代以降は，福祉コミュニティを下支えする層に，定年男性層の新規参入と社会貢献の側面がある．

60年代の地域「アウトサイダー」の男性層が，団塊状に定年期を迎えると言うことは，新郊外地域自体の変貌過程を意味する．もはや新郊外と言えないまでに，地域の高齢化，成熟化過程が見られる．このことは，早くに開けた郊外大規模団地の世帯主平均年齢が，すでに50歳台にさしかかっていることからも

わかる．そして，男性層の定年期とひきかえに，「郊外生まれ，郊外育ち」「団地生まれ，団地育ち」の郊外二世の成人化がある．

　21世紀を見通す福祉コミュニティの諸活動・運動を担う新世代住民に，この「郊外生まれ，郊外育ち」の郊外二世の存在がある．かれらが，先進的住民諸活動・運動の事例とはまた違った，地域参加の動機づけ，価値観，行動様式を示すことが予想されるが，その実態は未だ明らかでない．郊外二世が地域舞台の正面に登場するには，未だ若干の時日が必要である．

　むしろ郊外二世の新世代の価値観を先どりし，同時に旧世代のそれとも橋渡しできる，いわば旧新の境界にあるものに，第一次ベビーブームの「団塊世代」がある．第一次ベビーブーム世代と言っても，すでに40歳台に入っているが，とくに女性層の地域場面への進出には，目ざましいものがある．郊外二世の予兆とも言うべき団塊世代の「地域」離れ，「組織」離れが指摘されるが，それは既存の「地域」，「組織」への当然の参加が前提となるわけではない，と言うことであって，旧世代の地域「アウトサイダー」「無関心」とはイコールでない．

　団塊世代の女性層は，自らの動機づけ，価値観，行動様式に共感するかたちでの地域への柔らかな参加，また諸活動・運動へのボランタリーなかかわりが見られる．したがって，既存の地域，組織からすればアウトサイダー，非参加者と見られるが，女性個人の生活からすると，多様な諸活動・運動への部分（役割）参加，あるいは地域を仲立ちとした人のネットワークがひろがっている．

　本調査の事例でとりあげた郊外地の多様な住民諸活動・運動の新展開に，この団塊世代女性の中心的役割がある．ある活動では中心リーダーの役割を果たしながら，同時に他の活動では，中心リーダーの補助的役割，いわばフォロアーの役割を果たしている．彼女らのライフコースに応じて，地域へのかかわりは，「ふとしたキッカケ」「PTA，生協活動の延長として」「子供の手がかからなくなったから」「家庭，地域の日常の生活の幅，人間関係に縛られなくなったから」程度にしか語られないが，それは彼女らの生き方の問題でもある．そして，彼女らの生き方として，福祉団体へのかかわりもある．動機づけとしては，「ふとしたキッカケ」かもしれないが，かかわりを通じて福祉問題の奥行きの深さ，

内実の一端にふれる．また，家庭の一員に障害者をかかえる当事者のばあいにも，地域とのふれあいが，「障害別の発想ではなく，地域を主体にする発想の転換」(越智昇)を促す．

4．激しさをます大都市中心地の地殻変動

大都市中心地域についてはどうか．たとえば，東京の都心三区（千代田，中央，港の各区）では，1960年代の高度成長期以降，人口急増の新郊外とひきかえに，人口（夜間人口）減少の一途を辿っている．とくに80年代中・後期の地価の異常高騰，業務空間化が進むなかで，人口減少が加速化している．「世界都市」東京の都心・千代田区では1960年の12万人台が4半世紀を経た1985年には5万人台を割り，1990年の国勢調査結果では遂に4万人台すら割った（同様に中央区では，1960年の16万人台が1990年には6万人台へと落ちこんだ）．人口減少は，地域の高齢化率の高さ，町内会等の地域管理能力の弱体化，「町」の界隈性の喪失その他の症候群をともなっている．要するに，地域の「衰退化」「放棄化」現象が惹きおこされている．江戸時代以来の地域的文化の伝統を持つ千代田区で，人びとが住み，働き，憩う生活拠点としての町内が消えるということは，歴史の皮肉である．永年にわたって町内に住みなれた高齢者が，先行き不安もあって，家と土地から夜逃げ同然に離れる姿は，哀れである．高齢化率の高さと言っても，65歳以上の永年居住型の高齢者の絶対数が減少しているのも，特徴である．

また，家族形成期の若手世代が少ないところから，「町内に子供の姿を見かけない」「子供の声がきかれない」光景と重ねて，地元の小学校の空室化が著しい．1学年1学級を維持できない小学校の"過疎化"のなかで，1991年の現在，区内小学校の統廃合問題が日程化している．区内に14の小学校があり，いずれも創立100周年以上の歴史を持つが，コミュニティへのアイデンティティの中核施設としての小学校すら維持できない都心区の地域の現状をどう見るか．

人口減少，高齢化，小・中学校の統廃合問題，これらは千代田区に限らず，東京，大阪の都心区共通の現象である．また既成市街地の伝統的下町，いわゆ

る都心外周のインナーエリアでも，人口減少，高齢化をはじめとする地域「衰退化」が目立つ．

東京の既成市街地の台東，墨田，葛飾，荒川，板橋，豊島，文京，新宿，中野，渋谷，品川，大田区等では，高齢化率が目立つ．これらの区のなかには，65歳以上ではなく70歳（または75歳）以上の比率を，高齢化率（または超高齢化率）として算定しているところもある．ひとり暮らし高齢者（また寝たきり高齢者）を在宅訪問する地元ボランティアの年齢自体も，「高齢化」している．このことは，地域住民組織としての町内会についても，居住会員の減少とあわせて，町内会役員層の高齢化と地域を切り回す足腰の弱さが指摘される．「町内の大多数の世帯主を構成員とする」町内会の会則上の形式は維持されていても，町内会を下支えする実質上の役員および一般会員の層の薄さが特徴的である．

中央，千代田区の町内会調査では，町内会長の平均年齢が60歳台後半から70歳にかかっていることが，明らかにされている（奥田道大・和田清美『東京・都心の町内会――千代田，中央区の町内会アンケート結果』立教大学社会学部　1985年）．問題は，それがひとり暮らし老人の在宅ケアであれ，給食サービスであれ，またゴミ分別収集を含む清掃，環境美化，相互の交歓・社交プログラム，災害防止，いずれの地域福祉がらみの諸活動も，これまで中心的役割を担った町内会には，過重の負担となる．とくに町内会を有力な補助機関，また地域の中心的組織として対応してきた区行政にとっては，日常サービスの円滑な運営に支障をきたす．

5. 地域の「衰退化」を「成熟化」に読みかえると

またやはり町内会を下支えに行政との媒介，中間組織の位置にある区社協活動にとっても，町内会の足腰の弱さは区社協の存立基盤にもかかわる．しかし他面では，荒川区社協のように，老人給食サービスを社協がイニシアティブをとりつつ，むしろ町内会および関連組織の補助機能を社協が果たすということもある．行政組織としても，たとえば地域現場をもつゴミの収集作業の場合，

墨田区京島地区のように作業員が町内会に代わって戸口訪問するということもある．収集ステーションに出られない寝たきり老人，またポリ・バケツに赤色のリボンをつけて見分けした盲人老夫婦の話しは，印象的である．京島地区では，清掃事務所作業員が，地元高齢者を向島百花園に招待して，もちつき大会，お花見会等をひらいている．

　既成市街地の高齢化率の高さという点では，京都，大阪，神戸等の関西大都市圏では常態化している．関西大都市圏は東京以上に都市化の成熟度が高いということもあるが，それだけに地域福祉にかかわる町内会と社協と区行政との相互連携化が，地区の事情に応じて図られている．一例として，京都市中心地の春日町では，高齢化率が20％台に近く，ひとり暮らし老人，寝たきり老人の問題が，単に高齢者福祉問題にとどまらず，町内全体の問題となっている．そこでは，町内会と社協と行政とが三位一体となって，町内全体があたかも高齢者福祉の施設のようにシステム化されている．隣家につながる非常ベルの全戸配備，朝夕の声かけ運動，また町内会がイニシアティブをとって，地域現場にかかわる行政職員（および組織）との日常的連携化，とくに保健婦，栄養士，学校の先生，消防士，警察官，出張所職員は町内会会合等のレギュラー・メンバーとして迎え入れられ，地元との相互の親密化が図られている．社協の若い職員も，地区に"常駐"のかたちで勤務，町内会の足腰の役割を果している．社協では，若い職員が「地域で育てられる」ことを意図している．

　伝統的町内会が，「法人」組織として独立，地区の「もう一つの区役所」の役割を果たしてきたものに，金沢市の善隣館等がある．既成中心市街地の変貌のなかで，事務所，土地等の不動産をもつ善隣館の運営維持も困難さをともない，「解散」した町内もある．それでも，地域運営の発想とプログラムをもつ善隣館では，高齢者住民を折りこんださまざまな地域福祉プログラムを展開している．そのやや特殊な一例に，善隣館施設を使用しての，物故者の葬式のとりしきりがある．

　金沢は仏教の土地柄だけに，善隣館では町内の各寺院と連携して，葬式にあたっては"最高級"の式を会ぐるみで手厚く行う．とくにひとり暮らし老人，

身寄りのない老人には、この死後の世界に至る配慮が好評である。善隣館の一部屋には、位はいを揃えた立派な仏壇が備えてあり、会関係者の御参りが絶えない。

　葬祭の行事は、その人および縁者のメモリーを地域共通の"経験""記録"とする側面を持つ。「ゆりかごから墓場まで」の表現があるが、文字どおり「墓場」の手当てとしては、東京・巣鴨の「もやいの碑」の会がある。「もやい」とは、(1)船と船をつなぎとめること、(2)共同で事をすることの意味があるが、共同墓碑づくりを通じて生前および死後の世界での縁を結び合う。ボランタリーな集まりとしての会では、仏教、神道、キリスト教その他の宗教の別を問わないこと、そして、会員の資格が「家（家族）」ではなく「個人」本位であることを方針としている。

　会員には、たとえば戦争を挟んで結婚の機会をもたないまま独身生活をおくった女性が、定年、向老期に入っている問題が、一つの背景にある。また、ある民生委員の女性で、長年にわたって家庭訪問と生活の面倒見をしてきたひとり暮らし老人が死去、親類縁者が寄りつかないままに、民生委員が家族に代って葬式をとりおこない、遺骨まで預かっていたという。最終的には自分の墓へとまで考えたが、もやいの会を聞いて、駆けこんだという。

　死後の世界の話は、そもそも福祉コミュニティに馴じまない、純粋に私的な事柄との受けとめもある。しかし人びとの価値観はもとより、住まい、家族を含め日常的な生活の拠りどころ、地域が変貌してくるなかで、高齢化（超高齢化）プロジェクトの先に葬儀や墓の話が入ってくることは、現実の問題として避けられない。むしろその人の生き方や地域へのアイデンティティの保障として、この問題は考えられてよい。

　なお、先の善隣館の運営維持にあたっては、生活福祉領域の各行政職員が館の事務所を借りて、"出張所""地域事務所"としての役割を果たしていることも、見逃せない。組織系統としては別であるが、地域のサービス・ステーションとして、行政との連携による福祉プログラムの総合化が図られている。

6. 先駆的な住民運動のその後

　京都，金沢市の事例は，程度の差こそあれ，大阪，神戸の既成市街地においても，例外でない．関西都市圏では，地域の衰退化問題を背景とするにせよ，地区社協が町内会等の住民組織と行政組織との間にあって，一種の調整機能，統治者能力（ガバーナビリティ）を果しているのが特徴である．同じ既成市街地でも，住商工混合のインナーエリアでは，神戸市長田区の真野地区，またやや郊外寄りの新開地に入れられるのが丸山地区，京都市の唐橋地区，また大阪市の上六地区その他は，地域生活問題に根ざす住民運動からスタートして，やがては住民自治協議会を結成，自主的な住民相互の援助，福祉プログラムを多様に展開してきた．いずれも，地域の一枚岩組織の町内会等と距離をとりながら，30年に及ぶ地域実績を持つ．この点では，福祉コミュニティの内実をなす都市型住民運動の "横綱格" と言える．東京でも世田谷区砧・南むつみ会，国立市北部文教地区，藤沢市辻堂地区の事例がある．

　"横綱格" の一事例として，神戸市丸山地区のエピソードをここに引用することをお許しいただきたい．

　——旧年の暮に，私は神戸・丸山地区主催の「丸山まちかど学校」に一講師として招かれた．当地区にはしばしば足を運んでいたが，コミュニティの生きた一つの現実として仮構した当地区の人びとを前に，コミュニティの話をするということはいささか気が重かった．会場は丸山コミュニティ・センターの二階の大会議室．太く書かれた演題を背に，高い壇上からの話は，そうでなくとも硬くなったが，ややあって，出席者の顔が視界に入ってきた．6，70人の集まりで，男女半々，年齢も各層にわたっている．うしろの席に，真野地区の毛利さんの姿もお見受けした．最前列の片隅では，丸山とともに歩んでこられた代表の今井仙三さんが，やや緊張した面持ちで聴いていられる．普段はジャンパーにゴム長靴といういでたちだが，この日は真白なワイシャツにネクタイの背広姿．正面には，この今井さんを蔭で終始支えていた主婦の走井さんが御主人と見えていたが，走井さんの膝の上には可愛い女の児さんが，ちょこんと座っていた．二時間の講演がやっと終り，一同，一階の "市民サロン" ともいうべき日本間で熱いお茶と紅白の饅頭を頂きながら，話に花が咲いた．その折，いつも若々しい走井さんの連れた女の児は，実は "お孫さん" であることを知った．また走井さんが問わず語りに，丸山は運動の発端からすると，ことしが丁度30年目にあたると洩らされた．土木作

業の飯場を手直しした集会場に初めて伺った16,7年前の今井さんの年齢からすると，もう古希を迎えられるということか．運動のうごきに追われるままに，人の"年輪"ということに不覚にも気づかないでいた．

コミュニティの調査研究にあたって，私は無意識のうちに，東京と関西という二軸法を取り入れた．コミュニティ形成のモデル化，その下敷きをなすいくつかの地域住民活動・運動の典型事例は東京，とくに周辺部に準拠のあったことは，説明を要しまい．東京の運動のもつ先見性，透徹性，ときに荒ぶる行動力には惹かれるが，同時に関西の運動の育むたおやかな世界と射程の長さにも捨てがたいものがある．とくに数年来関西都市圏の研究を進めるなかで，東京の対向に関西を絶えず意識する自分自身を知る．それが東京であれ関西であれ，事例じたいの動きだけでなく，自身の視点に微妙な推移がある……．(奥田道大『都市コミュニティの理論』東京大学出版会 1983年「あとがき」より)

7.「もう一つの国際化」の側面

なお，東京の住商工混合のインナーエリアで，「木賃密集アパート」をかかえている地区では，地区衰退の「空洞」を埋めるかたちで，中国（上海，福建），韓国，台湾，香港，フィリピン，タイ，マレーシア，パキスタン，バングラデシュ等からのアジア系外国人を受け入れているのが，80年代中・後期以降の現状である．木賃密集アパート地区では，地区人口の10%以上がアジア系外国人で，たとえば東京・豊島区の東池袋地区では，1960年代当時の地方出身者に代ってアジア系外国人が新入居者となっている．木造二階建ての古いアパートに，4～5名のひとり暮らし老人と20名近くのアジア系外国人が壁一つ距てて"同居"するという光景が生まれている．日常生活過程でさまざまのトラブルが生じているが，それらも言語，生活慣習，宗教・文化等の違いに由来する問題が少なくない．むしろ新規参入のアジア系外国人の定住化（セッツルメント化）がすすむなかで，アジア系外国人と地元住民との間で相互の折り合い，住み合いの実態が進んでいる（この点については，奥田道大・田嶋淳子編著『池袋のアジア系外国人——社会学的実態報告』めこん 1991年，同『新宿のアジア系外国人—社会学的実態報告』めこん，1993年に詳しい）．冒頭に記したコミュニティの一つの定義——「さまざまの意味での異質・多様性を認め合って，相互に折り合いながら，

ともに築く洗練された新しい共同生活のルール，様式」は，外国人居住者との住み合いという新しい実態のなかで，一段と現実感が得られる．

　都心外周の豊島，新宿，荒川，台東，文京，中野，品川，目黒，北等の各区では，外国人居住者の比率が高いが，とくに豊島，新宿区では「外国人登録人口」が区人口の6％台である．法規外滞在者を含めると，12～15％が外国人居住者と言える．都心外周区は，いずれもインナーエリアの人口減少，高齢化，町内会等の地域管理能力の喪失その他の問題群をかかえるなかで，「高齢化対策」（豊島），「定住化対策」（新宿，台東，港，中央），「公共施設（小学校ほか）適正配置検討」（千代田，新宿）等の特別プロジェクトを，区長直属の審議会として発足させている．しかし新規参入の外国人人口は減少分を埋めるだけの数があるところから，もし区の人口統計に「外国人登録人口」を入れるとしたら，外国人人口は人口回復，定住化対策にもっとも貢献すると言える．また，新規参入組は20歳台から30歳台前半の生産年齢人口であるところから，かれらは地域の高齢化対策にやはり貢献すると言える．

　いずれにせよ，外国人居住者は，受入れの地域，区にとって，異文化理解の面にとどまらず，重要な人的資源，財産である．とくにアジア系外国人の定住化が進むなかで，日常生活過程にともなうさまざまの公的サービスが区にとって求められるようになる．事例報告にもあるが，公的住宅の提供，木賃老朽アパート等不良住宅対策，住宅周辺の生活環境改善，結核，神経症等医療・保健対策，配偶者の呼びよせ，同国人，日本人との結婚による「出産」，保育・学校問題，各種生活援助・保障面の手当て，半失業・雇用問題，労災問題，火災・治安対策，言語・異文化理解の社会教育，差別・人権問題その他の問題群が，当面の課題となっている．これらの問題群が公的サービスに馴じむ，馴じまないは別として，一部を除くと，いずれも1950年代当時までの問題群との判断がある．したがって，戦後的経験の終えんがとりざたされる1990年の現在，これらの問題群への対応は，"経過済み"の1950年代への時間軸の遡行，あるいは区にとって社会的負担，マイナスの重荷との受けとめを否定できない．さらに，区および都にとってとにかく"前進"を見ている高齢者対策，障害者対策等の

福祉サービス充実の足をひっぱる問題群との受けとめさえある．

たしかに問題群の内容からすれば，このような受けとめも可能であるかもしれない．しかし問題群の背景をなす価値観，メカニズムは明らかに異なる．住宅の手当ては，先にふれたように「住み分け」「住み合い」の住まいかた＝ハウジングの問題を含む．外国人の出産は，公的病院の産科に新しい需要をもたらしたが，産前，産後の過ごしかたは伝統的な生活習慣，宗教儀礼等を避けられないので，これらは西洋医学的な諸規則だけでは済まされない．日本語に不自由な外国人児童を迎え入れた小学校の教室風景．物故にさいして「火葬」がタブー視される民俗の問題．さらに「墓」問題．以上はいずれも，「異文化」理解というか，自民族文化中心の発想では済まされない問題群である．

加えて，公的サービスが一般的な「相談窓口」機能から，当事者本位の「問題解決」機能へと至るとき，行政総体としての受けとめ，判断が必要となる．その有力な手段としての生活関連法規の適用でも，当事者が日本国籍，住民登録人口が暗黙の前提となっていることが，妨げとなる．生活保護法をはじめ『福祉六法』をひもとくことの少なかった現場職員，ケースワーカーにとって，当事者の適用資格，法条文の解釈上の問題に対処される．現実には，直接の衝にあたる職員，ケースワーカーが，「一件だけの」「例外のなかの例外」の取り扱いにおいて，インフォーマルに処理されている．また，福祉と医療・保健，あるいは労働の各行政系統に交差する当事者の問題も，現場職員，ケースワーカーの人のネットワークのなかで対処している．

いずれにしても，「住民」資格の要件，当事者「個人」本位の発想，公的サービスを求める諸権利の問題は，外国人居住者特有の課題ではない．それらは，戦後45年の経過のなかで，自治体行政，地域社会のいずれもが正面から取りくまなかった，"迂回"してきた事柄である．ある意味では，これらの事柄が外国人居住者問題をキッカケとして炙り出された，とも言える．「国籍，民族，宗教・文化上の問題の別なく」への一歩手前として，とくに生活福祉上の当事者個人の発想が求められる現場行政，また専門職員，ケースワーカーにとって，当面の問題解決は，「普遍」としての貴重な経験となる．なお，法解釈一つにしても，

行政総体の根底にふれる問題だけに(行政パラダイムの改革),一歩一歩の経験の積み重ねが必要である.

8. 民間ボランティア組織の諸活動

現在,行政関連機関と外国人居住者,労働者個人との間にあって,居住者,労働者の弁護人的役割を果たしているのが,ボランティア活動としての民間組織である.調査事例で紹介したカラバオの会,HELP等の組織はその代表例である.横浜「寿町」のカラバオの会は,ドヤ街に住まう日やとい労働者の生活保障問題に接続して,外国人援助の問題が入ってきている.一方,新宿区大久保のHELPは,主として風紀営業関係に働くフィリピン,タイ女性の救援活動を公的機関と連絡しつつ実施している.組織の母体は,日本キリスト教婦人矯風会である.戦後段階にあって,夫の戦死,引き揚げ・戦災による生き別れ,離別等にともなう母子家庭の更生事業,売春禁止法の制定,アル中患者の撲滅運動その他,時代の節目をなすテーマをとりあげてきたが,1980年代中・後期に及んで「不法」滞在のアジア系女性の保護,援助問題が大きくクローズアップされた.JR大久保駅前の矯風会の土地と建物は,旧・母子寮の施設一つにしても,人権,生活福祉問題の星霜を感じさせる.

とくにアジア系外国人援助をテーマとしているわけではないが,同じ矯風会系統の民間組織として,各層住民のネットワークの結節点と,併せて衰退化にある地域のもつ歴史的ストックの掘りおこしに貢献しているところに,墨田区京島の興望館がある.キリスト教関連の組織としては,戦後段階にアメリカの"コミュニティ・センター"の思想を受け継いだ神奈川・横須賀キリスト教社会館,大阪のキリスト教ミード社会館その他の事例もとりあげられよう.キリスト教関連の組織・団体が,民間運動の一つの下支えをなしているのには,運動の担い手の信仰にもとづく生き方,組織・団体の会則上の問題以外に,次のことがある.それは,キリスト教関連の組織・団体が国際間にわたる人と情報のネットワークを豊富に蓄えていることが,アジア系外国人の援助一つにも有効に効いているからに他ならない.

なお，アジア系外国人の新規参入の問題は，在日韓国・朝鮮人をはじめ地域の歴史的な民族問題に，大きな影響力を与えている．在日関係の歴史的経験のふかい，大阪市生野区の聖和社会館，川崎市川崎区のふれあい館の社会的役割についても，ふれる．

9. 福祉コミュニティの現場から

　福祉コミュニティの背景となる地域と，地域と結ぶ住民活動・運動，民間組織・団体，また自治体行政の動きを概観した．私たちがとりあげた事例は，民間の住民活動・運動，ボランタリー組織を中心としながらも，多様な主体（また相互の連携化による複合主体）に及んでいるが，(1)大都市郊外の60年代型の住民運動・まちづくり運動，(2)会社等「定年退職」組の男性層の地域活動への新規参入，(3)団塊世代女性のさまざまのボランタリー活動への参加とネットワーク形成，(4)大都市，地方都市中心市街地の町内会体制と関連組織，(5)大都市，地方都市都心外周のインナーエリアの地域おこしと協働体制による組織再編，(6)キリスト教関連民間ボランティア運動・組織の各分野にまたがっている．地方都市，小さい町村の福祉コミュニティにかかわるまちづくり・むらおこし運動にもふれたかったが，調査の対象からははずしている（この点については，「全国まちづくり集覧」『ジュリスト』増刊総合特集 No.9, 有斐閣 1977年参照のこと）．

　調査にあたっては，私たちメンバーが複数で現地をお訪ねし，運動組織の責任者，関係者から直接に長時間インタビューを実施，併せて関連資料・記録の収集・整理に努めた．本書では，調査実態を各事例共通のマニュアルにしたがって要約したので，全貌を伝えきれていない．福祉コミュニティの現場の例題ということで，参照していただきたい．　**（奥田　道大）**

第Ⅱ部　福祉コミュニティの事例を読み解くと

事例調査は，1989年から1990年にかけて実施した．事例報告としてここに掲載した以外に，世田谷まちづくりセンター，すこやか作業所（江東区），品川総合福祉センター，荒川産院，横浜市寿生活館，見沼学童保育クラブ（大宮市），大阪市西成市民館，大阪市更生相談所，キリスト教ミード社会館（大阪市），福島県金山町山入近隣会，えぷろん（座間市），新宿身障明るい街づくりの会その他の事例調査を実施した．

大都市郊外の福祉ボランティア活動

東京都・町田市

町田ハンディキャブ友の会

● そもそも〈町田ハンディキャブ友の会〉とは

　東京の郊外・町田市内に，障害者の移送サービスを目的に，障害者と運転ボランティア，それを側面から援助する賛助会員からなる自主運営グループが6年前の83年に誕生した．これが〈町田ハンディキャブ友の会〉である．
　その会員募集パンフレットによれば，
　「身体に障害があるために外出が困難な方々（車いす利用者，視覚障害者，歩行困難なお年寄りなど）に，移動の"足"として車いすでそのまま乗れるリフト付きバスや運転ボランティアさんの自家用車を利用して，自立促進と行動範囲の拡大を図ることを目的とした会です」
と述べている．
　現在（89．8．29）の会員数は，正会員（障害を持つ方々）89名，運転会員92名，賛助会員113名，団体会員5団体（うち障害者の親の会3団体，ボランティア団体2団体）の299会員で，まさに「障害者，それをささえる賛助会員，運転協力会員」のトライアングルによって自主運営されているのである．

● 活動の発端

　そもそも，活動の発端はなにか．それは，今から8年前の81年に遡る．
　すでに町田市には72年の「やまゆり号」の第一号の誕生以来車いすに乗ったままの移送サービスが行政によってすすめられていたが，このサービスは，原則として月曜から金曜の9時から5時，土曜日は9時から12時半までに限られていた．しかも，前月の20日までに翌月の申し込みをするというもので，全く

不便であった．とりわけ，冠婚葬祭や外出の希望は土曜，日曜に多くそのサービスが欠落していた．「通院，通所だけでなくて，土曜や日曜に，観劇に行きたい，お出掛けしたいとか，そういうことができるようなシステムができるといいな」という要望が一人の障害者から寄せられた．これが81年であった．その後1年あまり調査期間を経て，82年12月の発足のための準備会，83年1月には発起人会が開催され，試行期間の後，その年の10月には会の結成と移送サービスが本格的に実施されていった．当時はバスもなく老人ホームからリフトバスを借りてきたという．

というように，活動の発端は，「障害者も遊びに行きたい，それなら私たちも一緒に楽しめばいいのではないかということ」，つまり「一緒に楽しめたらいい，共に生きる」ということにあったという．こうした「共に生きる」という会の最初の趣旨は，会員の増加もみている現在でも，会の活動の底流にある．このことが，この会の特徴ともいえる運転会員の自家用車の提供や，自分の空いている時間に皆で行けばいいという運転会員や賛助会員へのかかわりかたに反映していると思える．

● 活動の展開と内容

当初，老人ホームのリフトバスを借りていた移送車も，87年12月には日本テレビの好意で手に入り自前のリフトカーをもてるようになった．これと運転会員の自家用車によって，移送サービスが毎日フル回転している．正会員の利用は，多い人で週2度，また年2回の人もいる．行き先もさまざまで，市内ばかりか都内も頻繁に行くという．負担金は1時間または端数ごとに200円と往復のガソリン代となっている．初年度の運転件数は91件，走行距離は3004kmであったが，63年度は643件，11757kmというように大幅に活動が拡大している．いうまでもなく，〈移送〉という活動は，施設と施設を結んだり，人と人をむすんだり，つねになんらかのネットワークを生み出す働きをもっている．その良い例が障害者のサークル活動の参加や健常者との新たな出会いをつくりだしていることになっているという．たとえば，車いす利用者のTさんは，大正琴の趣味

をもっている.みんなと一緒に大正琴をひきたいと常々思っていたという.そこでこのハンディキャブを利用して大正琴のサークルに参加できるようになった.行き帰りには大正琴について運転ボランティアさんと話すという.こういったことは行政の「やまゆり号」ではない.今年の公民館まつりには,Tさんは渉外担当の長をまかされ,会のしめくくりの司会をつとめるほどの活躍ぶりであった.

　こうした日常的活動の他に会では,年間にさまざまな活動をしている.昨年度を例にとってみると,会員相互に楽しむという会の趣旨にみあったピクニック会等の開催,あるいは他のボランティア・グループ,機関との交流,また資金源ともなっているバザーやまつりの模擬店の参加などのバラエティにとんでいることが指摘できる.今年のピクニック会は,横浜博覧会であった.総勢108名の参加をみた.ここでは,障害を持つ人も持たない人もともに楽しみに来る.まさにこの会の趣旨の「ともに楽しむ」とっておきの時間が持たれた.

● 活動のしくみと特色

　さて,こうした活動は,どのようなしくみで展開されているのか.いうまでもなく,すでに述べたとおり,当会は,正会員,賛助会員,運転会員によって自主運営されている団体であるが,運営委員会は,正会員から6人,賛助会員から5人,運転会員から7人が選出され構成されている.会長のTさんは,16年前の町田の市民祭り「23万人の個展」をきっかけにまちづくりの活動にかかわるようになったという.それも福祉にかかわった活動が中心である.

　会員は,正会員の場合も,運転会員のばあいも,地区的な偏りなく市内に散在しているという.また,運転会員のばあいには,市内在住者のみならず市外からの参加もみられ,市を超えたネットワークの拡がりをもっているという.そして,運転会員は,男性が多く,定年退職者,サラリーマン,主婦,学生,行政マン,そしてタクシーやバスの運転手さんといった運転の専門家の参加がみられることが特徴的である.たとえば,40歳の主婦のYさんはかつて運送会社に勤めていたという.事務の傍ら,忙しい時には運転をかってでたという.

運転がなにしろ好きなのだ．だからこれに参加したという．たとえば，Tさんは数ヵ月前まで大手タクシー会社に勤めていて，15年間労働組合の委員長をしていた経歴の持ち主である．「運転ボランティアはタクシー運転手のような一匹狼的な職場でのストレスの解消になるんです．障害者と話す．とっても自分のことを信頼してくれているのがわかるから安心してものが話せるんです．おもしろいし，楽しいし，救われるんです」．このへんに運転ボランティアの楽しさ，おもしろさがあるのかもしれない．

　会には，活動の拠点施設があるわけではない．現在は町田市の社協の一隅に机と電話が備え付けられているが，かつては市民サロン，すみれ館と転々としてきた．会員のネットワークの結節的役割が「施設」ではなく，〈コーディネーター〉の存在にあることもこの会の特徴である．会の活動にとって大切なのは，〈窓口，電話〉と，障害者と運転ボランティアをつなぐ〈コーディネーター〉である．移送サービスの申し込みは，原則として利用日の1週間前に〈事務局＝コーディネーター〉へ直接，あるいは電話で申し込むことになっており，その後運転会員と調整をとり，再度正会員に連絡をとるというシステムになっている．昨年からようやく社協からの援助や都の福祉団体からの助成をうけるようになって〈コーディネーター〉に人件費がわずかながらでるようになったが，昼も夜もいとわないその活動が，会員のネットワークの要になっていることはいうまでもない．しかも，単に正会員と運転ボランティアとの連絡・調整ではなく，両者の条件，状況を把握したうえでの判断が求められるのである．

　〈コーディネーター〉は，会の始まり以来，Tさんが担当している．Tさんはかつてゴミ問題の運動にかかわった経験をもつが，福祉については全くの素人だったという．当時家庭の問題で苦しんでいた時期であったので，むしろ救われたという．〈コーディネーター〉のTさんは，会への参加のきっかけをこう語った．

　「運転手さんと利用者をつなぐことぐらいなら，私も出来るといってやりだしたのが最初なんです．結局それがずっと続いてきたんです．本当に皆さんみたいに，役にたてたらいいとか，すごいきれいな気持ちで入ったとかいうのじゃないんで

す．それくらいのことぐらいなら私でもできるわというくらいの調子だったんです」

現在市内，市外にひろがるゆるやかな会員のネットワークが，〈コーディネーター〉のTさんによって，縦横にはりめぐらされている．地域を超えて拡がる現代の福祉活動，コミュニティ活動において，こうした〈コーディネーター〉の役割の重要性を示す好事例であろう．

● 今後の課題

会の活動は現在おおきな展開期にあるようだ．今後会では，常駐の運転手の確保，自家用車の負担軽減と車の確保，利用者の人が心よく利用できるようにしつづけていきたい，高齢者の移送サービスの委託事業を引き受けたいなどの意向があげられた．こうした課題の背後には，ここ数年行政の移送サービスを補うような活動の比重の増してきているなかでのボランティア活動の限界を感じ，公的機関との連携，自己財源の確保の方向性をつよくもつように至ったようである．

とはいえ，「町田ハンディキャブ友の会」から学ぶことは，多々ある．しかし，こうした組織のされかた＝しくみ，また活動の幅広さものびやかさも，そこで交わされる会話もその底流にあるのは，「遊びに行きたいのに行けないのなら助けてあげよう，そして一緒に楽しもう」に代表される会の精神であると思われる．行政の決まりきった，お仕着せの移送サービスとは違った魅力，しかも福祉の真髄にふれるものがここにあるのではなかろうか．

今，ハンディキャブ友の会では，新しいプログラムを構想している．名付けて「もう一度まちに出ようプログラム」．お年寄りや障害者が車いすに乗って，デパートなどまちにくりだすのだ．これからの活動がますます楽しみである．

"横浜博"旅行会に参加して（フィールドノートから）

　　快晴．午前8時美術館集合．見えている見えている，車いす利用者，視覚障害者，中年男性，中年女性，30〜40代の主婦，学生とも見られる20代の男性，女性．思い思いの格好で．すぐ受け付け．わたしの面識ある人は

コーディネーターの高橋さんと公民館職員の森口さん．なんとなく中年女性の輪のなかにまぎれると，さっそく今日のパンフレットを配るように指示をうける．108名参加．マイクロバス2台．大型バス2台．

　9時町田出発．バスのなかで隣に座られた方は40歳の主婦のYさん．つい最近運転ボランティアを始めたという．旅行会にはじめて参加という．なぜ，運転ボランティアを始めたかと聞くと，「とにかく運転が好きなので」という答えが返ってきた．脳軟化で半身まひになった姑の世話をするようになって，なにかボランティア活動をしたいと思ったという．区の広報でこの会のことを知り，送り迎え程度で自分の好きな車の運転であるなら「無理なくかつ楽しくできるだろう」と参加するようになったという．そんな話をするうちに横浜博覧会場の障害者センターに予定より10分遅れの10時10分着．班別行動．各班4～5名の正会員と8～10名のボランティア会員で構成されている．会場内はすごい混みよう．各パビリオン1時間以上待つようだ．わたしの班は，正会員5名にボランティア7名．なんとなく，はじめてのわたしが案内係になってしまった．車いす利用者のOさんが観覧車に乗りたいというので，みんなで観覧車に直行．でも1時間以上待たされるというので，みんなで協議のうえ，三菱の未来館へ．ところがここでも結局1時間以上待たされる．待ち時間しばし出てくることは，長蛇の列から連想するディズニーランド．「来年はディズニーランドへ行こう」と話し合うわたしのグループでははじめての参加者が3名もいた．Oさんの友達の50代後半の主婦，学生さん，それにわたし．車いす利用者のMちゃんはお母さんと参加．

　1時間以上待たされて10分のビデオ（？），12時30分．お昼に間に合わない．あわてて港のみえる広場にいく．はじめてMちゃんの車いすを押す．どうにか押せた．急いでいたのでやや早足で押す．Mちゃん，しきりに「気持ちいい」という．そういえば空がとっても青い．食べ物屋さんの前では「お腹すいた」とみんなが口々に言う．どこで他のメンバーが食べているのかわからない．

「あー，あそこにいた」とOさん．すでにお弁当をほおばっている．わたしたちも負けじとテーブルを囲んで会食．車いす利用者のSさんはデザートになしを用意してきてくれみんなで梨をいただきながら，去年の旅行会の話がでる．箱根に行ったそうだが，じゃり道だったので，苦労したという．再びディズニーランドの話．

　2時15分に障害者センターに集合という．午後もグループ行動．すでに食事の終わった班は出発している．すでに1時なので急ぐ．リニアモーターに乗る．会場内が見渡せみんな満足．つぎに循環バスに乗ろうとしたが，パレードが1時半から始まるのでバスはストップ．しようがないのでアイスキャンディをみんなで食べパレードをみる．キャア，キャアと笑いあいながら写真を撮り合った．そしてその後はおみやげ売り場へ．Sさんが会場の写真がほしいというので捜す．500円也．「疲れた」という言葉がでる．2時10分障害者センターに到着．みんなでお金の精算．そして班のメンバーと「お疲れさま」と言い合う．楽しかった．

　バスが出発するまで，会長の高尾さんと話す．16年前の町田の「23万人の個展」をきっかけにまちづくりに参加するようになって，それから福祉の活動にかかわるようになったという．高尾さんから元タクシー運転手のTさんを紹介される．帰りのバスのなかでお話を伺うことをお願いした．

　Tさんは数か月前まで大手タクシー会社に勤めていて，そこで15年間労働組合の委員長をしていた経歴の持ち主である．この会は設立当初からのメンバーでもある．当時Tさんは調布に住んでいたが，なぜこの会にかかわるようになったかというと彼は15年前に「福祉タクシーを走らせる会」の運動の中心メンバーで，そのすすめに町田市を訪ねたのがきっかけだという．それ以後運転ボランティアと会の運営に参加するようになった．タクシーの運転手という職業は，空け日というのがあるので時間的にこのボランティア活動に向いている．だから無理なく空いている時間に参加できる．そして，彼はいう．「労働組合の運動参加の動機にもいえるのだけれども，この職業は基本的には一匹狼で，世の中からはじきだされた人が多い．

個人主義者が多いんです．だから人間関係をつくろうと思ったのが労働組合運動参加のきっかけ．運転ボランティアもそういう一匹狼的な職場でのストレス解消になるんです．障害者と話す．とっても自分のことを信頼してくれているのがわかるから安心してものが話せるんです．楽しいし，救われるんです．いわゆるボランティア活動っていうこと，いわれることは嫌いです．僕は都合があえば「うん」といって，さりげなくやるのがいいと思う．よくね，メンバーと話すんです．「さりげなくやっていきたいね」って．Tさんの話にいろいろ教えられた．1時間ばかり話をしたことになる．「とってもすばらしい仲間がいますからその人にぜひ話を聞いて下さい」とYさんを紹介された．次のインタビューをお願いしよう．

　町田に4時着．迎えの車も来ている．バスから皆が降りる．障害の度合によって，おぶったりかかえたり．主婦のYさんも学生のUさんの姿もみえる．わたしたちのグループのメンバーもバスから降りてくる．「疲れた，疲れた」といいながらも満足そうな顔をしている．わたしもそうだ．疲れたけれど，楽しかった．「おせわになりました」「さようなら」と言い合って帰っていく．あっけないが，さわやかな解散だ．それがじつにいい．また次回も参加しようと思った．（和田　清美）

障害者仲間の自立を自らの手で築く

東京都・八王子市

ヒューマンケア協会

● 立　地

　八王子駅南口から徒歩8分ほどの住宅地の一角にある．
　木造平屋建て，86年までは木馬工房（障害児のための家具や自助具を製作しているグループ）が使用していた．家賃50,000円／月

● 設立の動機・背景

　8年前，ヒューマンケアを後に設立する人たちが参加した地域作業所「若駒の家」が八王子市内でスタート．作業所設立の目的は，障害をもつ人が親亡き後に一人で地域で暮らしていけるようにとの思いから．「それが一つの限界にきた」と事務局長の中西さん．中西さん自身も頸椎損傷で電動車いすを使用している．「作業所というのは行き場のない障害者の託児的な役割を担うわけであるが，そこに安住してしまう．障害者の主体性といいながらそのようにプログラム化されていない．そこで自立生活プログラムという，独立した機能をもちながらシステマチックしたものが必要になってきた」．
　一方，障害をもつ人が地域で暮らして行くには，介助サービスが不可欠になる．中西さんたちは「作業所が限界を迎えるには，地域で暮らしていく資源（たとえば介助）がないからである」と考えた．そこで，「障害者が，完璧に利用できる介助サービスが必要だった」わけである．
　障害者の主体性と，介助サービスの二つをセットで提供し，それを利用する障害者自身がお金で買って利用する．しかも「それを運営する人（運営委員）の半数以上が障害者で，事務局は障害者自身で運営することを基本理念」とし

て設定する必要があった.

　言うまでもなく,今までの介助サービスや自立は健常者ベース,市ベースであったからだ.そのため,利用者サイドに立てず,介助者の都合の良い介助サービスであったのである.

　ここの介助プログラムは,「朝7時から夜11時まで介助するのは当たり前.障害者が使いにくければ意味がない.お金を払いきれなかったら意味がない」といいきる.重い障害者なら誰でも一度は体験し,中西さん自身が,介助サービスの利用者として体験してきたさまざまな不満をヒューマンケアのエネルギーとしてぶっつけているようだ.「自分が利用者であるから,料金も介助費用の5,6万円で払いきれるようにした」.

―――中西さんによる介助料の概算―――
時給600円×3時間（トイレ・風呂・寝起きのできる時間として）
$$=1,800円$$
$$1,800円×30日=54,000円$$

　この介助料の見積は一日の生活にとって最低保障といったレベルである.しかし,ヒューマンケアのシステムは「生き延びるための基本的な生活保障」を有料で確保し,「ボランティアや市の介護人たちに対して対等な人間関係を」つくるために,障害者サイドから介助の有料制をいい出した日本で初めての試みとなった.

● スタート

　ヒューマンケア協会は,1984年から2年間という検討委員会を経て,1986年6月にスタートした.

　「最初は障害者サイドの介助サービスの研究,2年目は老人福祉の介助サービスの研究,最後に自立プログラムとの関係を検討した」.そして最終的に「介助サービスを活動の目標に設定したが,ケア付き住宅を選ぶか,介助サービスを選ぶかがヒューマンケアでも分かれ道だった」.

この間中西さん自身も自立と有料ケアの発祥地，米バークレーで調査研究を行う．そこでケア付き住宅の失敗例などを聞き，「より多くの者を救うには，住宅よりも開かれた介助サービスが必要である」と確信したようである．

　北米のケア付き住宅の失敗例は，「アパートに障害者が入って，介助者を入れて生活する．すると，そこが安全な場だから，ひとり暮らしで外に出ていく形がとれない．そこに永住してしまう．介護人確保のための運営資金・建物等なぜこんなに膨大なエネルギーを使わなければならないのかということになってしまう」というのである．かつて「八王子自立ホーム」がオープン（1981年）した時，私も同様のコメントを表した記憶がある．

　しかしこの時期，日本で障害者運動をリードする多くの障害者の目は，ケア付き住宅・介助付き住宅の方向であった．中西さん自身も入居していた東京都「八王子自立ホーム」の影響によって，神奈川県，北海道，大阪市等では活発にケア付き住宅運動が展開されたのである．

　中西さんの主張はこうである．「ここでは年間100人を超す人に介助サービスを提供することが出来る．ケア付き住宅に入る勇気と地域で暮らす勇気を比べれば障害者にとってあまり変わりはない，飛び越しをやった方がはるかに成長がある」というのである．だから，「飛び越させようと言うのがヒューマンケアの目的である」．

　しかし当時の情勢では中西さんも，ヒューマンケアの主張がすぐに理解されようとは思っていなくて，日本では根づきにくい問題であると認識していたのである．そのために，スタートの時も，障害者の運動体だけではサービスの提供範囲も非常にせまくなるので，高齢者・母子家庭全てに壁を設けない方針をとった．そして地域の主婦，高齢者，障害者を中心とした大きな運動体として「再復興」しようというのがヒューマンケアの政策であった．

● ケアの内容

　　介助サービス利用者・高齢者，肢体不自由者，視覚障害者，聴覚障害者など
　　　　　　　　あらゆる領域．

　　　　　　　　常時40名が登録されている．ひとり暮らしは12名．
　　　　　　　　障害者と高齢者の比率は6：4，障害者は20〜30歳台，
　　　　　　　　高齢者は70〜80歳台が中心．
　　　　　　　例・盲人のケース（3名のみ）　介助内容：買物，手紙，
　　　　　　　　家探し，通院，家事援助（中途失明の方が困難）．
　　　　　　　・聴覚障害者のケースはない．
　　　　　　　・足を骨折した主婦のような一時的なケア．

《障害者以外で一般の場合どのような方法でケアを求めてくるのか》

　八王子市内に100枚ぐらいの看板が貼ってあり，それで一時的な利用を求めてくるという．

《ケアスタッフの確保》

　介助者を探る方法は，交通費などの関係があるので，利用者の近くで看板によって探す．週2〜3人の方から電話がかかってくるという．最初は，市の広報・タウン誌・新聞等マスメディアを利用したが，2年ぐらいで反応がなくなり，その後看板方式に切り替えた．

　介助講習会による介助者確保も行っている．講習時間は90時間．スタッフ登録されている人も3〜4日のコースを年2〜3回行っている．かなり質の高い人が集まるという．

《ケア内容の決定や変更，ケア料の徴収方法は》

　コーディネーターがケア料を集める．同時に，ケアの問題を聞いて回る．毎月のはじめに，利用者の不満を聞いて十分な調整を行っている．ケアスタッフは日中は主婦が主体，早朝は高齢者か学生．朝早いケアは学生が多い．

　宿泊ケアの介助料は，17時から翌9時まで2,000円だが，夜間に頻繁なケアを有する場合は，600円／1時間で設定．夜間のケアは基本的にケースバイケースであり，障害者からの希望で，夜確実に確保したいため時給1,000円となる場合もある．しかし，1,000円払ったからといって，介助者が確保できるとも限らない．

　「ヒューマンケアでは100％の介助を実施しようとは思っていない．すべてやってしまうと，その人が自立して地域で暮らしている意味がない」．だから，

介助者を派遣するという形態を最終的にはとらない,とりたくないという.「利用者に主体性を置いているから介助者を上手に動かせないのは,その人の責任ということになる」.自分にあったケアの確保は,「自分のしてもらいたい事を自分で介助者に伝えることである.そういう力をつければいい.最終的にはリファレンスサービスで,名簿と名前を教えて,自分で交渉するようになればいい.自立プログラムをちゃんと受けて,障害者が自分で力をつけてくれれば,八王子だけでなく日本全国どこでも介助者をつけて暮らしていける.お互いに契約してお金を払って,勝手にやってもいいと最終的にはいっている」と中西さん.今はその力をつける手助けをしている段階なのである.

● 協会の運営

《主な収支》

- 事業収入（ピアカウンセリングプログラム，海外研修旅行等）
- 介助料収入（7万／月程度と少ない）
- その他（財団からの研究資金や都の助成金が財源の中心，この種の援助がないと運営は困難という）

    1年目……280万／年の予算…電話を架設．1名の人件費．
    2年目……600万／年，2名の専従費用となる．
    3年目……1,200万，都の助成金が加わる．
    4年目……1,700万，3名の給料が出るようになった．

《スタッフ》

　職員は8名体制で運営

- 専従職員3名（月給制）
    C（車いす）……………週5日で150,000円
    U（サリドマイド）………週4日で114,000円
    N（ポリオ）……………週4日で114,000円．ピアカウンセリング担当
    いずれもボーナス4ヵ月分支給（税金配慮のため）
- パートタイマー2名（契約制で嘱託扱い）時給800円

- パート主婦2名

  ケアスタッフのコーディネートを兼ねる．ケアの仕事をしながらケアスタッフの集団をまとめている．仕事は午前中1人，午後1人で，2人で1日分．
- パート専従1名

  S……………………週4日で会計・総務担当，ピアカウンセリング兼務
- その他1名

  K……………非常勤：元総務，ピアカウンセリング担当
- 障害者雇用の問題点：常勤者をどんどん入れても給料的にも常時使いこなすほどの組織ではないので，契約制を採用している．

● 設立にストップをかけた地域の自治体

　市当局がヒューマンケアをどう受け止めていったかは，スタート時およびその後の経過がよく表している．とくにスタート時には，障害者団体の運営で継続性に不安があること，市が将来介助サービスを展開する予定があるといった理由で，市の福祉部から開設にストップがかけられている．対象に高齢者を外して障害者だけならといわれたが，ヒューマンケアの理念と異なり意味がないと断わる．「市の協力は絶対求めない．運営費，助成金がストップしても構わない」という方針で望む．その結果，1年後に東京都の助成が決まるまで，社協を含めどこからも援助はもらえなかった．

　都の助成開始後に市の対応が変わる．市の広報誌に掲載される．慣習的にはどの市町村でも同様に市の助成が出て初めて市公認ということになる．金額(年間62万円)は少ないが，ようやく老人会と対等に扱ってもらうことになる．

　やや気にはなったが，中西さんは「市民が恩恵をこうむっているわけだから市が全額出すべきである．介助者，利用者共に9割が市民である」と話す．

● 広がりはじめた公的機関とのネットワーク

　社協から去年ファックスと共同募金30万円が支給される．ヒューマンケア協

会の介助サービスの半分は，市・保健所から回ってきたものであるという。「表面上は，ヒューマンケア協会を高く評価して，あそこのサービスは安心できるからと市から依頼がくる」というのである．しかし公より安上がりという側面もあるようだ．八王子市の「家事援助制度」は老人のみしか使えなく，障害者には使えない．また，市のサービスで利用者の負担が時給600円を超えるときは，時給600円のヒューマンケアを紹介してくるという．

　重度者のばあいは，市・保健所・ヒューマンケアの3者の連絡会議を行い話合いによってケアの実行を決める．「市もヒューマンケア協会がなければ大変である」．ようやく公的レベルのネットワークが開始されようとしている．

　だが，依然として「市が地域福祉とか在宅福祉サービスのケア部分の発達を疎外している」という．ヒューマンケア協会では，1989年に開設した「まごころサービス(老人の介助サービスを目的としている)」と共同で，公的な在宅サービスの確保を求めた署名活動を展開，市当局に請願書を提出予定である．

● 地域の自治会や，住民からはどう受け止められているか

　市当局の他，民生委員会，町内会，シルバーセンターにも協力，利用依頼を行った．しかし民生委員会からの依頼は4～5ケース．
　一般住民の関係では，「基本的に，障害者がやっていることは表に出していない」のであるが，市から援助が出ているということは，一般市民が認知するうえで，かなり大きな作用をもたらしているようである．
　多くのボランタリーな団体ではいずれもこのような経験を経ているわけであるが，地域に認知されることの活動メリットは計り知れないものがある．

● 今後の課題

《介助者の確保》

　やはり何といっても，まず介助者集め．介助料金が安すぎるために集まらないということもあるようだ．さらに利用者側の問題として，「介助者を使いこなせない」という指摘をしている．たとえば，障害者の場合，「介助料を月7万円

ももらっていながら，十分使いこなせていない」というのである．高齢者の場合は，料金を上げるともたないというジレンマの中にある．

《他のサービスとの関係》

地元の社協が昨年から二つの地区で給食サービスを実験的に開始した．「介助サービスはヒューマンケア協会の仕事という遠慮で」サービスメニューから外したと推測されている．

中西さんは，「サービスのメニューがいろいろあって，利用者が選択できる」ことが大切だと強調する．サービスの「選択権を常に障害者が持って公的サービスが運営されるならば，ヒューマンケア協会はいつでも撤回していいと思っている」というのであるが，これはそう簡単にはいかないなという印象を受けた．

《協会の運営と自立生活プログラムづくり》

組織上の課題は何ですかという質問に対しては，「ヒューマンケア協会は，運動体として（単なる）サービスの提供機関であってはならないし，利用者も会員として運営に参加して欲しい」という．当初の目標の第1コーナーもようやく走り終えたといったところであろうか．そして，「社会の障害者や老人に対する目が変わらなければ，いつまでやっても意味がない」という．全く同感である．

「それに，近所の人が手伝い，解決の糸口が見えて行かないとこの問題は解決しない，子供たちに対する福祉教育も大切」と語る．

現状では，「駅や建物のアクセスなど自立生活が悲惨になるのは目に見えている．充実して生きられるための地域づくりでないと最終的な解決はない」．

〈自立モデルとなるスタッフがいない〉

しかし実際には，「介助サービスで手間をくってなかなか前に進まない．いろいろやりたいが，有能な職員がなかなか揃わない」．

自立プログラムを恒常化させるのが目標ではあるが，「モデルとして自立している人がいなければ自立プログラムの意味をなさないし，自立した障害者でピアカウンセリングまで修得している人がいないので，まずそれを育てなければ

いけない」という状況であり，目下全国レベルの「ピアカウンセリング研修講座」のプログラムづくりに懸命である．

　そして将来的には，「組織運営的な技能を障害者に育てるための，運営管理講座」を構想している．

　そのほかに財源確保として，法人会員集めも検討中である．

　それにしても「日本の障害者にとって，親の庇護の元でいま自立しなければならないという必然性を感じていない」のではないかという不安が中西さんの脳裏を絶えず横切っているようだ．

《地域へのアピールと展望》

　2年3年と長く続く人は，社会的意識の高い人であるが，活動している人の多くは，生協活動を経験している人であるという．地域でこまめに集会でもやりながら理解者を増やしていこうとしないと運動は根づいていかないのでは，と認識している．

　また，老人ホーム2ヵ所と提携して，介助講習会を開くなどの努力が行われている．また，老人とは1日8時間，話相手をするだけであることが多いので，効率的な運営からデイケア的サービスも今後の検討課題である．「3人ぐらい集めて一緒に話を聞けばケアスタッフがひとりで済む．そういう合理的な考えから，デイケアセンターに発展させたい」というのが中西さんの新たなまちづくり戦略である．

● 終わりに

　ヒューマンケア協会は，いまわが国の障害者運動のなかで広域的な広がりをもつ，かなり有力なグループであるといってよい．今回の訪問でも明らかなように，その目標は遠大であり，かつ人間として基本的な生活ニーズを満たそうとしている．

　しかも，おそらく中西さん自身，こんなに早く日本の土壌のなかで，障害者という利用者によるケアシステムが広まるとは想像していなかったと思えるほど，ヒューマンケアの動きに関心がもたれている．すでに意識的には，選ばれ

た一つの選択肢が，全国を駆け巡っているといっても過言ではない．

　しかし新しい活動であるだけに，運営面では特に人的，財源的の両面で厳しい状況だ．今でも障害者の仲間からヒューマンケアはうまくやっているのだろうかという不安を聞くことも少なくない．

　ヒューマンケア・ネットワークによる全国的な「福祉コミュニティ」の展開を今後期待していきたい．**(高橋　儀平)**

障害児・者と共に生きる地域づくりをめざす福祉施設
東京都・東久留米市

このみ

● 東久留米における障害児・者の状況

　東久留米市は，人口約11万人で障害者2000人，そのうち子ども260人．
　障害児・者のための福祉施設として，公立の肢体不自由幼児通園施設「わかくさ学園」と，二つの作業所がある．
　学齢期の障害児は都立清瀬養護学校や市内の特殊学級に通学するが，学校生活から戻ると家庭生活を援助するものは乏しい．
　東久留米には障害児・者をかかえる家庭を援助する制度として，都の実施する「東京都心身障害児（者）緊急一時保護事業」と，市の実施する「東久留米市在宅心身障害者（児）緊急一時保護事業」がある．これは，家族の病気や事故などの緊急時や，冠婚葬祭，引っ越し，入学式や授業参観などで家族が障害児・者の介護をできない時に，第三者や機関が一時的に障害児・者を預かるというもので，このうち宿泊を要するばあいは，都の制度により施設か病院で，宿泊を要しない（在宅保護）ばあいは，あらかじめ市に登録された介護人が預かることになっている．

● この兄弟をほってはおけない

　1982年，当時「わかくさ学園」に通っていた障害を持つ兄弟のケースで，おじいさんが病気になりお母さんが看病に行かなければならなくなった．父親はタクシーの運転手をしており，家庭のなかで兄弟の介護をできる者がいない．公の緊急一時保護制度では，「在宅介護」では月5日しか利用できないし手続きに1週間もかかる．「宿泊」にして遠くの見知らぬ施設に長期にわたって預ける

のは小さい兄弟にとってあまりにかわいそうだ．

　ちょうどその頃，わかくさ学園の職員の間でも，子どもが中・高校生くらいになって親が病気になった時に，緊急一時保護制度で子どもをある期間預けてしまうと，それが契機となってそのまま永続的な施設入所措置につながってしまうことが多いという問題意識があった．

　そこでわかくさ学園の職員は，当時学生でボランティアに来ていた根来氏ら2名に呼びかけて，地域のなかにあって公益質屋だった一軒家（6畳，4畳半，台所）を借り，そこでこの兄弟を預かることから活動は開始された．

　そして，このささやかな地域の一軒家の"福祉施設"は，白血病で亡くなった，ここに来ていた子どもが好きだったNHKみんなのうた『ちいさな木の実』からとって「このみ」と名付けられた．

● 利用できるものは何でも…

　はじめは，まったくのボランティアで自己資金を持ち寄っての活動だったが，それでは長続きしない．そこでまず考えたのが，市の一時保護制度の「介護人」にメンバーが個人で登録することだった．これにより，このみを利用する人は，このみへの申し込みと同時に市役所に届けることによって（このみのメンバーである）介護人に対して市から「介護人料」が日額で支払われることになった．

　また，そのうち，家庭の必要に応じて預かるという従来の「緊急援助」だけでなく，「予防」こそが必要だと考え，障害児の社会とのかかわりを日常的に拡げていく活動に取り組むことになった．このみの近くに別の一軒家を借り，ここを拠点とした数名の小・中・高校生の障害者を集めての地域活動「ひまわり」である．これが1974年に都の「心身障害者通所訓練事業」（Dランク）の指定を受けて補助金がつき，これによりメンバーを増やすことができるようになった．

　現在では，ひまわりの補助もCランクとなり，決して高い給料ではないが，メンバー6名が正職員として，「このみ」と「ひまわり」の共同運営に取り組んでいる．

　また，市の緊急一時保護事業の対象とならず，市から「介護人料」が給付さ

このみ「生活援護事業」利用件数　　　　（1988年度）

依頼理由	緊急一時保護						日常介護困難						時間保障								合計
	葬式・周忌	結婚式	保護者の疾病・通院・入院	家族の入院・通院	出産	本人入院・通院付添	日常介護困難	兄弟の通学付添	施設帰宅後のケア	兄弟の機能訓練	本人の学校行事	兄弟の学校行事	親の会活動	公的機関への出席	引越し	施設・病院見学	運転免許教習所通い	本人の薬受領	母の用事	家庭の用事	
件数	25	7	318	173	59	79	87	195	41	10	63	127	30	2	2	3	11	22	154	27	1435
	25	7	243	158	38	—	—	47	0	8	61	121	29	2	2	3	3	21	—	2	770

注）件数の上段は合計件数／下段は市の介護人制度利用件数（再掲）

れない理由でこのみに預かったばあいの利用料（時間600円，ただし1日上限3600円，宿泊3600円→24時間7200円）収入や，年2～4回開かれるバザーの売上げ，海産物品の販売益，活動に理解を示してくれる賛助会員からの会費（年2000円），地域の企業からの寄付金も活動の貴重な財源である．

最近では，留守番電話と連動するポケットベルを使って，24時間の緊急時対応が可能となり，いつ何があるか分からない障害児・者をかかえる家庭に与える安心感ははかりしれないものがある．

● 緊急保護から生活援護へ

このみでは，公の制度と違って障害児・者を預かるのに理由を問わない．また，自宅での介護や通学を続ける等，できる限り本人の日常生活を維持するように対応している．このため，かつて東久留米市では市の介護人制度を利用する人はほとんどなかったが，このみでは88年度の1435件の利用者のうち，実に770件が市の介護人制度利用となっている（市の介護人利用実績の100％）．

形だけととのった公の制度にこのみというソフトなコンデンサーが入ることによって，住民の立場にたった使いやすい生きた制度となり，また制度の届かない部分──決して緊急ではない，日々の日常生活に対する援助（ゆとりある時間の保障や日常介護困難）までをもボランタリーな努力で担っていく．こうし

て，地域で潜在していた需要が一気に吹き出したのである．

● 家庭から地域へ，そして社会へ

　ひまわりでは，現在15名の障害児を養護学校の下校後，午後5時まで預かっている．そこでは，障害児なりのプログラムをこなすだけでなく，地域の児童館的な役割を果たす拠点として，健常児も自由に訪れて一緒に遊び，また地域のいろいろな行事にも出掛けている．また，毎週土曜日には，わかくさ学園の園庭を利用して，いろいろな遊び道具を用意した遊びの開放区「プレイランド」を開いている．

　こうした活動により，「養護学校ではできない，健常児も含めた地域の〝友だち付き合い〟が始まり，それをテコにして地域とのつながりを拡がっていく」と根来さんは語る．

　家庭での介護を日常的に援助し，できるだけ無理のない自然な形で障害児・者が家庭にいられるようにする．そして，ただ家庭にいるというだけではなく，本人の地域とのかかわりをはやくから拡げていくことにより，養護学校を卒業して作業所に通うようになっても，また将来親元を離れて生活寮などの地域ホームに入るようになっても，地域社会の一員として自然な生活がおくれるようにしていく．そんな当たり前の，自然な地域社会のありかたを求めるのが，「このみ」の実践である．（川井　誉久）

住民相互による"困った時の助け合い"システム
横浜市

サービス生産協同組合「グループたすけあい」

● はじめの一歩

　「たすけあい」が活動を始めた第一歩は，85年5月，老人世帯のAさんへの家事手伝いだった．奥さんが病気で入院し，残されたAさんは腰痛で自由に動けない．横浜市のホームヘルプ協会へ依頼したが，2週間待つようにとのこと．そこで「たすけあい」の会員がAさんの援助に入り，また容態の悪い奥さんの献血募集に走り回った．しかし，援助に入って2日目，入院して10日目の朝に奥さんは亡くなった．

　奥さんの具合の悪くなるもっと前に，身近に介護をしてあげる人がいたら……．もう少し早くこの活動を始めていたら……．「ほんの1日，いや1時間でもいいから，ぐっすり休みたい」．そんな家庭で介護をする人の切実な思いを痛感させられたスタートだった．

　会の代表の清水さんは18歳の頃，リウマチで寝たきりの祖母の面倒を看ていた．梅雨時，一番具合が悪くなり，背中をさすったり寝返りをうたせたり下の世話などで一睡もできない日が続いた．「このまま眠りたい．ぐっすり眠って死んでしまいたい」．清水さんがそう思いつめていた頃，夜中にカチャカチャという音で目を覚ますと，祖母の枕元の吸呑が倒れ，フタがなかった．清水さんはとっさに祖母の口の中に手を突っ込んだ．「死なせて．このまま生きていたらまさちゃんに辛い思いをさせる．死なせて……」．それからは，祖母を1日でも長生きさせることが清水さんの目標になった．このことが清水さんがこの活動をはじめる原体験となっているようだ．

● 対等な福祉を求めて

　「たすけあい」は，会員制をとり，出資金2万円（退会時に返還）を払って会員になると，可能な時にサービスの提供者になり，また自分に必要が起こった時にはサービスを受けることもできる．「上下関係の福祉から対等な福祉に」という会の趣旨からいって，この会員になることが原則だが，現実には高齢者世帯など提供者にはなれないがサービスは受けたいという人が地域に大勢いる．

　こういう人には，入会金5000円と年会費1200円で受給会員になってもらうことにした．

　現在，会員が178名，受給会員75名の253名が加入している．

　サービスの利用料は，事務局発行のサービス券により決裁し，1時間につき6点，600円．そのうち2割120円が会の活動資金となり，サービス提供者は，受け取ったサービス券を1点80円（1時間480円）で換金するが，自分がサービスを受けるために点数積立をすることもできる．

　こうしたシステムにより，マンションなどの高層住宅が建ち並び，自然な近隣の交流が育ちにくい都会のただ中にあっても，会の合言葉である「おしきせでない，ほどこしでもない，金もうけでない」住民相互の助け合いが，可能となっているようだ．

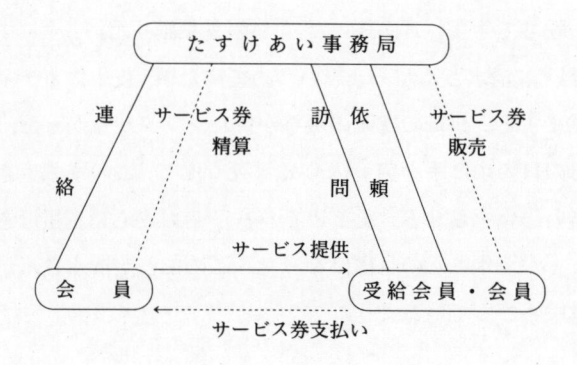

```
                    たすけあい事務局
              ／      ／   ＼      ＼
           連／   サービス券  訪 依  サービス券
           絡／     精算    問 頼    販売
           ／       ／      ＼      ＼
                サービス提供
         会　員  ────────→  受給会員・会員
                ←────────
                サービス券支払い
```

● 地域の新しい人間関係を

　活動の内容は，家事手伝い，病人の世話，子守，留守番からパチンコの付き添い，海外旅行中のカメの世話まで，主婦の「生活技術」で対応できることならなんでも引き受ける．

　「主婦のできることならどんなことでもやりましょう．ただし……」，と清水さんはいう．「本人の努力．家族の協力．そして私たちの協力があります．お手伝いさん代わりでは決してありません．自分でできることはしてもらいます」．

活動実績　　　　　　　　　　（1988年度）

	内　　容	回　数	活動人数	合計時間	件数	累計回数
高年家庭	家事手伝い	542	561	1,120.5	49	899
	病人の世話	357	486	687		
若年家庭	産前・産後の世話	30	30	80	17	78
	子守・留守番	48	49	165.5		
共働き家庭	家事手伝い	513	600	981.5	7	513
	子守・留守番					
一般家庭	家事手伝い	258	297	455	14	501
	病人の世話	243	290	324.5		
上記家庭共通	送迎（含通院）	323	323	178	39	（電話番を除く）469
	散髪	9	9	14.5		
	TELコール	22	22	5		
	学習の手伝い	56	56	155		
	対面朗読・繕い	5	10	16		
	（電話番）					
	その他	54	54	330		
保育		15	41	115	5	15
小　　計		2,475	2,829	4,627.5	131	2,475
見　舞　い		18	22	21	18	18
説明・打ち合わせ		88	114	109	88	88
合　　計		回 2,581	人 2,965	時間 4,757.5	件 237	回 2,581

なるほど，そうでなければ「たすけあい」の名に値しないだろう．

　もちろん，清水さん自身も会の会員であり，事務所での主に電話によるサービス調整のほか，サービスの提供者にもなり，最近，少し点数の貯蓄もできたといって笑う．また清水さんのお母さんも受給会員であり，中学生の娘さんもサービスに参加してくれるそうだ．「最近では会員の二世も大活躍なんですよ」．そういう清水さんの表情はとてもにこやかだ．

　最近も，夜中に突然電話があった．1歳・3歳・5歳の子どものいる家庭で母親が急病になった．救急車を呼んだが，父親が病院に付き添うあいだ子どもを家に放っておくわけにはいかない．清水さんは，すぐにそのマンションの隣の棟の会員に連絡をとり，急行してもらった．そして，自分も少し離れたところに住むおばあさんを連れて駆けつけた．会員が着いたのは救急車よりも先だったそうだ．

　「あしたの朝まで待ってくれなんて言えません．私たちは身内のつもりで活動していますから」．

　パチンコ屋だろうが，デパートの付き添いだろうが，不自由している人，苦しんでいる人が「普通のことを普通にできるための手助け」ならなんでもするという「たすけあい」の活動．

　今後の課題は，サービスの質を維持・向上させるために行っている研修会や学習活動を一層充実していくことと，財政基盤の充実のために公的補助を導入することだ．

　「新しいコミュニティの創造を夢見ている」という普通の主婦たちによる活動は，今，全国の熱い注目を集めている．　　（川井　誉久）

障害児と親と住民と
——地域に育つ訓練会

神奈川県・横浜市

さくらんぼ会

● 18年前に自宅で始めた訓練会

　18年前，障害児にとって病院や収容施設ではなくて，自分達の住んでいる地域で仲間を増やしていくような場所が必要だということで，辻さんが中心に何人かの障害者を持つお母さんと一緒にこの会をつくった．

　最初は，きまった活動の場所もなく，それぞれの家を順番に回るような形で活動が始められた．その後，クリスチャンの協会を使わせてもらったりしていたが，山内地区の地区センターを運営委員会にお願いして，この会が専用的に使わせてもらうようになり，5～6年間使わせてもらった．

　しかし，その間会員の数は増える一方で，地区センターでも活動が思うようにいかなくなったため，親たちが署名を集め市に対し活動の拠点をつくってもらうように請願した．その結果，昭和60年にこの建物が完成した．

　この建物には，この"さくらんぼ会"の活動と重度障害者作業所の二つが同居している．

● 様々な障害を持った子供達が一緒に訓練をする

　日常のプログラムとしては，幼児保育を午前から昼過ぎ，学童訓練会を午後それぞれ3時間半ずつ行っている．一つのグループには15人程度の障害児が入っていて，週に1回ずつ訓練を行っている．そのようなグループが現在11グループある．

　対象としている子供は，障害・年齢を問わず，一つのグループに様々な年齢，

様々な障害を持つ子が混じって訓練を行っているのがここの特徴である．障害としては，発達の遅れ，ダウン症，自閉的な子，身体の不自由な子などがいる．

そもそも，地域には様々な障害を持った子供がいるのであり，それをわざわざ障害別に分けてグループをつくるのではなく，ごく自然な形で様々な障害を持つ子供を混合して訓練しているのだ．それにより，子供達自身や親も自然に様々な障害について認識し，障害の垣根を越えて地域でのネットワークができることをめざしている．

● 子供の訓練と同時に親の訓練をする

この会の訓練は，1人の障害児に1人のボランティアが専属でつき，1年間その担当は変えないようにしている．訓練の時は母と子供を分離して行い，その間，母親達は，別室で子育ての勉強や，親の会の活動の仕事をしている．自分の子供の訓練の様子は，マジックミラーのついた部屋から観察することができるようになっている．

親達にとっては，障害児を持つ親同士，悩みを打ち明けたり，お互いに励ましたりできる非常に重要な場となっている．

お母さん達は，とても明るく次のように話してくれた．

「この会に入るまでは，近所の人にも心を許せず，誰にも相談することもできずに，どうしていいかわからないことばかりだったが，この訓練会に来て，お母さん達と話ができることで，どれだけ楽になったかと思う」．

「子供に障害があるとわかったときには，何度死のうと思ったかわからない．でもこの会に入れて，ボランティアの先生やお母さん方と巡り合えて，笑って，そんなこともあったんだといえるようになりました」．

会の生みの親ともいえる辻さんは次のように話してくれた．

「どの子もこの地球に一度しか生きられない大切な命だというような内面的なことをお母さんが理解していかないと，子育ての技術的なことだけを教えても意味がないんです．この訓練会は，子供の訓練とともに，そこをお母さんに

わかってもらうことが大きなねらいなんです」．

また，ボランティアを1対1でつけて1年間変えないことにより，お母さんが毎日の育児のなかで，悩んだり，落ち込んだ時などの良い相談相手になっているという．

このように，地域において親同士，親とボランティアのネットワークができていることが，この会の活動の重要なポイントとなっている．

● 一人ひとりの個性に合わせた訓練

この会の訓練の内容は，一人ひとりの個性に合わせてプログラムを考え，将来，人に迷惑をかけず，自立した生活が送れるようにすることをめざしている．

「最近，新横浜に市が何億というお金をかけて，リハビリセンターができた．ここに来ている子も何人かはそちらにも通っている．私もせっかくできた施設だからできるだけ利用するように勧めているが，利用したお母さんの話を聞いていると，ここの訓練とは根本的なところで違っているようだ．市の施設には，専門家である職員がいて訓練してくれるが，その子の状況等をあまり考えず本に書いてあるようなことをそのまま子供にやらそうとしているようなところがあるようだ．リハビリセンターができて，さくらんぼ会のメンバーが減るかと思っていたが，逆に増えたような状況にある」と辻さんは言う．

必ず，1日の訓練が終わると，ボランティアが集まって，ミーティングをし，それぞれの子供の訓練のプログラム等について話し合っている．

18年前この会にいた自閉症の子が，今年4人就職した．現在障害を持つ幼児の母親達も今から子供の将来の事を心配していて，

「訓練を続けて，将来なんとか就労し，能力が発揮できる場を見つけられればと思っています」と話していた．

● 障害児の兄弟姉妹の会

障害のある子を兄弟姉妹に持つ子供が日頃いじめられたり，家庭のなかでも

あまり構ってもらえないことが多いので，一緒に悩み事などを話し合える場として，地域に住む若者や学生のボランティアと一緒に「兄弟姉妹の会」というものをつくった．

会では，集まって障害児の問題を考えあったり，また年に1回ひまわり文集を発行している．

● 今後の展開――障害児が地域で自立して暮らせるように――

現在，会の運営は，横浜市の外郭団体である「横浜市在宅障害児援護協会」からの助成金として年間120万円もらっているだけで，あとは障害児の親の自己負担金，バザーの収益金，寄付金などで賄っている．

したがって，財政状態は非常に厳しく，辻さんをはじめ障害児の訓練にあたっているボランティアには，全くの無償で交通費しか払っていないという状態である．

2～3年前までは，専従の職員は一人もいなかったが，それまで学生ボランティアでやってくれた人が卒業するにあたり，できればここに就職してもらおうと，お母さん達と相談して専従職員にすることを決めた．来年の春もう一人職員を増やすことも考えている．それらは親達の負担増へとつながっている．

公的な援助があまりに少ないことがこの活動の大きなネックとなっているとお母さん達も口々に話していた．

「勉強会などで聞いた話では，アメリカのカンザスでは，障害児が訓練を受けられることが法律で決められているという．日本ではそのような考え方が全く遅れていると思う．これだけ高い税金を払っているのに，なぜ，障害児の訓練の費用が公的なところから出ないのかとても疑問に思う」．

「しかし，このような障害児の訓練を行政が丸抱えでやったのでは，障害児も親も行政にやってもらうのが当然という意識になり，障害児も親も育っていかないと思う．むしろ，地域に密着して，障害児と親と住民が一緒になって活動する会に行政が援助することが重要だと思う．それが，障害者が地域で自力

更生できるシステムをつくることにもつながっていくだろう」と辻さんは話してくれた．

　ノルウェーでは，このような地域の訓練会に対し，行政が手厚く援助しているという．また，アメリカのミネソタでは，障害児5人単位のコーディネーターに対し援助しているという．このような福祉の先進国の事例を日本でも取り入れていく必要があるだろう．

　「現在，この会はすでに定員が一杯の状態で，積極的にこの会の存在をPRできるような状況にはない．今後の展開の方向としては，それぞれの地域で住民や障害児の親など気の合った仲間同士でグループをつくり地域に密着した活動展開していくことが望ましいのではないか」と辻さんは今後の展開について話してくれた．

　「この地球で命があるのはどの子も一度だけ．誰が障害を持って生まれるかは誰にもわからない．もしかしたら，自分のかわりにこの子達が障害を背負ってくれているのかもしれない」．

　「人間をどうみるか，命をいかに大事にするかというところから出発すれば，ただかわいそうだとか，かばったり，大事にしたりするのではなく，それぞれ持って生まれた子供達の生きている部分をいかにのびやかに活かしてあげるかという考えに立つことが重要だと思う」と言った辻さんの言葉が印象的だった．

（児玉　善郎）

時代の住民ニーズをとらえて

神奈川県・横須賀市

横須賀基督教社会館

● 発足の経緯

　社会館は，昭和21年にアメリカのコミュニティ・センターをモデルとして設立された隣保館である．もともとは，海軍の集会所として建てられた建物で，この建物を建てる時に町の人達もお金を出してその一部を補っている．そのような歴史的な背景が社会館がはじまる前にあった．終戦後まもなく進駐軍がこの土地と建物を接収し，その使用については，キリスト教関係者が社会福祉のために使いなさいとの命令のもとに，昭和21年に隣保事業を行う社会館がスタートした．

　しかし，町の人達の間では，自分達もお金を出して建てた建物が，よそから来たキリスト教徒に使われることには，かなりの反発があったようである．そのような住民の意識は表に出ないものの，当初の社会館の運営には影響するところがあったようだ．

　以後現在までの40数年間の歴史を，いくつかの節目となる時代に区分して以下に整理する．

● 昭和21～32年頃—アメリカのコミュニティ・センターの考え方を導入

　宣教師のトムソン夫妻が初代の館長となり，彼らがアメリカで経験してきたコミュニティセンターの考え方をそのまま日本に持ち込んで，プログラムをいくつも作ってきたという時代である．

　最初に，子供のためのプログラムを開設した．子供の健全育成，青少年の育成として，クラブ活動を手掛けた．また，乳幼児の問題に対して保育所を開設

した．保育所の仕事は，社会館が今日まで唯一続けているものである．子供のプログラムの他にアメリカのケースワークの方法を使った家庭相談所も開設した．日本で，この概念を持ち込んで実践したのは社会館が最初ではないかと思われる．

昭和20年代中頃には，やはりアメリカのセツルメントでの経験を活かし，老人クラブを結成している．これも，日本の中の老人クラブのごく最初の段階で結成したことになる．

その他，現在の保健所の役割にほぼ匹敵する乳幼児の健康相談，アメリカから来たミルクの配布などを行ったり，貧困問題に対して，戦争未亡人に対する授産施設や母子寮も昭和30年代初めに開設している．

これらのトムソンが始めた仕事というのは，乳幼児，子供そして貧困家庭への援助を猛スピードで次から次へとプログラム化し，地域に対して貢献したと言える．この時期においては，住民参加ということは全く念頭になかったと思われる．社会館が住民に対してサービスする，物資を配布するといった関わり方をしていた時期である．

● 昭和32～42年頃—専門性を加えていく時期

昭和32年に，現在の館長である阿部志郎氏が館長として着任された．そして，トムソン氏のはじめた仕事の上にさらに専門性を加えていくということを行った．スタッフも社会福祉の教育を受けた人間を雇用した．

「専門的であると同時に改革的であれ」．これは，阿部志郎館長が今日までずっと言い続けてきた理念であるが，新しい仕事，つまり公的なところに先駆けて新しいニーズをみつけたならば，それに積極的に対応していくのが，社会館の仕事，あるいは民間の社会福祉の仕事であるということである．

阿部館長がまず手掛けたのは，肢体不自由児の保育である．当時は，まだどこもそのような仕事に取り組んでおらず，わずかに収容施設が全国に2～3ヵ所あっただけである．当時の肢体不自由児というのは，家の中に閉じこめられて外へ出る機会もない，ましてや公に保育する場もなかった．そのような時代

に，ある母親の訴えをきっかけに，昭和33年から肢体不自由児の保育所「愛育園」を開設した．

そこでは，医者のボランティアとして協力や，一般の主婦やミッションスクールの高校生もボランティアとして協力した．この頃からボランティアの人達の参加が目立ちはじめた．

しかし，この愛育園も10年で止めてしまった．肢体不自由児の父兄達の運動の成果として，横須賀市が公立の施設をつくったので，昭和42年にここに在籍している子供達をそっくり市のほうに移した．

この愛育園を止めた理由として，現実的には，どこからの援助もなく赤字が出て財政的に大変だったということがあげられるが，理念的には，公共に先駆け改革的に仕事を進めた結果，公共の政策に反映されることができたため，その仕事は公に移していったということができる．

その他，子供のプログラムや家庭相談所でも，グループワーカーとして専門教育を受けた人を職員に入れて充実させた．

● 昭和43年〜──変革の時期

昭和42年までは，社会館は他では解決できないような問題に対する専門的な機能を持っていて，町の人はどんどんいらっしゃい，問題を抱えている人はどうぞ来て下さいという役割であった．それが変わってくるのが昭和43年頃からである．

昭和43年に旧海軍の建物を壊して新しく建てた時に，社会館の今後の方針について議論がなされた．その中で，住民がどうも社会館のお客さんになりすぎているのではないかということがあげられた．住民がなんらかのかたちで，この社会館の仕事を担う必要があるのではないかということになった．

● 住民中心のバザーの開催

そのような中で，バザーを地域組織化の方法として捉え直した．バザーは，社会館の赤字の穴埋めに開設以来開いてきていた．それを，住民中心のバザー委員会を組織して行うように変更した．

住民の中には、社会館の建物の改築に対して何ら寄与していないということと、新しい建物は自分達が使うものであるという意識があったようで、「せめてバザーに町をあげて協力しよう」という気運が盛り上がった．各町内の婦人会の代表が中心となり、企画、実施し、バザーの内容は飛躍的に拡大した．とくに、住民からの寄付物品は、4000点を越え、ボランティアも200名に増えた．

● バザーで育った若い婦人達が民生委員に

昭和45年の民生委員の改選の時に、バザーで育った若い婦人達が、民生委員に選出された．それにより、それまで民生委員と社会館との連絡はなかったのだが、定期的に福祉問題について話し合う場を設けるようになり、その中で、地域における住民の福祉に欠けた状態について具体的に検討を重ねるようになった．

● 老人給食サービスの開始

昭和46年には、民生委員が担当地域を一軒一軒訪問し、老人の生活状況について詳しい調査を実施した．その結果、ひとり暮らしの孤立した高齢者が多いこと、食事はインスタントものが多いことなどがわかった．

そこで、昭和47年から民生委員と数名のボランティアによる自主活動として「老人給食サービス」が生まれた．対象老人は、約50名で、昭和52年からは月2回の給食となって現在まで続いている．

費用は、バザーの収益の一部が使われた．それにより、バザーの収益自体も伸びた．

● 「田浦町たすけあいの会」の発足

昭和48年に、社会館が毎日新聞社から社会福祉顕彰を受け、副賞として35万円をもらった．まちの人がもらったものだということで、自治会に差し上げたところ、基金にして、地域の福祉を自らの手で高めることにさらに使うこととなり、会員制による「田浦町たすけあいの会」が発足した．会費は1人100円／月で、現在120万円／年とバザーの収益金が地域福祉活動の資金となっている．

具体的な活動としては、月2回の老人給食サービス、新聞の発行、ボランティアの養成講座、電話相談、保育所へのボランティア活動、青少年活動、中学生

ボランティアの養成など広範囲にわたっている．

● 現在の活動

●虚弱老人のためのデイサービス

　昭和59年に，日本生命の協力を得て，高齢者のいる世帯の調査を実施した．それにより，高齢者を抱える世帯が家庭での介護に苦慮しており，また専門的サービスが必要であることが浮かびあがった．

　そこで，国等の補助により施設を整備し，虚弱老人のためのデイサービス事業を実施している．

●社会館の役割は少なくなっている

　現在の社会館の活動としては，保育園，学童保育，デイサービス施設の運営と「田浦町たすけあいの会」の支援を主に行っている．

　そういう意味では，昭和20年代に比べると社会館自体の活動は減ってきている．

　財政的には，公的援助が少なく逼迫しており，年間何百万円もの赤字を出しており，土地を切り売りして赤字の補塡をするというような状態が続いている．

● 今後の展開

●子供の問題への対応

　障害児の問題について，現在は，保育園，学童保育という形で行っているが，本格的なプログラムとして取り組みたい．

　また，町に若い世代が減り，乳幼児の仲間がいない，子育てについて相談する相手もいないという問題が出てきている．そういったことに対応する妊婦から乳幼児の母親の教育，相談を行う「保育センター」が必要とされている．

●高齢者の問題への対応

　現在行っているデイサービス事業は，今後ともニーズが増大してくるものと思われる．その時に，現在の国のメニューだけでなく，さらにきめ細かく，ニーズに対応していけるようにしたい．

● 乳幼児からお年寄りまでのコミュニティセンターに

　理想としては，乳幼児からお年寄りまで，この田浦に住むあらゆる問題の受け口になることをめざしている．

　そのさいに，自由な立場で，公的サービスにないものから取り組んでいきたい．

　また，「地域の人達が自分達のために活動する」ことをさらに広げていきたい．

● 興望館と比較して

　横須賀基督教社会館よりさらに歴史の深い隣保館として現在でも活動が行われている「興望館」と社会館を比較してみると，いくつかの点が指摘される．

　興望館が，時代の変遷に応じてプログラムの内容を変えながらも「地域活動部」として住民の拠点となるよう，幼児から大人までのプログラムを幅広く展開してきているのに対し，社会館は，むしろ「住民による自主的な社会福祉活動」を組織化し，支援するという役割に重点を置いて活動してきたという点が大きく違っている．

　共通している点としては，子供から大人までのすべての人が集えるセンターとなることをめざしている点で，そのなかでも今後は"お年寄り"への対応を重視して行こうとしていることである．（児玉　善郎）

新旧住民の交流の中で

神奈川県・相模原市

心身障害者地域作業所「三ツ葉園」

　JR相模線相武台下駅から歩いて5～6分，新興住宅街の一角にどこにでもみかける理髪店がある．「橋本理髪店」の看板の横に「三ツ葉園」の表札がかかっている．理髪店の経営者橋本昇氏（といっても奥さんと2人できりもりしている）は，この「三ツ葉園」の園長でもある．

● 散髪奉仕から

　昭和53年12月19日付朝日新聞（神奈川県版）に〝園生たちに散髪奉仕〟という見出しの記事が掲載されている．相模原市にある，民間の心身障害者授産施設「ひまわりの家」を訪れ，園生たちに散髪奉仕した時の橋本夫妻である．

　橋本氏は新潟県出身．渋谷で理髪店に勤めていたが，「持ち前の世話好きで」休みの日には病院や施設で奉仕活動を続け，その活動のなかで知り合った同業の女性と結婚，昭和45年相模原市内で開業した．橋本氏が障害者とかかわり始めたきっかけはこの〝散髪奉仕〟である．

　橋本氏はもう一つの活動，家庭菜園グループ「三ツ葉会」がある．「三ツ葉会」は県外から移住してきた，いわゆる新住民のグループ．「土に親しみながら新旧住民の和を図り，健康づくりも」と，昭和46年頃結成された．

　かつて川砂利採取で賑った相模川のほとり，砂利採取のダンプ公害反対に土着の人と新住民を組織して立ち上がり，ベッドタウン化して荒れた農地の再生運動を通して地域住民の信頼を勝ちとっていた運動「土とくらしの互助会」（故家坂哲男氏）と同じ流れをともにしている．

　3人の地主から遊休農地を借りて47世帯の人びとが野菜づくりを楽しんでいる．橋本氏の散髪奉仕をきっかけに，その交流の輪は他の会員に広がり収穫し

た野菜を持ち寄って河原でバーベキュー会を開いたり，もちつき交歓会を催すようになってきた．障害者の人びととの交流を通して新旧住民との交流にも大きな収穫があったと思われる．

● プレハブ校舎の廃材で――作業所誕生

これらの活動の輪をさらにひろげるために「ボランティア農園協力会」をつくり，障害者との関わりを深くしていった．昭和56年11月，地主Ａ氏の好意により土地が提供され，地域周辺座間・相模原市民の協力奉仕を得て，学校の旧プレハブ校舎の払い下げを受けて，障害者地域作業所「三ツ葉園」が誕生した．橋本氏の明るい人柄，人間味あふれた指導性と，新旧の地域住民の歯車がうまくかみあって，まさに「地域の人たちがつくる」作業所である．

橋本氏は「私は特別に福祉の勉強をしたわけでもありません．何か資格があるわけでもないんです．私達はご近所の人と生活している．そのなかに子ども達もいて，みんな生活をしていく．それがいいと思っているだけです．とくにいいことをしているわけではないんです．放っておけないだけで……」と語っているが，農園の作業を通して，自治会の活動を通して，地域のなかに障害者（児）を受け入れて貰う努力を重ねている．

「農園は駅前なもんで，通りがかりの人がガンバレヤーとかけ声をかけてくれたりしてね，すごく嬉しいね」と橋本氏．

開所当時，園利用者10名が全部座間市在住（道一つ隔てているだけ）だったため，座間市に対して「助成の要望書」を提出している．その結果，相模原市に設立されているにも関わらず，最初の1年間は座間市からの助成を受け，その次からは相模原市から助成されるようになったという経緯もある．

● 生活ホームあらいそ

橋本氏の家族は奥さんの他長男，長女の4人．理髪店の仕事はもっぱら奥さんに任せ，橋本氏は園生の世話に忙しい．昭和61年手狭になったため自宅（理髪店）の改築も兼ねて作業所を新しくした．建物は白亜で1階は橋本氏の理髪

店・作業所．作業所は台所と居間を兼ねて造られており約45m²，室内でできる簡単な作業を行う．現在作業所に10名，2階の生活ホームには4名．橋本氏の子供2名を加えて6名の共同生活である．

改築は全部私費の借金とか．地域作業所と生活ホームが一緒になっているため，作業所には助成金がでているが，生活ホームには認められていない．「私のばあい，自宅開放というわけではないのですが，そういう形になってしまいそうで……．ローンを払っているが個人の財産になっているので助成の対象にはならないようなんですよ」．

「今までだって金がなけりゃ自分たちの力でなんとかやってきたんだから，今さら金はいいんです．ただ制度上認めて欲しい，私の願いはそれだけ．制度上認めてくれれば，学校の先生も親も安心するわけだからね．ただおかしいのは，ここに紹介されてくるのはみんな行政からなんですよ．こういう形の生活ホームはここにしかないってね．私にすれば，よそになくて，ここにしかないと言われれば，ヨシおもしろい，ヤッテヤロウってね」．

● 制度と実践のあいだで

障害者の自立はたやすいことではない．「今まで自立できたのは，4人だけです．そりゃぁ切ないですよ．でも人間機嫌のいい所にすめば自然に機嫌がよくなる．足を引きずっていた子が農作業をするようになって走れるまでになったり，口がきけるようになったり．それだけでいいんですよ」と橋本氏は述懐する．制度のできる前から必要にせまられて私財をなげうち，地域の協力を得て現在まで活動をすすめてきたが，今後の活動はどのような方向をとるのであろうか．（菱田　紀子）

働く親と共に育つ

神奈川県・座間市

座間子どもの家保育園

● 語る― 園長　渡辺春さん

　1967年（昭和42年）7月，座間子どもの家保育園の前身である渡辺保育園が，渡辺家の2階で5名の集団でスタートした．1年余りは園の存続も危ぶまれる不安定な状況が続いたが，その後園児も増え，1971年（昭和44年）には，母の会が発足した．園児の親の協力により，1972年現在地に移り，公認保育園座間子供の家保育園として，出発した．

　保育園を始めるというような大それたことではなくて，私もずっと銀行に勤めていた普通のOLだったのね．福田さんとはずっとその時分からのお付き合いでして．それで結婚しまして，たまたまここに土地を求めて都内から移りすんだわけです．
　そんななかで座間に来て，福田さんもこっちに来て，いろいろ話したなかで「私が子育てを受け持つから，あなたは働きなさい」ということで，まず2人の子供を中心にやろうということがきっかけでして．
　自宅を開放してそれだったら少し広く募集してという感じで．42年3番目の娘が生まれてくる時でした．その頃はまだ日産の誘致もなく周りに企業が来てなくて，座間市の中でパートにしろ何にしろ女が働くというのは，私達が最初に考えたより少なかったんですね．最初2年位は子供が集まらなくて，かえって助かったわね．
　それで2年位たってからは，急激に婦人労働者がふえていった．
　そこでやっぱり婦人労働者を中心にすえていこうと，コスモス電機の組合に

働きかけていったのね．組合の婦人部でいろいろ討議されていて職場内保育所を作ることも討議されていたようです．そこで組合とうちの保育園という契約にはいたらなかったんですけど，組合でバックアップしていくということになったんです．

　それがその後のここに移ってきてからの10年位のすごい力，基盤になっています．

　やっぱり私，認可とって一番よかったことは，本当にいろいろな子供達が入ってきたことです．やっぱり未認可だと保育料が高いからある程度意識も高い層に限られてしまう．そうじゃない人と交流出来るのは認可をとってはじめて可能だったことでした．その辺は本当にコスモス労組の人達のところで力強い協力を貰いましたね．

　最初は土曜日も長時間保育（午前7時30分〜午後6時30分）をやっていたんですが，こちら側が職業病が発生しましてね．かなり5年位それで苦しんだんです．そんな経過もあって，ともかく労働時間を短縮したいということで，土曜日をなんとかしたいと思ったわけです．

　それをどうするかということでいろいろ考え合った．で，自主保育という形で，その人達で当番を決めて，この園で後をみるという突破口をつくった．それは今もそのまま続いています．（菱田　紀子）

多摩河畔の自治活動
——生活環境を守る闘いから

東京都・世田谷区

鎌田南睦会

● 語る——会長　川辺昭吉郎さん

　東京都世田谷区鎌田町は，世田谷区の南端，多摩川の河川敷に沿った細長い町，大多数が戦後住み始めた新興住宅地である．隣組制度の廃止後生まれた防犯協会を母体に，町内会「鎌田南睦会」が発足したのは，昭和25年のことである．戦後復興のための砂利採取跡が大きな池となったところを，都清掃局がゴミ捨て場所に指定し埋め立てた．これが当時上下水道もないこの地域に，井戸水の汚染，蝿と悪臭に悩まされる結果となる．生活環境問題を契機に活発な町内活動が始まった．

　ここは河川敷ですから，戦前から住んでいるのは僕らぐらいでした（ぼくは昭和9年から住んでいます）．まわりの人からは"土地っ子"といわれているが，この町の姿からいくと新住民です．
　親父がずっと町内会の顧問的存在だったのです．井戸水汚染の問題で町内が立ち上がった．保守・革新いりまじって都庁にむしろ旗ですよ．他の地域にさきがけて全部に水道が敷設されました．このとき町会の組織力が証明されたわけです．地元には東宝争議があったり，わかもとの会社の争議があったりでそこの勤め人が沢山いましたから町会の会合も喧嘩ですよ．家ではごみの問題でよく作戦会議をやって，僕はお茶くみでちょろちょろ出入りして，おやじ達のやることをみていたわけですよ．30歳位から班長やれとかいわれて，僕も足をふみいれた．いろいろ活動が進む中で，隣の町までいって自分達の会合をやる

のは……と会館建設にすすんだ．昭和38年全額寄付で町内会館をつくり，町会の基盤が出来た．

　今はバス通りになっていますが，ここは昭和43年まで砧線が走っていた．唯一住民の足でもあったのです．新玉川線ができるというのでここは撤去といわれ，どんどん住民が増えていく状況で，周りの町会・商店会・PTAの8団体に呼び掛けて撤去反対運動をやったんです．地域の生活環境を維持するために，区行政も区議会も，これに関わる民間企業も住民と一体となってその地域のために，皆でたたきあって共通理解を求めていく，ということがこれからの地域づくりの基本ではないか，それをやったのが，正にこの「電車」の問題だったわけです．

　僕は「自分の町は自分達で築かなきゃいかんぞ」という，一つの信念があります．周りはみんな農家の人達ばかりの町ですから，あぁしょうがないなといっちゃうとこがある．しかし，うちの町はそうはいきません．すべてサラリーマンですし，物の考えかたがそれぞれ違うので中庸の道で，住民意識でまとまった行動をとっていかなきゃいけない．町会でしっかりとまとめ町会主体で動くべきという信念がありますので，議員には一切頼まないでやってきた．そして役所との関係はもっています．

　町内会活動の中で学習と調査，頭脳集団の専門家をよんで勉強するという方法を学んだ．今，大場区長はそのやりかたをとっていますが，それは僕らが新生活運動で学び，編み出したやりかたです．住民がなすべきものは，住民としてなして行くべきだ．行政がなすべきことは，行政の役割としてやらせるべきだ，との判断で陳情も請願もしている．

　まちづくりは理論的にやらなければならない．住民意識をつかまなくてはいけないというわけで町会運営に対する住民意識調査をやりました．スライドに作ったんですよ．

　アンケート調査の結果，必ずしも要望の強いものからやらなかった，おのずからやれることと，やれないことがあるわけで，住民運動では失敗は許されない．もし不成功だったら影響が強すぎて，2度と立ち上がれませんからね．そ

のなかで教育問題に関わるようになっていったわけです．土地の確保にしろ，マンモス校の現状など地元のみんなが動かなきゃと紙芝居をもって町内を歩きましたよ．

20年町会長をやって平成元年にやめました．今は安易にすぐ議員を使う．僕としては意見がありますが，まあ見守っています．これからは，今までのやりかたでは無理があるとは感じていますから．

「私達の町は1小学校区域，わたしの町はこの町内」がモットーです．

(菱田　紀子)

保育園を拠点に地域の人が集まるしかけづくり
東京都・世田谷区

烏山杉の子保育園

● **保育園誕生まで——自分の生活を見直す——**

　京王線千歳烏山駅から徒歩10分．閑静な住宅街をぬけると，植木畑の向こうから元気な子どもたちの声が聞こえてくる．かわいらしい三角屋根の門をもつ烏山杉の子保育園である．この地に保育園ができて10年以上になるが，その成り立ちは星野園長自身がきっかけとなっている．

　1960年代後半〜70年代，ボランティアや職員の形で精神薄弱児入所施設や通勤寮に関わってきた星野さんは，施設から出て共同の生活の場，共同体をつくろうという当時の社会的気運のなかで，障害をもつ人が「まちのなかでどんなふうに生きていく可能性があるのか」という自身のテーマを持ち続けていた．しかし，安いアパートを買い取って解体して通勤寮を建てたり，寮生と一緒に働きに行ったり，という手探りの活動も結論をいえば成功しきれなかった．そんな時，星野さんにも子どもが生まれ，子育てをするなかでもう一度今までやって来たことを活かしたものをつくって自分自身の生活を「まちの中で生きる」視点から問い直してみようということになった．

　「それ以前より，自宅のある烏山で近所の障害児の親と全くの個人レベルで助け合いの会を開いていたのですが，周りを見渡してもすんなり障害児を受け入れるところがほとんどないこともあり，全国にあるいろいろな施設を抱き込んでネットワークしながらやっていけたら—という気持ちがありました」．

　そして，星野夫人の父親を説得して，土地（442㎡）の無償貸与を受け，東京都の補助金による園舎建築を実現し，昭和54年4月，園児40名で開園にこぎつけた．準備を始めて3年めのことだった．

● 私立認可園をめざして

　開設に当たって，その具体的な形態については様々な討議が繰り返された．無認可の共同保育所か，私立認可園か，公立園をめざすのか……．最終的に，あくまで私立認可園を追求したことについて星野さんは「働く人びとのことも考えて，ある程度社会的責任のとれる形をとりたかった．そうでなければ中途半端はやめて，純然たる個人でやるのが筋だと思います」．星野さんも，仲間たちも，前職の経験から法人の設立や運営に精通していたことも幸いした．

　「本来，民間施設には親や創設に関わった人びとの願いや思いが結集しているはず．しかし，日本では認可を受けるのが精一杯で，一度つくってしまえばそこで安定して終わりという傾向があり，そこに単なる行政の補完事業に転落してしまう罠がある」，こう語る星野さんたちには，運営の基本方針を様々なかたちで展開させながら，民間施設としての開拓性を維持していこうという姿勢がうかがえる．

　たとえば杉の子保育園では初めから障害のある子がいて当たり前だったし，今も常に園児の1割は障害児である．いて当たり前であるから，ことさら「障害児保育」をやっていますとは謳わない．また，地域の人びとに保育園は必要が発生したらいつでも利用できる住民の機関であることを何らかの形で示していくために，園児の散歩のときには保育園の紹介と「一緒に遊ぼう」というメッセージ入りの「カード」を配るといった試みもなされてきた．

● 卒園児や地域の人も集まる保育園

　開設当初から志向されてきた，開かれたスペースづくりとその相互ネットワークは，徐々に実現されてきており，卒園児の親の会や地域の子どもなど様々なかたちで展開している．

　卒園した障害児のほとんどは地域の小学校へ就学していく．しかし，普通校へ行けたらそれでよいというわけではなく，やはりそこでは様々な悩みや問題が出てくる．保育園は，卒園した障害児と親の会であるTOLIの会（Together

Our Life & Independence）の拠点ともなっており，それらの問題に協同で取り組み，教材の工夫や担任との連絡，行事の付添いなどを行ってきた．また，放課後の生活へ対応するため，園が遊びのスペースを提供したり，それぞれの親たちがお菓子づくりの会やおもちゃの交換会などで自宅を開放するなどの動きがあった．そこには，4年ほど前から日本青年奉仕協会の1年間ボランティアを受け入れているが，費用負担のための資金づくり活動として地域の他団体と協同で企画したバザーなども行っている．

TOLIの会は1989年夏から毎週1回水曜日の定期的活動になったが，同じ頃，やはり同じ水曜日の午後保育園には近所の小学生が集まってくるようになった．「子どもクラブ」と名づけられたその集まりは，保育園を中心に地域の子どもたちの遊びのクラブだが，中には，いじめなどで学童保育からはみ出してしまった子もおり，子供達にとってドキドキするような冒険の場であると同時にやすらぎの場にもなっているようだ．「ふと見ると，小学生が園児よりも園児らしい顔をしておやつを食べていたりするんですよ」．星野さんは現在彼らと園庭に小屋を建設中である．

TOLIの会の子供達と「子どもクラブ」が一緒に遊ぶことはあまりないが，何となく一緒にいる，そこにお互いがいておかしくないという雰囲気が生まれている．

この他にも，精神障害（回復）者のグループが保育園を場にして読書会を開いたり，保育園として地域への公開講座を開いたりもしている．

● 今できることを気負わずやる

また，保育園の事業として位置づけられているわけではないが，星野さんが以前より手がけてきたものに「グループはこび屋」がある．全国各地の障害者授産施設や作業所の生産物の流通ネットワークづくりがそれである．最初に"山梨の施設で養豚→屠殺場→東京で精肉→各ステーションへ"と，一つルートをつくったら，後は手づくり味噌，卵，無・低農薬野菜，季節の果物とネットワークはどんどん拡がっていった．これは，全国の施設と都会の消費者をつなぐだ

けでなく，同時に配送や箱詰めなど障害者の働く場づくりとしての意味も大きい．杉の子保育園は，ステーションの一つとしての園児の親や近所の人びとにこれらのものを買ってもらい食べてもらうことによって，食品の安全性や流通ルートを通して自分たちの生活を見つめ直そうと問い掛けているといえるのではないだろうか．

通常の保育園事業のほかに，地域に開かれた施設としてさまざまな取り組みをおこなっている杉の子保育園だが，迎えてくれた星野園長にも，他のスタッフにもある種のゆとりがうかがえた．「いろいろやりすぎてアップアップしているのではとよく心配されるが，アップアップしたらやめればいいと思っています．絶対やらなければと決め込むときついが，今のところは，曖昧さ，甘さも容認しながら，できることをやっていけたら……」．

1年内には，「保育園ってこんなところ」とアピールするため，区内の公私立の保育園が集まって「世田谷区保育展」を開く予定もあり，その準備にも追われる毎日である．（木原　明子）

親が老いても安心して生きていける環境を
東京都・練馬区

練馬障害児者をもつ親の会

● 1年間ごくろう様は〝ちゃぼひよこまつり〟で

　クリスマスまであと1週間，西武池袋線「中村橋」のすぐそばに建っている「中村橋身障センター」では，1階から3階まで全館使って「第2回ちゃぼひよこまつり」が開かれていた．和室は即席の舞台となって，学生バンド，お母さんコーラス，劇（台詞が全然でなくなって，観客のほうがやきもきしていた），はては2人1組になってのシンクロナイズドスイミング．最後幕が落ちてあられもない姿がばれ，会場大爆笑の一幕となる．

　かめの子教室の作品展とともに，今年から活動を開始した成人部の生花も展示してある．入口で食券（600円分）をもらい，カレー，豚汁，やきそばなど，駄菓子屋もあってなかなかの人気．プレイホールでは，学生達の考案したゲームがたくさん用意されていて「大当たり！」の掛け声も一層お祭気分を盛り上げていた．子供は子供なりに，まして親達は生活を担いながらの活動をして，1年間よくがんばったという思いが，会場に溢れている．この会を文字通り支えている学生ボランティアの若者達．女装をしたりして，結構遊び気分で楽しんでいる．

　1週間早いクリスマス，今日はみんなで楽しんで，また来年もがんばろうね．

● 献身的な保健婦の力で（練馬障害児者をもつ親の会が出来るまで）

　重度の障害児を2人かかえ，実家にも帰って来てはいけないといわれている母親が「親の立場でがんばらなければいけないから，何とか親の会をつくってほしい」と保健所に訴えてきた．「乳幼児検診で異常がみつかっても，それに対

応する手だてがなければ，親を途方にくれさせ，暗闇に突き落とすだけです．障害を早期に発見して，早期療育にとりくめば，障害を克服することも，障害を軽くすることもできる．そのためにも親の会を作りなんとかしたい」と考えていた保健婦が，この母親の気持ちを受け止めて，1972年6月スタートした．練馬保健所講堂に集まった親13名．それから欠かすことなく毎月の世話人会（運営委員会）と定例会は続いている．

　事務局を受け持ちこの会の運動をしっかりと支えたKさん（事務局長を長く努めた）は，その出会いを振り返って「浦和で障害者の教育権を実現する運動に関わっていましたが，そんな時期に練馬の母親連絡会で保健婦Yさんから，何気なく渡された1枚のビラが障害者の親の会を作るという案内でした．会場の練馬保健所に住まいが近いこともあって，ヒョイとのぞいたのがきっかけです．障害者をとりかこんでいる状況のなかに時々腹のたつことがあり，それにカッと腹を立てることがエネルギーになり，またお母さんのなかに心引かれる人が何人もいて，その方たちとのおつき合いのなかで，喜んで参加してきたといえます」と語っている．

　それから17年，会員数363名（1989年5月現在），会報紙「ちゃぼとひよこ」1000部毎月発行．会を支持，協力する個人団体200余名．成人に達する子供が出てきている．

● わが子と違う「障害」を知ることが視野の広がりとなり

　発足当時，練馬区には，通称「6団体」と言われる障害種別の団体があり結束を固め，新しい団体を受け入れようとはしない．そればかりか，何のためらいもなく「こういう会などを作ったりせず，それぞれの障害にあった〈6団体〉に入るように」と定例会にきて，公言勧誘して憚らない団体会長もいたという．

　Kさんは「この会が，会独自の活動の活発さにおいて，また区内の障害者運動における牽引車的役割において，誰が現状を予想したろうか．それにはこの「全障害をうけとめる」という会の性格が大きく関わっていたと思う．個々の親にはわが子と違う「障害」を知ることが視野の広がりとなり，みんなが良く

ならなくては少数派である障害者は決して浮かび上がれないことを実感として知り得たと思う」と述懐している．

「相手の障害を理解することは，それはそれは難しいことなんですよ」と現在三代目の会長をつとめる中本さん．丹念に定例会を積み重ねるなかで学びあったという．会報の表紙は子供の絵で，裏表紙にはその子供の紹介がされている．あるときは母親が時には匿名で，またあるときは聞き書きで，障害の状況も含めて親のさまざまの思いが率直に記されている．

「……障害が一生消えないなら，楽しく付き合っていきたい，暗い気持ちで足もとばかり見て生きるのではなく，前向きに生きていきたいと思います」（『ちゃぼとひよこ』No.198より）．

● 親がいなくても障害児が暮らせる練馬に

1972年（昭和47年）会結成と同時に，行き場のない障害児のための幼児教室づくりを……と週1回児童館を借り母親とボランティアで集団保育を開始したのが翌年の1月．これが就学前の幼児対象の幼児教室として，現在3カ所の児童館で区からの助成を受けて，週5回開いている「ちゃぼとひよこ幼児教室」の始まりである．1988年（昭和63年度）活動報告から，1年の主な活動を振り返ると，

1．運営委員会・親の会例会それぞれ毎月1回開催
2．広報紙ニュース"ちゃぼとひよこ"毎月1回発行．3グループによる企画・編集・印刷と発送作業，名簿整理
3．「ちゃぼとひよこ幼児教室」運営
4．「かめの子教室」運営（水・土）（小・中・高校生対象の放課後の教室）
5．家庭教育学級の企画・開催（講師料等は区の社会教育課が負担する）
6．実習所（作業所）をつくる会の運動
7．練馬区障害者福祉施策推進会議への参加
8．「練馬母親連絡会」への参加

その他T大学のボランティアサークルが中心となって企画・運営をするピク

ニック，合宿，"ちゃぼひよこまつり"等，さまざまな動きをしている．

「この会の17年間に及ぶ活動は会の歴史でありますが，この練馬に生まれた障害児が生きてきた歴史でもあり，練馬区の障害者施策の推進と深くかかわる歴史のようにも思います」と，第18回総会（1989・5・29）で会長中本紀美さんが挨拶している．集団保育を手がけた後，実態調査により多くの不就学の障害児のいることが判り，「練馬不就学児をなくす会」の結成．区内の2校の養護学校はこの運動の中で設置された．幼児教室が軌道にのり集団保育を経験した幼児を一般保育園に……の要望は，練馬区を都内でも最先端をいく，区立の全園で障害児を受け入れる区としている．

保育の部分では進んでいる練馬区も義務教育の部分ではなかなか受け入れの狭い体質があり，それが"売られたケンカ""ふりかかった火の粉"として，語り継がれている「杏学級アンケート事件」である．

『ちゃぼとひよこ』（谷沢書房）から，その概略をみると，「杏学級」（区の小学校の特殊学級）に通学する児童の家庭に「家庭内外での過ごしかたについての調査」という，変なアンケートが配られたのがきっかけであった．「ちゃぼとひよこの勉強会」（かめの子教室）に通っている子をチェックし，この会から抜けることをほのめかすものであったので，親達の動揺は大きかったという．学校・教育委員会・区長などのやりとりのなかで，数人の親達は子供とともに，会から離れていった．今は順風満帆にみえる会だが，その歩みのなかに苦しみの経過がうかがえる．

10月，区長宛に「区の長期計画に親亡き後の施策を！」の陳情書を提出した．現在ここの活動の大きな課題は，成人部門の問題となってきている．福祉作業所，生活実習所づくり，区立心身障害者福祉センター拡充の要望など，ここで育った子供達が，この地で生活をしつづけ，親が老いても安心して生きていける環境を作っていくこと，そのための一歩が今までの活動であったといえよう．

（菱田　紀子）

新しい区民のネットワーク
―― 町内会型まちづくりを超えて

東京都・中野区

野方の福祉を考える会

● 何をめざしているのか

　「福祉を考える会とは別に自分の考えがある．何もこういうことをやらなくても，昔から隣保の会があった．そういう会が，隣同士で助け合って今日に至っている．そういうものを認識しないで新しい会ができると，それが福祉をやっているように捉えられる．そういうのは嫌である．今でも隣の人が寝こんでいれば，近所の人が見舞いに行く．そういうことは日常茶飯事である．それが基本である」と，石川会長がいきなり切り出す．何か活動体制に不満でもあるのかとあっけにとられた．今日は余り時間がないのでといった調子で話が続く．

　「特別，会が何かをやらなければいけないということではなく，ただ，人手が欲しい時でも，人には気づかれたくない人にとって，身近に手助けできるのが福祉を考える会である」．

　「本来，町会・自治会の活動というのは，戦前からいろいろな活動がその時々に応じて行われてきたが，今日に至っては，こういうことをしなくてはいけないと思う」．

　石川さんはその初代会長である．役員14名の中では貴重な男性陣のうち1人．60代の後半である．

　「自分とボランティア活動との関わりは，戦後の22年，町内活動に関わってから．戦後の今日になるまでの野方のことを全部手掛けてきた．そういったところに入り込んだのは，子供の頃ボーイスカウトをやっていたからではないか．だから，こういうことをやることを何とも思わなかった」と淡々と語る．

【今の会の活動についてはどんなふうに思いますか】

「この会は，コーディネーターが，13人おり，みないい人．この方々が自分達で，割当てを決め，連絡を取り合っている．だから，この会では苦労はない」．「自分の仕事は，役所や社協に行って他の人がいいにくいことをいうことだ」と石川さんは割り切る．

【地域の反応はどうですか】

「この会が作られたとき，野方地区の三つの町会が1万円ずつ，電話の設備費として寄付してくれた．実際には電話のほうは社協で持ってくれることになったので，今はいつでも活動に使えるようにプールしてある．

どうしてそうなったというと，自分がここの連合町会長であったので，会議の時に自然に経過が報告されていった．もちろんここまで来るのに数年かかったが，自然に入ることができたと思っている．今は町内会の役員のなかで，自分がやるという意志を持っている人だけが，会員になっている．

今後は，町会としても，この会の後ろだてになれることを進んでやってくれると思う」．

石川さんの話では，最初は地域センターの活動を中心に発案されていったものが，ゆっくりと自然に町会活動のなかにも浸透していった様子が伺える．いまでは町会，民生委員とボランティアが一緒になってやっているというのである．そんなにうまくいくのかなあ，本当かなといったイメージがどうしてもつきまとっていくのであるが，構成メンバーを見て少し納得する．

【発起人のアウトライン】

```
・代表Iさん（60代後半）　…町内活動を数多く経験
・事務局長Kさん（54歳）　…ボランティア活動
　　　　　　　　　　　　　ボラセン相談員を経験
・Mさん（64歳ぐらい）　　…民生委員
・Uさん（64歳）　　　　　…民生委員
・Kさん（73歳）　　　　　…民生委員，社会教育に多くの経験
```

- Sさん（58歳）　　　　　…福祉支部で活動
- SUさん（73歳ぐらい）
- Fさん（不詳）　　　　　…保護士
- SIさん（85歳ぐらい）
- Tさん（76歳）
- Wさん（38歳）　　　　　…主婦，唯一の30代
- TEさん（51歳）　　　　…ボラセンの相談員
- Oさん（72歳）　　　　　…野方地区の地区議会の代表的な人，
　　　　　　　　　　　　　　福祉学校の代表
- Nさん（51歳）　　　　　…ボラセンの相談員
- NIさん（70歳ぐらい）…親の会の人
- Yさん（60歳ぐらい）…民生委員

　この顔触れを見ると，この会が何をめざしているのかがよく分かると思う．地域や介護問題が誰のものでもなく自分達の問題であるということを強く印象づける．

● 会ができた直接のきっかけ

　会ができた直接のきっかけについては事務局長の北川さんがこんなふうに話す．

　「地域センター内に特別部会ができてから1年半いろいろな議論を重ねてきたが，発足しようと盛り上がったのは，4月でメンバーが2年交代のために入れ替わるので，そうするとまた新たに始めなければならないので，大変になるのではないかということが一つあった．また，ボランティアコーナーをつくるために社協で50万円が用意されていて，どこかで使わなければということもあった．結局，その準備資金は64年度はあまり動きがないため63年度でやめて，今年度はその予算はなくなった」．

　どんなにもめて議論してもできるときはこんなものである．何か飛ぶ条件が

ないと次のステップには進まないのであろう．

● 北川さんのこと

　今では会活動の中心メンバーである北川さん．最初から地域活動に参加していたわけではない．夫の仕事の関係で地方から東京に帰ってきた途端に，夫の母親がボケはじめ，福祉活動に関わりはじめる．

　「やはり家族だけが見ていくのではなく，社会的に解決していける部分があれば，在宅ケアも可能であるのではないか」と思いはじめる．役所に「何かをして下さい，何をつくって下さい」とお願いするだけではなく，区民としてできることは何かをやって行きたいと思い，ボランティア活動をはじめた．

　ボランティア活動をはじめてすぐに，中野ボランティアセンターの相談員になる．そうした経験のなかから自然に地域センターに顔を出しはじめる．「そこで本気で福祉のことを考えてくれる人」職員に出会う．「そういうところに人間と人間のふれあいができてくるのだと思う」と語る．

　「おばあちゃん」の面倒を見ながらボランティア活動をすすめ，中途半端な関わりではないことを淡々と聞かせてくれた．

● なぜ有償になったか

　いろいろな検討課題のなかで，なぜ有償にするかについては準備段階でもっとも大きな議論であった．しかし有償とする確実な根拠は何もない．「有償にしたら困っている人はどうするのか」というような問題ばかりであったという．この時期，全国ではわずかではあるが有償による福祉活動が展開されはじめていた．そして，年金制度の充実や自立的な思想とともに，一定の自己負担によって押しつけの福祉ややってもらう福祉からの脱皮を生活者自身がはかろうとしていた頃である．

　当時の全社協は，全国ボランティアセンターが軌道に乗りはじめてまもなくで，ボランティアとしての第一条件に無償性が依然として君臨し，とても有償のものはボランティアとして認めないという過渡的な時期でもあった．

しかし最終的には，唯一精薄児をもつ親が，「障害者にも年金がつきはじめた．やっぱり，無償ではなく，お金を出してのサービスを受けていくという気持ちがないと，障害者の自立ということにはならないのではないだろうか」と発言し，有償無償論議に一応のピリオドが打たれることになった．

中野区内での他の福祉団体の関係でいえば，やはり有償化に対する大きな反発がみられたという．とくに脳性マヒの会からは「年金がはじまったけれど，そんなに所得保障は十分ではないのに」と非常に反発された．

福祉は無償であるべきだという議論は今でも根強いものがある．全ての論議を踏まえたわけではないが，福祉を考える会は一歩前に踏み出すことを選択した．現状への妥協を最小限にとどめる市民運動としての手法の一つといえるかもしれない．

● 会員の現状

福祉を考える会は一応協力会員，利用会員という会員制度を採用している．とくに会員であるから云々という程ではないようであるが，どんな層が多いのであろうか．

【協力会員】（66名）

10代0名，20代1名，30代5名，40代11名，50代17名，60代15名，70代17名．

発起人の特徴と同様ここでも高齢な人の割合が高く，自分の問題は自分で処理しなければといった意識が窺える．協力会員は地域活動の経験者が多く，自分の時間が持てるようになった階層ということである．

【利用会員】＝現在の登録者は49名であるが，サービスの対象になっている人は7～8名．ほとんどひとり暮らし老人で，公的なサービスの範囲でボーダーラインから落ちている人という．サービス内容は掃除，食事等の家事援助が中心．

● 利用会員の状況

―64歳男性―

若い頃からリウマチで，家のなかをやっと歩ける程度．妻と2人暮らしで，妻は店を経営．歯医者に行くためには店を閉めなければならない．店を閉めなくてすむように車いすの通院介助を依頼．

―72歳男性―

妻が亡くなって2，3ヵ月．単身生活．仕事も立派なことをしてきたがほとんど家事能力がない．姪が都内に住んでいて家事をやってくれているが，通ってくるのは大変ということで，週1回夕食の用意を依頼．

―73歳女性―

娘と夫と3人暮らし．脳卒中で片マヒ，病院から戻ってきたばかり．娘は仕事（料理の先生）をしているが，家にいることが多い．夫は糖尿病のための全盲．本人がリハビリに通うための通院介助依頼で，1ヵ月に2回ぐらい．娘がついて行けない時に薬をもらいに行く．

―92歳男性―

ひとり暮らし．娘の家族と同じ敷地内に住んでいる．娘の子供が病気で入院してしまったため，話相手や食事，掃除を依頼される．

娘が最低生活できることはしていたが，足らないところを求めてきた．直前まで家政婦が入っていたが，少しでも安いところがいいということで，会に依頼がきた．最初は週2，3回ということであったが，利用者と協力会員が話し合って毎日行くようになってしまった．協力会員の負担が重く，1ヵ月ごとに3人替わる．コーディネートがうまくいかなかったケースである．現在は協力会員を派遣していない．

┌─86歳女性─
│　ねたきり．甥が会員．86歳の寝たきりの姑を「嫁」が介護している．嫁
│の実母が老人ホームへ入っているため，そこへお見舞いに行く間の食事，
│おむつ交換，ベッドから車いすへの移動介助ということで3時間の依頼．
│この人のばあい，近所にねたきりであるということを知られたくないとい
│う側面がある．だから，近所の人には何かお願いしても理解してもらえな
│いこともあり，嫌な思いをしたことがある．こういう形での関わりをすご
│く喜んでいる．
└

┌─68歳女性─
│　歩行困難でひとり暮らし．
│　5年ぐらい前まで仕事をしていた．考える会ができるまではボランティ
│アセンターの方で派遣（北川さん）していた．最初は買物，銀行関係であっ
│たが，週1回の通院介助（地下鉄利用）が入る．
└

┌─78歳女性─
│　娘と同居．本人（母親）が倒れ，娘が会社に書類を持って行く2，3時
│間だけの留守番．喜ばれている．
└

┌─80歳女性─
│　ひとり暮らし．アパート暮らし．建て替えのために，立ち退きを求めら
│れている．自分の入居しているアパートの周りの草取りをして欲しいとい
│うことで依頼．現在の居住者は彼女のみ，草がすごい．
│　老人アパートに入るのではなく，自分が住んでいる近くのアパートを捜
│したいと頑張っている．
└

　こうしたケースのばあい，行政の援助がないか徹底的に調べ，行政でできる
ところは行政にお願いすることがあるという．

―68歳女性―

ひとり暮らし．(行政のヘルパーが入っているケース，入会の手続きは行われていない)

老人会館を利用していたが，全く見えなくなり職員が心配になって，家に訪ねてみると，4ヵ月前から病気でほとんど動けない状態．家のなかも散乱していて，入院にあたり家の掃除という依頼がある．

たまたま派遣された人の夫と入院先が一緒なので，洗濯ぐらいしてあげるということになった．

このケースのばあいでは，「必ずしも有償にこだわってやっていくのではなく，地域のなかでどれだけ助け合っていくことが出来るかが大切なので，記録として残しておきたい．友情ボランティアとしかいいようがない人達がやっていってくれる」と北川さん．

―53歳男性―

協力会員として登録していたが，利用会員になった．この人は喘息持ちでひとり暮らし，喘息がひどいと入院している．退院後の買物，食事の依頼．

―92歳男性―

最近息子が亡くなり孫と同居．娘は横浜．視覚障害をもつ．ヘルパーが週に1回入っていたが，民生委員が入会を勧める．サービス内容は洗濯物，お風呂のガス点火．3回派遣の後，娘の所へ転居．協力会員とのトラブルの可能性あり．

● サービス供給の契約方法

おおよその目安は次の通り．

①本人，利用者，コーディネーター3者によるサービス内容の確認．このば

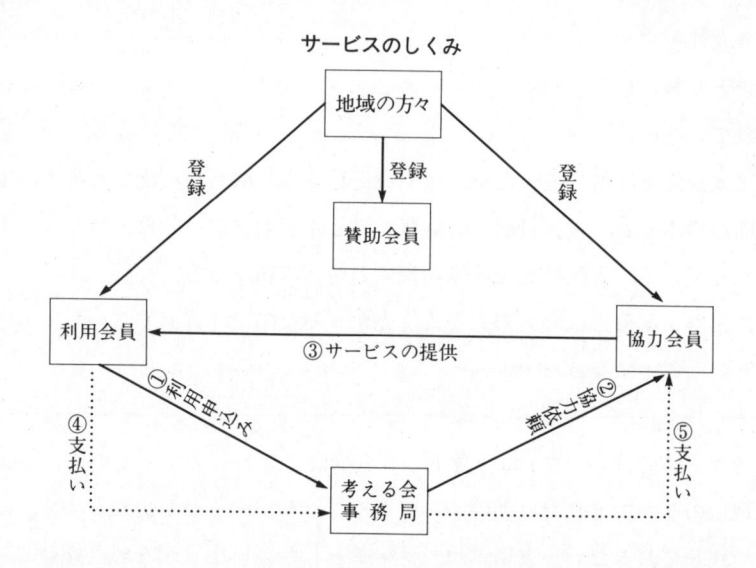

```
                    サービスのしくみ
                       ┌──────┐
                       │地域の方々│
                       └──┬───┘
              登録    登録 │    登録
           ┌────┐   ┌──▼──┐   ┌────┐
           │    │   │賛助会員│   │    │
           ▼    │   └────┘   │    ▼
        ┌────┐                  ┌────┐
        │利用会員│◄──③サービスの提供──│協力会員│
        └────┘                  └────┘
           │ ①利用申込み    協力依頼②  ▲
         ④ │       ┌──────┐       │ ⑤
         支 └──────►│考える会│──────┘ 支
         払         │事 務 局│         払
         い         └──────┘         い
```

あいは，コーディネーターが最初にどういう援助が必要であるかを把握し，それを協力会員と利用者に伝える．

②コーディネーターは現在14人．調整については細かい規定がないのでコーディネーターの資質による．個人差はある．

③協力会員は帰ってきて活動記録を提出．

● 行政・社協との関係について

近い将来，中野社協では在宅福祉サービスの供給主体を設立しようとしており，会とどのような関係をつくるか関心がもたれているようだ．

ある会員は，この会をモデルにしてもらえれば，社協がやっていくさいの一つのコーナーでもよいという意見もある．ただ北川さんは，社協の専従コーディネーターの資質を取り上げ，地域のニーズに柔軟に対応できるか疑問を呈している．「専従の職員というものは何か冷たいから，地域住民がコーディネーターをやりながら暖かいものをつくっていきたいと思う」と語る．

この辺の心配は次のようである．社協が在宅サービスを始めると「野方の福祉を考える会の名前は残るが，独立した団体ではなくなり，活動自体は地域の

特性に合わせて，やっていくという感じになる．だから，社協がどこまで野方の会を受け入れてくれるか」．

こんな意見もある．

「社協内に（在宅福祉サービスを）つくる時に，今の社協にこんなことは出来ないと反対したが，結局地域福祉関係は社協にいくことで（私たち）住民がいっても全然通らなかった」．「社協としても地域単位で協力会員を集めることになるということは承知している．だからおいおいは，地域単位でのサービスになってくるのではないか」という意見だ．この話を聞いて住民運動につきものの組織を守るといった姿勢がちらりと浮かんでしまった．

また，行政サービスとの関係では，区のケースワーカー，民生委員，保健所の保健婦，社協のコーディネーターといろいろいるが，いったい誰をケースのキーパーソンとして位置づければよいのか，難しいばあいも発生しはじめているようだ．

● 運営予算について

運営システムについてもまだ始まったばかりであり，試行錯誤の状態である．現在はボランティア的な運営形態で支出項目は少なくないものの，予算の確保も十分ではない．継続的に安定したサービスを供給するとなるととてもボランティア的な意味は接続しないのであるから，今後大きな課題になるであろう．

「有償でやっているけれど，中身は不安定である．実際，現場で関わってくる人には払っていくわけであるが，基本的な部分にちゃんと負担するというか，給料を支払っていくほうがいいと思う」と北川さん．

「しかしそうすると，専従の職員を置くことになる．専従の職員を置くことに地域の人達は反対している．自分たちでやって行きたい．というのは，この会の事情を知っていて負担が重くなってしまうということもある」．これらのことは「考える会」が地域に根ざしてきたからであると同時に，全員で共有しなければならないための限界であると考えられる．

現在の運営問題の一つは14名のコーディネーターに対して必要な手当を支給

していないことである．

　おもな支出としては，消耗品類，勉強会のための講師料など．不足分はバザーによる収益，地域センターの文具使用，区の派遣制度を活用，不必要な資金は基本的に求めていない．

　善し悪しは別として，「私たちは地域のためにやっているというプライドのほうが優先している」のであるから．

　だが，「区のヘルパーが関われば，朝1回，夜1回，それも重介護のこともしないで1回2万円はかかる．一方でヘルパーで足りない部分を住民参加と称し，1時間500円で使うということを計画している．そのことに怒りがこみ上げてくる」と，本音を語る．が，「とにかく在宅ケアという今ないものをどうにかあるものにしていった後，そこで働いている人たちの生活をきちんと保障していくようにしなければならないと思っている．だから，住民参加ということだけではなく，今後どうしていったらいいのかと考えながら，一緒にくっついていかなくてはいけないと思っている」ようだ．

● 今後の課題と展望

【活動主体のあり方と地域への広がりについて】

　かつてのように，あるいは他の事例のように，現代は行政が出来ない部分とか，面白いところや新しい発見を楽しみにやっていくという側面だけではボランティア活動を語れない．むしろボランティアという言葉でうまくしくみのなかに取り組まれていくケースが少なくない．

　「本来ならば，公的責任できちんと対応すべきところもあり，余りやりすぎてもいけない．そうかといって役所に何にも文句をいわないのもいけないと感じている」．

　今後の展望について北川さんは次のように話す．

　「地域のために週1回何かやっていこうという人たちの力をどうやってたくさん吸収するか．週1回程度の仕事だったら，地域活動として成り立っていけるのではないだろうか．その辺にとどめて，内容としてどの程度かわからない

けれども，それ以上の専門職は行政が責任を持ってやっていくべきだというふうな運動の展開になるのではないだろうか．

　今は，公的にやらなければならないことにかなり触れていると思う．人もいないしお金もかかることではあるが，それを行政の方は，人の問題であるとか，お金で線を引いてしまうところがある．それは本来，サービスというか生きていく方としては大変なことであるので，そういう線の引き方はよくない．そうした線を引かれてしまった人に関わっていきたい．

　ボランティアとしては，一市民として関わりながら，やはり自分たちの老後なり，生き方，価値観，そういうものを考えるようになると思う」．

【公的セクターとの関わりについて】

　「コミュニティ形成というのは，ここに住んでいる人たちがやっていくものなのに，役所がやりすぎている．だから住民の力がない．本当の意味で住民が育っていかないと思う．そういう点（区の職員が育てるという意味）でのコミュニティづくりはなかった．ある時期に職員がどんどんやって，ある程度まできて振り返ってみると，区民がついてきていないという状況だった」．

　逆にいえば区民も「あんまり，やりすぎないほうがいいのではないかという感じはいつでもする．ところが，やりすぎないということになると，それではこの人たちの今の世話を誰がするということになってくる．そのバランスが非常に難しいところである．そういうことでやっぱり，役所の方へ伝えていくようなことをチャンネルとして残しておかなければならないのではないだろうか」．

　難しいところであり，何処でもぶつかる問題である．妙薬があるわけではない．

　それで結局，北川さんたちは1年後に活動の見直しをする．もちろん今後につなげていく運動として〈問題を投げかけていくということ，サービスの定義を確立すること，社協の活動との関わりについて〉見直しをするのである．

　とくに社協との関係では，会の立ち上がりの時に余り関わってくれなかったということが大きな意味を持ち続けているようである．多くの区民の目が行政

に集中し,「社協が住民に直接さらされないので,区役所よりもっと官僚的になってしまっている.東京都のばあい,社協はやってくれない.地方の町や村の社協のほうがもっとやってくれている」とも語っていた.厳しい指摘であるが,組織の根本的な問題もあろう.

　だから,これだけの活動を展開し始めながら,「やっていこうという反面,いつ福祉を考える会が手を引けるのか」という思いが北川さんに去来するのであろう.矛盾はしているが率直な意見である.

　話を聞き,時に議論しながら,北川さんのジレンマが伝わってくるような一日であった.結局,「私たちは,今困っている人がいるからやっていこうではないかということにならざるを得ない.すき好んでやっているわけではない」と,いうことなのであろうか.（高橋　儀平）

地域を超えた草の根ネットワーク

東京都・新宿区

トーコロ情報処理センター

● トーコロ情報処理センターとは？

　東京コロニーは，働く意志と一定の労働力を持ちながら一般の企業に雇用され難い障害者に，職業リハビリテーションを行い，障害者の自立をめざして活動している社会福祉法人である（法人認可1968年）．当初は授産所，印刷所，身体障害者福祉工場などの障害者福祉施設を経営していたが，1982年より重度障害者に対してコンピュータ・プログラマーとしての教育および就労の事業に取り組むために，付帯事業としてトーコロ情報処理センター（以下トーコロという）が設立された．

　現在，83名の職員，訓練生を抱え，コンピュータのシステム開発，プログラム開発，漢字情報処理サービス，受託計算，インフォーメーション・サービスなどを行っている．

● 在宅学習，在宅就労への取り組み

　トーコロは，1982年より東京都の助成金により，毎年5～10名の訓練生を受入れ，数ヵ月から1年のコンピュータ訓練を行ってきた．そして，訓練修了者はトーコロの授産生としてコンピュータ・プログラミングの業務につき，その後就労へとつなげてきている．現在は第8期生が訓練を受けているところである．

　しかし，身体的ハンディの大きい人や，通所に時間がかかる人に対しての通所訓練や就労はきわめて難しく，何らかの形での在宅訓練・就労の方策を検討していた．

そうした時期（86年秋）に三菱記念財団から1000万円の助成金があり，コンピュータを利用した在宅訓練・就労システムの実験が開始された．

システムの構想は以下のようなものである．

まず，業界大手のパソコン通信[1]の利用者となり，そのネットワークを通じて在宅の重度障害者に訓練を行う．一方助成金で購入したパソコンを在宅の障害者の家に設置し，それを使って訓練を行う，というものであった．

しかし，大手のパソコン通信が同年冬に商用として有料化したため，トーコロ自らがBBS局[2]を開設することになった．同時に，CAI[3]プログラムについても助成金により開発を行った．開局は86年暮で，ホスト・コンピュータには三菱のMulti16を導入した．

【トーコロの在宅学習コース　概念図】

(1) 参加申し込み ｝
　　　　　・BBSのID発行[4]
　　　　　・ハード，通信ソフトのアドバイス
　　　　　・学習ソフトのフロッピーおよびプログラミング実習用仕様書等のテキスト郵送
　　⇩

(2) トーコロCAIシステムによる学習
　　（プログラム作成の基礎を学ぶ）
　　⇩　　　　　　　　　　　・BBSの在宅学習／就労コーナー
　　　　　　　　　　　　　　・質疑応答
　　　　　　　　　　　　　　・進捗状況の連絡
(3) 24時間BASICマスターによる学習　・巡回指導
　　（BASIC言語を学ぶ）
　　⇩

(4) プログラミング実習 ｝・BBSの在宅学習／就労コーナー
　　　　　・テストデータ　・問題のヒント　・質疑応答
　　⇩　　（短いものはBBSで，長いものは郵送により提出し，添削する）

(5) 修了証書 ……………………→就労へ

● トーコロ BBS とは？

トーコロ BBS とは，トーコロに設置された草の根BBS[5]である．

【トーコロ BBS メニュー】

(1) SQUARE　情報の広場

　0．なんでもコーナー
　　　　なんでも書き込み，意見を言い，交換しあう場
　1．パソコン・コーナー
　　　　パソコンや周辺機器についての情報交換の場
　2．アウトドア・コーナー
　　　　障害者が外出する際の，駅，宿泊施設，乗り物等についての情報交換の場
　3．福祉コーナー
　　　　福祉に関するイベントや出版物の紹介，福祉機器に関する情報交換の場
　4．在宅学習コーナー
　　　　在宅訓練生の質疑応答や連絡のための場
　5．会員へのお知らせコーナー
　　　　新しいID番号登録の通知やホスト運用に関する通知の場
　6．フレッシュさんコーナー
　　　　パソコン通信が初めて，トーコロBBSが初めてという人に，紹介や使い方を説明するコーナー
　7．みんなで教育を考える会議室
　　　　養護学校での教育についてを主な話題とし，意見交換をする場
　8．養護学校のボード
　　　　生徒が，友達や他の学校の生徒とワイワイする場
　9．トーコロ情報　情報処理教育／就労

障害者の情報処理教育と就労に関する情報提供の場
10. ファイル転送
    作成したファイルを転送する
11. 訓練生のボード1（一般には公開していない）
    訓練生の中で，実際に受注したプログラミングを行う場合の質疑応答の場．プログラムの機密性を保つために非公開となっている
12. 訓練生のボード2（一般には公開していない）
    講習生同士の情報交換，おしゃべりの場

(2) MAIL　電子メール
    会員同士で個人への手紙をパソコン通信を利用して行う
(3) ID INFORM　会員登録情報
    会員の登録情報
(4) NET-TALK　おしゃべりコーナー
    オンラインでのおしゃべりができる

　前に述べた在宅学習は，基本的には訓練生の自宅にあるパソコンと，トーコロから送付されたフロッピーおよびテキストによって行われ，担当教官が巡回指導するという形で成り立っている．実習の解答も郵送で可能であり，在宅学習システムだけをとって見れば，パソコン通信が介在する必然性は必ずしも高くない．現状では，問題に対する質疑応答，事務的な連絡，解答の電送等に利用されているが，これだけでは BBS としての役割は低い．

　しかし，もう一つの目的として，在宅訓練生のコミュニケーション参加，および関係者の福祉に関する情報の交換の場の提供ということがあり，こちらが大きな可能性を有していると言うことができる．

　トーコロ BBS のメニューは上に掲げた通りであるが，実際，在宅訓練生に止まらず，都内の七つの養護学校が会員となって，養護教育に関するフォーラムや生徒同士の情報交換にも利用されているし，そうした場へ，健常者や他の障害者も参加することができる．

　現在トーコロ BBS の会員は約250名を超え，毎日活発なやりとりが行われて

いるというが，その3分の1ぐらいが障害者である．

● 加藤さんの仕事

　加藤さんは，そうしたトーコロBBSのシスオペ[6]をしている人であるが，本来の仕事はトーコロの職能開発係，在宅訓練生の巡回指導教官である．

　東京女子大学の数学科の大学院を修了した後，三菱化成の研究所に勤務していた．その頃，障害者の友人が出来つきあっているうち，あまり移動しなくてもよいコンピュータの仕事は障害者に向いているのではないか，と考えるようになった．ちょうどその頃，コンピュータの雑誌にトーコロの仕事が紹介されており，やはり同じようなことをしているところがあるのだなあ，との思いを強くもった．

　そこで見学にでかけたところ，所長の勝又氏から，在宅学習／就労システムの構想を聞かされ，転職したということである．

　彼女の主な仕事は，在宅訓練生の巡回指導と足立区肢体不自由児父母の会が行っている作業所でのコンピュータ指導であり，それにトーコロBBSのシスオペの仕事がある．

　シスオペには，BBS全体の世話人的役割があり，会員が書き込んだ様々なメッセージをチェックし，たとえば個人を中傷するようなものや品位を疑うようなものについては，書き込んだ人に了承を得て消去するような作業や，システム全体に関する質問や意見を集約して，回答したり，反映させたりする役目がある．

　トーコロBBSは会員登録をした人に対してのみのBBSであり，一般のものよりそうした局面は少ないようであるが，どんなに忙しいときでも1日1度は全体を見なければならず，そうした手間をかけられるかどうかが，よいBBSかどうかの分かれ目になるという業界の常識から言えば，大変な作業である．

● 新しい参加の形

　トーコロの在宅訓練生のAさんは，重度の肢体不自由者であるが，トーコロ

BBSに参加し,さまざまなコミュニケーションを会員と取り交わすうちに,商用のパソコン通信にも参加するようになった.そこで,音楽のSIG[7]に入り,いろいろと情報交換をしているうちに,ある時オフライン[8]の会があったので参加したところ,そのメンバーはAさんが障害者であることを初めて知り,いまではメンバー全体が音楽だけでなく,福祉のことにも関心を持つようになって,障害を持った人が利用しやすい施設などの情報を提供するにはどうしたらよいか,といった話に進んでいるという.

B養護学校の先生と生徒は月に1回のパソコンの授業中にNET-TALKを使って,他のメンバーとの会話を楽しんでいる.実際,私達が訪問している時にもチャットの相手を求めてきて,シスオペ[9]の加藤さんとの会話を楽しんでいた.

Cさんは,もとはトーコロの通所生だったが,障害が進行し,現在は完全な在宅勤務をしている.彼は,プログラマーとしての能力も高いが,BBSにも積極的に参加し,シスオペの加藤さんのアシスタント的な役割を果たしているし,後輩の訓練生へのアドバイザーとしても活躍している.

● これからの障害者の就労のありかた

所長の勝又氏は,これからの障害者の就労のありかたとして,高齢者事業団と同じような構想を持っている.つまり,障害者が自分の障害程度,能力,給与等の希望に合った仕事を,事業団を通して得ることができるようなシステムを考えている.こうした構想は,中野区で障害者福祉事業団が設立されているように,徐々に広がっていくと思われるが,そうした場において,求人と求職をマッチングするようなコンピュータ・システムが必要となってくるであろうし,そのシステムがヒューマンなものになるためには,単なる機械的なマッチングであってはならない.そうした点でも,BBSの果たす役割は大きくなると考えられる.

注）
1） パソコン通信：パソコンに通信機能をもたせ，電話回線とつなぎ，パソコン同士で様々な情報のやりとりができるようにすることを言う．
2） BBS（電子掲示板：Bulletin Board System）：パソコン通信上で，誰でも読み書きができるような公開のメッセージ掲示板のこと．
3） CAI（Computer Aided Instruction）：コンピュータを利用した教育システム，もしくはプログラムのこと．
4） ID（Identifier）：パソコン通信をする際の，自分固有の登録番号のこと．
5） 草の根BBS（Grass-roots BBS）：大手のコンピュータ会社やソフトウエア会社が主宰するBBSと異なり，個人，小グループなどが開設するBBSのこと．
6） シスオペ（System Operator）：システム・オペレーターの略．ホストを運用管理する者を指す．
7） SIG（Special Interest Group）：特定のテーマに興味・関心を持つものの集まり．たとえば，音楽やスポーツなどのSIGがある．
8） オフラインの会：普段パソコン通信上だけでコミュニケートしている人たちが，実際に集まって懇親を深めたり，情報を交換したりする会．
9） チャット（Chat）：パソコン通信上でリアルタイムでおしゃべりをすること．実際は，ディスプレイ上に文字を入出力する，筆談形式をとる．

（森本　佳樹）

とげぬき地蔵のある相談機関

東京都・豊島区

とげぬき生活館相談所

● 創設の経緯

　とげぬき地蔵＝高岩寺の仙台住職，故来馬道断師は，「かねてより新しい時代に即応した手段でなやめる人々の魂を救う（「心のとげ」をぬく）ように配慮するのが宗教家の一つの義務であると考えられ，そのような場を高岩寺の境内にもちたいと考えられていた」という．当時東洋大学の理事をしていた故道断師は社会学部の創設にあたってお迎えした元新宿生活館長の塚本哲先生にこれを相談され，社会学部（人生相談），法学部（法律相談），経済学部（経営相談）が参加する運びとなったという．

　いよいよ昭和34年4月4日，とげぬき生活館相談所がとげぬき地蔵＝高岩寺の先代住職，故来馬道断師を館長に，当時創設されたばかりの東洋大学社会学部の教授，故塚本哲先生を相談部長として，東洋大学の教員・大学院生の参加をもとに，高岩寺の境内に創設された．

　相談場所は，境内の平屋木造の十福苑という50畳敷の広間で片隅に受付用の机と応接セットが一組あったという．この広間を幾つかに仕切ってそこに折りたたみ敷の机が用意され相談が行われていたという．開設当時は地域の人にも受け入れられず，相談者も来ず暇でしようがなかったという．呼び込みやちらしをくばったり，お茶のサービスなどもしたという．戸口はいつも開け放たれており，できるだけ入りやすい雰囲気づくりに努めた．それが功を奏してか地域の人にも受け入れられ，来所者も多くなっていった．

　この十福苑は改築され昭和47年から3階建ての新館の1階で相談が始められた．ドアを開けると，正面に受付があり，左手に待合室，相談室は3室と事務

所がある．

● 事業の内容と展開

① 事業内容

　とげぬき生活館相談事業の特徴は「とげぬき地蔵に隣接した人生全般の悩みごとを相談し，必要に応じて，専門機関に連絡する民間の相談機関」であること．つまり「その相談に携わって下さる先生の過去の経験をいかして相談・指導助言・あっ旋などの方法で，そういう悩みをお持ちの方々，とくに「お地蔵さま」に詣りになる方々に役にたつ」ことを目的としている．

　相談内容は，「家庭内のごたごた，勤め先の人間関係，信じ，生きがい，老後の生き方，土地家屋のトラブル，相続，金銭貸借，結婚・離婚の問題など，法律・宗教・人生に関する一般市民の悩みごと全般」である．

　この30年間で相談件数は増えており昭和58年には2261件を数え，以来年に2000件前後の相談件数になっている．その点で，当相談所の社会的なニーズがたかまっているといえよう．

　件数と同時にこの30年間に変化がみられるのが，新来と再来の件数が昭和50年に逆転して以後再来の相談件数が多い傾向になっている．これはその相談のうち「人事＝人生相談」においてその傾向がつよく，ちょうどそのころ精神障害のケースが増えてきたり，夫婦関係よりは家庭内暴力や登校拒否，嫁姑問題などの親子関係の問題などが増え相談が複雑化してくる時期に符号しており，これが継続のケースを増やしたと考えられている．

　最近の傾向としては，法律では，土地家屋・金銭・相続の順に多く（昭和60年度），近年問題になっているのは「土地急騰」「相続税」に関連した内容が多いという．人生相談では，家庭内の親子問題が多いという．また高齢者の離婚の事例がみられるようになったこともあげられる．

　相談者は女性が全体の8割を占め，40代・50代・60代が圧倒的に多い．また外国人からの相談もすでにみられている．

　居住地域別にみると，とげぬき生活館のある豊島区は全体の1割強，豊島区

目で見る25年間の相談活動の推移

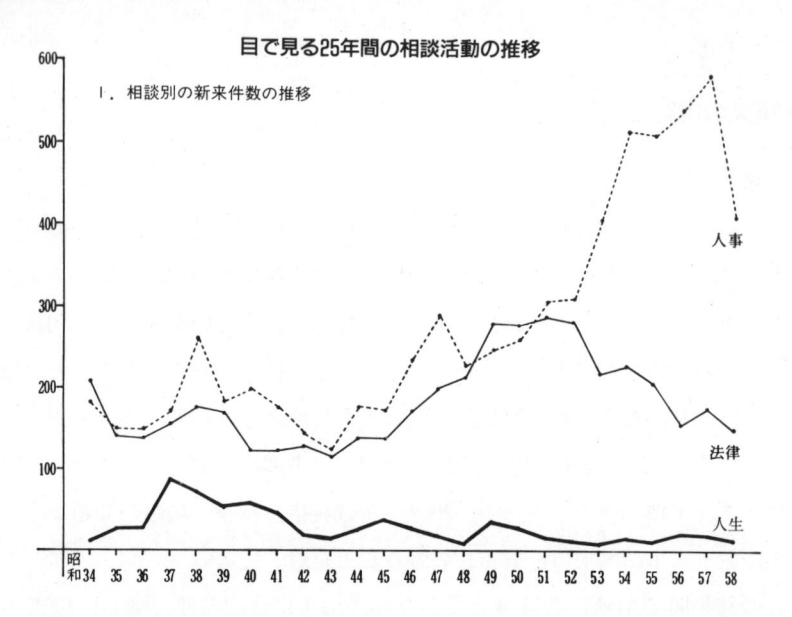

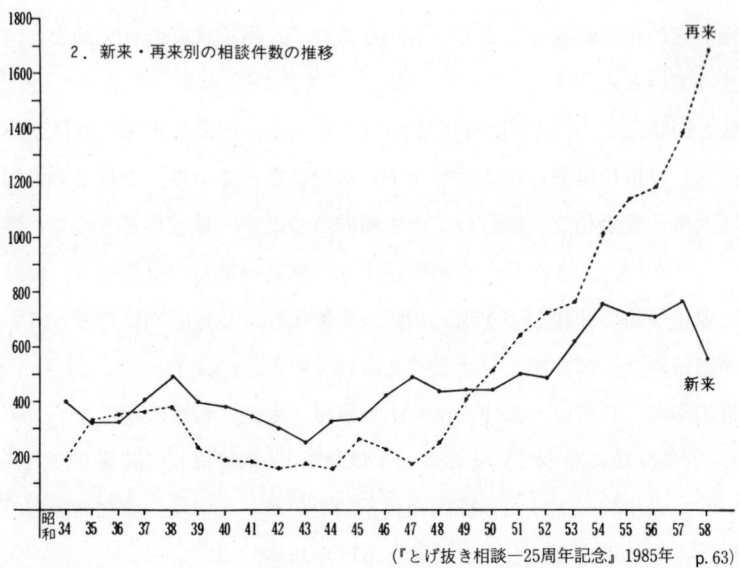

1．相談別の新来件数の推移

人事
法律
人生

2．新来・再来別の相談件数の推移

再来
新来

(『とげ抜き相談―25周年記念』1985年　p.63)

第Ⅱ部　福祉コミュニティの事例を読み解くと　97

とげぬき生活館の経緯

区　　分	スタッフ	相談状況	施　　設
第　1　期 (S.34.4 〜44.3)	S.34年4月4日開館 初代館長来馬道断師	総相談件数6175件 経営相談は2〜3年で中止	十福苑（木造平屋）に開設
第　2　期 (S.44.4 〜49.3)	S.45年 来馬道断師他界， 　　　 来馬規雄住職就任 同年　塚本哲先生仏教大学御転任 S.45年内藤文質先生館長就任	総相談件数3119件 ボランティア相談員参加 再来件数の割合減る	S.46年新館着工 相談所本館地下へ移す S.47年新館落成
第　3　期 (S.49.4 〜54.3)	S.51年内藤館長月1回の講話始まる	総相談件数5613件 再来件数が新来件数を超える 登校拒否と精神障害が目立つ	
第　4　期 (S.54.4 〜59.3)	S.58年9月内藤文質先生引退	総相談件数9969件 土地問題，親子問題	
第　5　期 (S.59.4〜)	S.61年〜三和一博館長就任	土地問題 高齢者の離婚問題	

以外の都下が8割近く，その他には埼玉，神奈川，千葉と続き，その範囲はほぼ関東全域におよんでいる．

● **組織・運営体制**

あくまでも，高岩寺の宗教活動の一環であるので，実施主体は，「宗教法人　高岩寺」である．費用は無料で，来所のみ受け付けする．相談スタッフは，法律・

	豊　島　区　内	68	29　歳　以　下	7	32
58 年 度	上記以外の区、都下	326	30　〜　39　歳	13	56
	埼　　玉　　県	78	40　〜　49　歳	14	103
	神　奈　川　県	47	50　〜　59　歳	22	135
	千　　葉　　県	35	60　〜　69　歳	12	107
	不　明・そ　の　他	20	70歳以上・不明も含む	15	58

(前掲書　p.135)

宗教・人生相談に応じて，それぞれの法律は弁護士3人，人生は大学教員7人，宗教は高岩寺僧侶2人である．かつてはボランティアの参加がみられたが，相談内容が複雑化し専門性を要するようになったため，3年前にボランティアの参加を廃止した．相談日は，月・水・金曜日および毎月4のつく日（ただし祝日は除く）の午前10時から4時までになっている．

● 組織・活動の特徴

(1) 専門的・総合的かつ柔軟な相談体制の維持・継続―民間の相談機関として―

　区役所その他公的相談窓口があるにもかかわらず，この30年間相談件数を増加させてきている要因の一つとして，当相談所の特徴の「法律問題と人生問題とを総合的に相談できることである」といわれている．これは継続相談のケースの増大化に示されるような相談内容の複雑化とも対応している．ここに公的相談所では対応できない民間の相談機関としての「とげぬき生活館」の意義が見出せる．

　「人生相談をやってもね，そこに法律問題を基礎におかなきゃならんだろう．そういう協力体制をとらなければだめだと強調されまして，最初から法律とか人生とか区別されなかった．その塚本先生のお考えが根底になっている感じです．このへんがここの財産という気がします．ですから今も宗教と法律と人生はいつも一緒になってやっています．ふだんも仲よくだべっていますし，月に1回ミーティングもやります」と語ってくれた．

　また，創立期からの相談所の雰囲気―気軽に相談したくなる―が「いかめしく感じられがちな公的な人生相談所や，温かみが薄いテレホン相談室」とは異なり，相談者をひきつけているようでもある．この点もまた当相談所のもつ相談体制の良さであろう．

(2) 民間信仰・縁日・相談機関の連携―とげぬき地蔵界隈へ集う人びと―

　相談者の大半は，とげぬき地蔵の参拝者である．しかも，4の日の「縁日」といえば，「おばあちゃんの原宿」といわれるように，その界隈は40代以降の女性たちの人の波であふれる．同様に，相談者の来所もこの日が多い．口コミ，

テレビ,ラジオさまざまな情報メディアをつうじて,ここに集まる.とくに,参拝者の口コミの果たす役割が大きいという.「お参りするのに行列をつくってまっているわけです.その間にお互い世間話をするわけでしょう.みんな悩みをもってきているわけでしょう.そのなかで利用者がおったらあそこに行きなさいよという.それでうまくいけばさらに拡がっていく」というかたちでの来所が多い.また次のように事例もみられた.「この間も韓国の留学生が相談にみえました.最初日本にきて下宿のおばさんがここを教えてくれて何回も連れてきてもらった.悩みがあってどうしても話す相手がいないので,今日お参りにきてここを知ったという.これもとげぬきとの関連ですね」.

このようにとげぬき地蔵,というより生活のなかに根づいている土俗信仰と相談活動－福祉活動－は切り離して考えられないということである.

(3) 都市型相談施設としての展開

すでにみてきたとおり,とげぬき生活館への来所者は,地元およびびその周辺というよりは東京都下,関東一円というように,広域に相談者の居住地が拡がっている.寺という点では同じ浅草寺の民間相談施設のばあいの相談者は,「圧倒的に多いのがほぼ半数で台東区で,次いで墨田,葛飾,足立ですか,大体近隣で7割なのですね.下町相談所の面目躍如といった感じですね」に比べると大きく異なる.同じように信仰性をもった民間の相談施設であるが,とげぬき生活館は,従来の下町・山の手の地域枠組みを超えた"都市的"相談施設になっているといえないか.(和田　清美)

京島に根づいて70年

東京都・墨田区

興望館

● 設立の経緯

　興望館は，1919年（大正8年）5月に日本キリスト教婦人嬌風会の在京外人によって，託児，授産，診療等の奉仕を行うセツルメントとして東京市本所区松倉町において始められた．大正12年には，内務省の助成を受けて，託児所，授産所，裁縫室，読書室等を完備した建物の建設に着手し8月下旬に竣工したが，9月1日の献堂式の日に関東大震災により灰塵と帰した．

　昭和4年に，震災復興区画整理のため，松倉町より現在地である東京府下寺島町に移転し，従来の活動に加えて聖路加病院の援助を受け健康相談を開始した．その年，アメリカで社会事業経営法を学んできた吉見静江が初代館長となり，その事業は，日本人の手に託された．悪臭漂うどぶ，軒低く並ぶ長屋の只中に当時としてはモダンな洋館の建物で事業が始められた．

　興望館という名称は，この施設が地域住民の希望の門となることを願って旧約聖書ホセア書の2章15節「アルコの谷を望みの門として与える」からとられている．

第II部　福祉コミュニティの事例を読み解くと　101

● 活動の経過

年	活　動　・　組　織	施　設　整　備
1929年 (昭和4年)	●青少年の健全なる娯楽及び学習指導その他，母姉手芸の組，人事相談，父母の会，裁縫の組等を始めた。	●現在地に本館落成。木造2階建て123坪。1階は教室兼保育室，集会室，事務室その他。2階は，図書室，裁縫室その他。それまで保育園として使っていたバラックは，診療所（健康相談）にあてた。
1930年 (昭和5年)	●東京都調布市多摩河原でキャンプを開始した。	
1936年 (昭和11年)	●常設診療所の認可を受け，従来の健康相談を拡充し，常設の診療所を開設した。	
1940年 (昭和15年)	●長野県軽井沢に勤労者，青年，児童の健康増進を目的に，また宗教的情操を養う場として沓掛学荘を開設した。	
1943年 (昭和18年)	◎嬌風会から独立して財団法人興望館となった。	
1944年 (昭和19年)	●第二次世界大戦のため，沓掛学荘を出征遺母子，幼児学童の疎開の家とした。	
1945年 (昭和20年)	●敗戦により，沓掛学荘に戦災，引き上げ及び一般孤児その他の要保護児童を収容した。	
1948年 (昭和23年)	○児童福祉法による児童福祉施設として，沓掛学荘（児童養護施設），保育園がそれぞれ認可された。	
1952年 (昭和27年)	◎社会福祉法人として認可される。	
1955年 (昭和30年)		●モルタル仕上げ，鉄板葺2階建診療所を新築（現五五館）。
1956年 (昭和31年)	○青少年クラブが児童厚生施設として認可された。	

年	活 動・組 織	施 設 整 備
1964年 (昭和39年)		●老朽の保育園舎を取り壊し，鉄筋コンクリート3階建ての現保育園舎を建築。
1969年 (昭和44年)		●近接地に土地を購入し（現別館土地）鉄筋3階建の保育園別館を建設。
1970年 (昭和45年)	●創立50周年並びに，青少年館，別館の落成会を開催。	●青少年館（現体育館）を建築。
1971年 (昭和46年)	●青少年クラブが地域活動として広く地域に根をはるべく会員制として発足した。	●養護施設沓掛学荘を鉄筋コンクリート2階建てに改築した。
1973年 (昭和48年)	●興望館事業を養護施設，保育園青少年クラブならびに総務部として組織化した。	
1976年 (昭和51年)	●養護施設，保育園，地域活動部の枠を取り払い，かつ地域に開かれたイベントとするために，従来行われていた各部の運動会を統合，地元の曳舟小学校校庭で第1回興望館体育祭を行った。	
1977年 (昭和52年)	●地域の展覧会を意図して，第1回興望館展覧会が各部を統合して行われた。	
1980年 (昭和55年)	●クリスマスを地域の人々と共に祝うため，第1回興望館クリスマスが行われた。	
1981年 (昭和56年)	●地域活動部プログラムの充実により，保育園卒業生の少年部プログラムへの入会が増え，かつそこで育った中学生，高校生の諸行事に対する働きが非常に大きくなり，大学生ボランティアを補うにあまりあるものがあった。	
1982年 (昭和57年)		●沓掛学荘の食事棟ならびに児童居室の増築工事を行った。

第Ⅱ部　福祉コミュニティの事例を読み解くと　103

年	活　動・組　織	施　設　整　備
1984年 (昭和59年)	●2月の展覧会期間中に年配者向けの書道教室が開催され好評を博した結果，4月より地域活動部のプログラムとして月1回，昼食付きのプログラムとして発足した。 ●6月，年配者のための第1回山中湖バスツアーを実施した。以後，年1回，第4回まで続けられた。	
1985年 (昭和60年)	●9月に，第1回敬老の日の集いが保育園主催で開かれ年配者と幼児との交流の時をもった。以後年1回行われるようになった。	●倉庫として使用していた旧職員寮が出火・炎上した。
1986年 (昭和61年)	●沓掛学荘に興望館に集う大勢の人々の象徴として，自らの手でログ・キャビンを建築した。これをきっかけに成人利用者の興望館理解とボランティアとしての定着が進んだ。	
1987年 (昭和62年)		●沓掛学荘に職員宿舎を建築した。
1988年 (昭和63年)	●各現業部門の活動をより活性化するために，専門家からなる地域委員会(1984年)，養護委員会(1987年)，保育委員会(1988年)が設置され活動している。	
1989年 (平成元年)	●創立70周年を迎えた。	

● 現在の活動内容

① 事業内容
- ●第1種社会福祉事業　・養護施設――――沓掛学荘
- ●第2種社会福祉事業　・保育所――――――保育園
　　　　　　　　　　　・児童厚生施設―地域活動部
　　　　　　　　　　　・隣保事業――――地域活動部

② 組　織

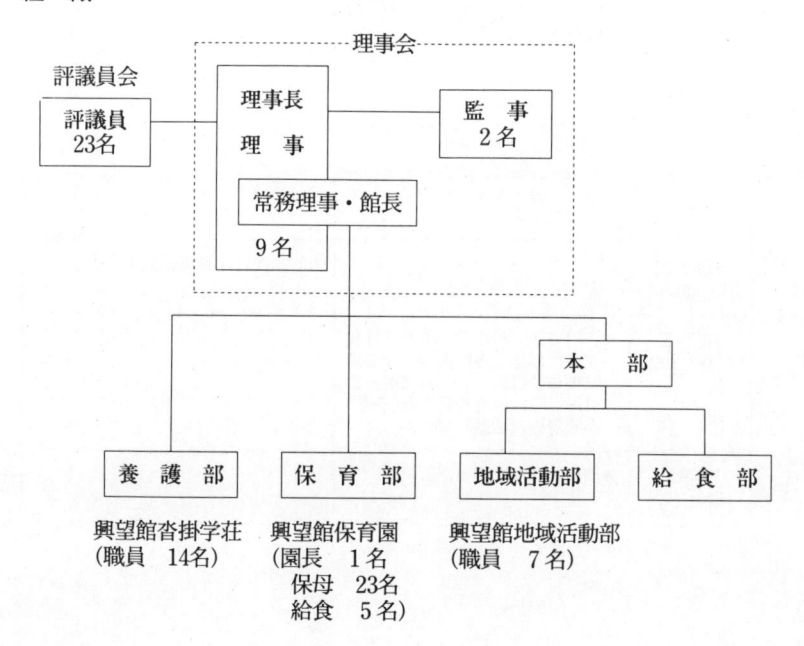

```
                    ┌─────理事会─────┐
     評議員会       │  理事長           │
    ┌──────┐      │  理　事   ┌─監　事─┐
    │評議員│──────│          │  2名   │
    │23名 │      │          └────────┘
    └──────┘      │  常務理事・館長    │
                  │     9名            │
                  └────────────────────┘
                          │
          ┌───────┬──────┴──────┬──────┐
                                 │
                              ┌─本　部─┐
                              └────────┘
          │       │           │        │
       ┌─────┐┌─────┐   ┌──────┐ ┌─────┐
       │養護部││保育部│   │地域  │ │給食部│
       └─────┘└─────┘   │活動部│ └─────┘
                           └──────┘
     興望館沓掛学荘  興望館保育園    興望館地域活動部
     （職員 14名）  （園長　1名）   （職員　7名）
                    保母 23名
                    給食　5名）
```

③ 活動内容

(1) 養護施設　沓掛学荘（定員　30名）

　昭和23年より，養護事業として幼児（3歳）から高校生（18歳）までの保護者のいない児童，その他環境上養護を必要とする児童の生活と通学を保障している．

　沓掛学荘は地域活動部の夏期キャンプとしても利用されており，その時には，

養護施設の子供達も生活をともにする.また,逆に体育祭やクリスマスの時には,沓掛学荘の子供達が東京に出てきて合同で行うというように,子供達がお互いに交流が図れるようにしている.

(2) 保育部(定員 219名)

保育内容の特徴としては,以下の三つをあげている.
- のびのびとした戸外での遊びを大切にする.
- 絵画,体育,音楽を通しての表現活動を大切にする.
- 自分と友達と自然を何より大切にする心を育む.

とくに,一人ひとりの個性を重視し,自由にやらせることに重点をおいており,保母ができるだけ個別に対応していくようにしている.したがって,保母にとっては決まったプログラムに沿ってやるよりはたいへんだが,仕事としてのやりがいはあるという.

また,区内ではここだけで,0歳児の特例保育を実施しており,ニーズの多様化にもできるだけ対応していこうとしている.

現在,定員219人に対して180人と定員割れしているが,区内の他の保育園に比べれば充足率は高い.2年前ぐらいまでは,他が大幅に定員割れしているにもかかわらず,ほぼ定員一杯という状況であった.

(3) 地域活動部

興望館は創立以来,幼児,児童の健全育成とともに,地域のセンターとして,住民の拠点となり,ここでのさまざまな体験を通して仲間をつくり,視野を広げ,豊かな感性を育てていく場となることをめざしている.

具体的なプログラムとしては,以下のようなものがある.

ア) 幼児クラブ

幼稚園齢の子供達に,健康教育(体育),情操陶冶(絵画)を重視した教育を行っている.

イ) 少年部プログラム

- 学童クラブ/●野球クラブ/●土曜クラブ/●教科クラス/●体育教室/●書道教室/●ピアノ・幼児ピアノ教室/●絵画・幼児絵画教室

ウ）青年・成人部プログラム

●バスケットボール／●謡曲教室／●コーラス／●美術クラブ／●茶道教室／●書道会／●高校生教科クラス

エ）特別プログラム

●ハイキング（5・10・3月）／●夏期キャンプ（学童・野球・中高生等，7～8月）／●敬老の日の集い（9月）／●チャリティコンサート（9月）／●落語会（5・10月）／●ウィンターキャンプ（12月）他

(4) 組織・活動の特徴

① 創立以来70年の間，その時代のニーズに応じた活動を展開

創立期－●地域住民の貧困に対し，生活手段や生活必需品のサービス

戦　後－●共働きの夫婦のための保育園の充実

戦災孤児の収容を目的とした沓掛学荘は，経済中心の生活の歪みによる家庭崩壊により生活できなくなった青少年を受け入れる養護施設となった．

60年代－●住民達は生活のゆとり，楽しみを求めはじめ，また，青少
～　　年の非行化も合わせて問題となった．そのようななかで，
70年代　学童クラブなどへの参加数が増えるとともに，年間を通じての児童対象だったプログラムに児童，園児の家族が加わるようになり，プログラム自体も大きくなった．

80年代－●そのような動きに対応して，成人を対象としたプログラムもはじめられるようになった．

●また，地域からの要請に応じて，書道教室や山中湖への1泊旅行などのおとしよりを対象としたプログラムもいくつか行われるようになった．

② 子供から大人まで地域の住民が自由に入って来られる建物の雰囲気

現在の土地に，60年もの間活動してきているため，地域の人達に興望館の存在をよく認知され，また，子供や孫などが保育園や学童クラブなどに通っているという親しみもあるため，誰でも気軽に入りやすいというイメージがある．

そのためか，年に1回バザーなどには，4000人もの人を動員する．

　86年に，沓掛学荘の森のキャンプ小屋として手作りのログキャビンをつくろうと職員が計画したとき，誰が呼び掛けたというのでもないのに，地元の種々の職業（土建業・電気店・とび・運送店・板金業）を持つ青年達が集まった．それぞれの力を出し合い，知恵を絞って，東京本部で組み立てられ，解体し運ばれてしっかりとした丸太小屋ができた．

　その後，建築メンバー達は，仕事の合間に姿をみせ，本部の建物のいたみをあっという間に修繕したり，週に1回集まって仲間同士語り合ったり，大きな行事の運営に協力したりしている．

　これは，これまで興望館でなかなかつながりのできなかった働き盛りの父親層が自然な形でプログラムや活動に関わるきっかけとなった非常に興味深い出来事であった．

③　**興望館に集まってくる人は誰も拒まないという運営理念**

　これらのことは，単に施設自体の雰囲気だけによるものではなく，そこで働く職員の人達が，運営していく上での理念として，積極的にここに来る人は誰も拒まない，むしろ歓迎するという姿勢をとっていることが大きな要因としてある．

　何年か前に，職員が中心となってバンドをつくり練習をはじめたとき，沓掛学荘を卒業し東京に戻ってきた子が自分達もバンドをつくりたいと言い出した．その後，その子の紹介でいくつかのバンドが練習のための貸しスタジオは料金が高いため，興望館に来て練習するようになった．しかし，中には土足のまま室内に上がったり，所かまわず煙草を吸うような子もいた．しかし，職員としては，その子達を頭ごなしに注意することによってここへ二度と来なくなるよりは，時間をかけてでも，自分でここのマナーを理解してもらうことのほうがいいと判断している．

　現在，彼らはバンド会議をつくり，利用時間を自分達で調整するとともに，一室を借り，自分達の手で防音装置のついたスタジオに改造し，練習するとともに，バザーやクリスマスの折には，興望館に関わる一員として，コンサート

に出演している．

　また，興望館のプログラムに参加していて，社会に出た若者達が仕事を終えた後，夜になると集まってきて，職員や仲間と話しをしたり，イベントの前には手伝いをしてくれるという．この地域で育ち，社会に出ていった若者達が自由に集まり，くつろげる憩いの場として機能しているようである．

④　職員の個性を活かし，様々なニーズに柔軟に対応していく組織

　「とにかく，ここは自分達のやりたいといったことを尊重してくれるし，いろんな方法でバックアップしてくれる．しかもそれぞれの職員の個性や能力を十分に活かしてくれる」と職員の高橋さんは話してくれた．

　実際，ほとんどの職員は過重労働になっているという．しかし，皆がやりがいのある仕事をして，取り組んでいる．そこが，行政の組織と根本的に違うところであろう．

　父母会などで出た意見は，すぐにでも改善していこうと職員は努力し実現されていく．そこが，学校のPTAともっとも違うところだという．

● 興望館の今後の展開

- 　地域のあらゆる年齢・階層の人びとが集まるそれぞれのプログラムをきめ細かに，展開していく．幼児，児童，成人，年輩者にいたるまで，自分自身が参加して，自分の役割を果たすことの喜びを体験することのできる場となることが，興望館のめざすところである．
- 　とくに，そのなかでも今後重視していくのは，確実に増えていく高齢者に生きがいを持たせるプログラムが必要だと考えている．興望館に来て，高齢者自身がボランティアになれるような場と一人ひとりの気持ちを育てていく必要がある．すでに，そのような芽は出始めており，落語会とお茶とお菓子のサービスを手伝わせて欲しいという声が出てきているという．

　　　　　　　　　　　　　　　　　　　　　　　　　　（児玉　善郎）

下町・あらかわの手作り食事サービス

東京都・荒川区

荒川区社会福祉協議会

● 荒川社協と高齢者の食事サービス

　荒川区の社会福祉協議会は，その案内書にもあるとおり，「若者，老人，障害者，健常者，子供，大人，すべての人が安心して，豊かに暮らせることが私たちの願いです．荒川社協は，住民が互いに協力しあい，見守り，助けあっていく環境づくりを民間の立場ですすめています」として，〈福祉のまちづくり〉を積極的にすすめてきている．その拠点として〈あらかわ社協会館〉が荒川区南千住，都電「三ノ輪橋」駅近くに建っている．この施設には社会福祉協議会の事務局，おもちゃの図書館，児童文庫，ボランティア・コーナーが入っている．当日，おもちゃの図書館にもおじゃました．そこにはおもちゃが所狭しとおいてあり，何組かの若いおかあさんと子供達がそのおもちゃで遊んでいたのが印象的であった．

　この光景は，荒川社協の取り組みの一つのあらわれであろうが，荒川社協が現在重点的にすすめている活動こそが〈高齢者のための食事サービス〉である．既に〈あらかわ方式〉として知られているものである．

● 事業の発端と展開

　荒川社協の高齢者の食事サービス事業の取り組みの背景には，高齢者率13％を背景とした区の総合的高齢者対策への着手があったという．区では83年に「老人生活実態調査」を実施し，85年には「荒川区老人問題懇談会」が設置され同年中に懇談会からの提言があった．この提言は，①老人に関する総合相談窓口の設置（実施済み），②サービスのネットワーク化，③特別養護老人ホームの建設（本年度オープン）というものであった．おりしも在宅福祉サービスが叫ば

れており，社協としても在宅福祉サービスの一環として〈食事サービス〉に取り組もうということになったのである．

そこでまず，民生委員に協力を求め，民生委員協議会の賛同も得たうえで，民生委員を中心に，それぞれの地域ごとに拠点を確保していくというものであった．サービスの拠点には，地域に隈無く組織されている町会の会館(113町内のうち80が保有している)で厨房施設をもっているところを利用し，また町会の婦人部にボランティアの協力を願った．つまり，「出来るだけお年寄りに身近なところで食事をつくり，温かいうちに届ける」という方針でこれをすすめていったという．

86年に試行開始し，87年から本格的に事業化していった．86年の段階で3ヵ所で，現在は15ヵ所で実施され，計200人のサービス対象者を数えている．一方ボランティアは300名になっている．ボランティアの年齢層は50代が多いという．食事サービスは，こうして基本的にはさきに紹介した民生委員を中心としながらも町会会館の利用と町会婦人部のボランティアという形が多いが，なかには町会のつながり無くして，民生委員が自らの力でボランティアを集めてくる事例もみられるという．また，調理の場所も町会会館でなくて，広場館のそれを利用している例が3ヵ所みられるという．

いずれにしても，民生委員が間に入っていることが共通で，民生委員と地域のつながりのなかで，町会中心と独自のネットワーク組織の違いが出てくるという．町会中心型が3分の1強ぐらいになっているが，ネットワーク型も，結果として町会の活動のメンバーと重なってくるばあいが多いという．これは荒川の町会のもつ伝統的に強固なつながりと活動に負っているところが多いという．

● 高齢者の反応

このように，〈あらかわ方式〉の食事サービスは，比較的地域に密着していて，小地域で，地域団体とのかかわり合いをもっているところに，いわゆる「地元型」に特徴があるという．その点，町会会館の厨房は，1ヵ所で20人ぐらいの

食事の調理が不可能ではなく，このことがあらかわ方式の食事サービスを可能にさせているといえそうだ．当初，社協が考えた「できるだけお年寄りの真近なところで食事をつくり，温かいうちに届ける」という方針がここに反映されている．当日，町会会館の厨房も見学させていただいたが，こうした雰囲気が感じられた．現在月2回のサービスがされているが，社協からの300円の補助と200円の自己負担によってまかなわれている．現在サービス対象者は200人である．月2回の食事サービスをお年寄りは心待ちにしているという．しかし，「地域のお年寄りにとって，食事サービスは，社協からのサービスというよりも，近所の顔見知りの人からの好意という受けとめがなされているのではないか」と社協職員の一人は語ってくれた．

つまり，サービスをうけるお年寄りにとって，〈あらかわの食事サービス〉は，「手作り」であること，そこで「コミュニケーションがとられること」，しかも食事のメニューそのものも工夫がなされている点が喜ばれているようである．

食事サービスの今後の課題として考えている点は，①地区的にサービスの漏れがあるのでこれをうめること，②月2回を週1回のサービスへ，③会食等で高齢者間の交流，ボランティアとの交流をふかめることの3点をあげている．また，ボランティアが高齢化しており，そのためサービス対象者がイヤガルという問題も出てきており，何らかの対応をこうじる必要もあると考えているという．

● 社協活動の今後

今後，社協としてはその他のひとり暮らしの洗濯，掃除など食事サービス以外のサービスのネットワークづくりを検討していきたいという．これには，サービスの有償化の方向や，またさまざまな出先機関との連携化を含むものであるという．しかし，こうした方向性，とくにサービスの有償化の問題は，町会の担い手の問題や主婦の就業化の問題もあり今後ますます地元のサポートが得られにくくなると予測しているため，緊急の課題であるともいう．しかし，食事サービスに示されるように，地域との結び付きが非常につよい地元型の荒川に

なじむかどうかの問題もあり，有償化の問題も含め，こうした食事サービスのネットワークを今後の社協活動にどのようにつなげていくかが荒川社協の最大の課題であろう．(和田　清美)

寝たきり老人や身障者対象にごみの各戸収集

東京都・墨田区

向島清掃事務所

● 経緯・それは赤いリボンからはじまった

　日常の暮らしのなかで食事の支度，買い物，入浴等とともに，ごみの始末をどうするかは，欠くことの出来ない家事の一つである．

　従来，ごみは各戸収集されていたが，東京オリンピックを前後に各家庭が集積所に持ち出す方法に変化した．墨田区向島清掃事務所の管内も48年10月から，とくに容器収集の徹底を図ることになった．

　ある集積場所で，いつも容器の蓋に赤いリボンがついているのがある．作業の邪魔になるので，横にはずしておく．そうするとまた元通りにつけられている．何度かそんなやりとりが続いたあと，「仕事の邪魔になるのではずしてもらいたい」と思い，ある朝その容器の持ち主に会った．

　目の不自由な夫婦で「私達は私達の力で生きていきたいと思っています．ごみを出した後，容器を見つけるのがとても苦労なので目印につけています」と言うことだった．

　それが組合の話し合いの場に出された．ちょうどその頃組合は「清掃事業の委託化」の問題を抱えており，自分達の事業を再点検しようとしていた時だったのである．その時を振り返って白鳥実氏（当時書記長，現委員長）は「何かガーンとなぐられたみたいで，社会のいき方，事業のいき方を教えられましたね．地域住民のための清掃事業をと考えてはいたが，ごみを出すのにこんな思いをしている人がいるのも知らなかった」と語る．組合の全体集会，班会議で討論を重ね「事前の調査や，区役所・福祉事務所への調査など1年間の学習会を経て」1975年（昭和50年）4月より実施に入った．

● 活動経過・なかなか受け入れてもらえず

　対象家庭の基準をとりあえず作り「70歳以上の高齢者で身体障害者」とした．始めた時の対象は36戸，1977年（昭和52年）48戸と広がり，現在（1989年8月）は13戸．早稲田大学政治経済学部寄本勝美教授の指導を受けながらスタートしたが，最初はなかなか戸口を開けてもらえず大変とまどった．区のヘルパーと連絡を取ったり，掲示板を出したり宣伝もした．ごみを取りに行くのだから拒否されることはないと考えていたらしいが「最初は文字通り戸口を開けてくれない．ごみだけ出してすぐ閉めてしまう．老人ってこんなに他人を受け入れてくれないものとは思わなかったな．もっとも得体の知れない"ごみや"と言うこともあったけど」と白鳥氏は述懐する．

　日常的に挨拶をすることからはじめて，孤独な老人との積極的な対話，健康状態のチェック，何かおかしい時には区役所に連絡したり，町会婦人部に協力してもらい職員（組合員）の資金カンパで「もちつき会」などもやるまでになってきた．

――実践記録から

容器1組T・I氏

　私が担当している方は4名．Aさんは目が不自由で最初は私達が容器の出し入れをしていましたが，近所の方がお世話しますからと言ってきたので見守ることにしました．だが集積所に出す容器に注意しながらみていると，出す時と出していない時があるので，最近は私達の方から積極的に行って容器の出し入れをしています．

容器2組T・K氏

　Tさんは神経痛で身体が不自由で困っている様子です．老人ひとり暮らしのため量的には少ないがいつも行っています．Oさん宅は入院中，退院次第続けたいと思います．

容器8組T・T氏

　Iさん宅のことですが，Iさんは私達の側面の援助が理解されないらしく，

偏見の目で見ている様子です．収集作業もいましばらく除きたいと思います．
容器19組 F・K氏
　Sさん宅に行っています．最初は話もしてくれませんでしたが，何回となくいっているうちに，あるとき庭の落ち葉を清掃していましたので，私達も手伝い始めたところ，それがきっかけで現在お互いが素直に話しあえるようになった．

● まるで"ごみ"は"ごみ"でなく——利用者宅訪問から

76歳男性，ひとり暮らし
　足元がおぼつかなく玄関口までよたよたした感じで出てきた．「ここには昭和10年から住んでいる」とのこと．「この家は昭和33年に建てたんだよ」と部屋をみまわす姿は，手塩にかけて育てたわが子を慈しむまなざしだった．
　少量のごみは新聞紙にきちんと包まれ玄関口にある容器にいれてある．一見するとそれは書類に見えるほど，きちんと包まれていた．

70歳以上女性，ひとり暮らし
　両足不自由で部屋の中をはいつくばうようにして歩く．よく手入れされたインコが2羽さえずり，畳の高さの流しもきれいに掃除されている．
　3軒長屋の真ん中に住み，両隣の家は既に取り壊され1軒ずつの家になっていた．「ここには戦争前から住んでいるんですよ．ずっとお隣さんがせわしてくれたけど，5年ほど前に引っ越したりして．親戚筋（前住者の）ではあるんですけど頼みにくくなって．そうしたら清掃事務所のことをきいてお願いしたの．とても助かっています」．
　紙袋が玄関においてある．それは買い物の包みのよう．思わず「ずいぶんきれいなごみですね」というと，「誰だってごみを持ち歩くのは嫌ですよ．だからせめてきれいにしておかなきゃ」と微笑した．

88歳男性と息子（視力殆ど無し）の2人暮らし
　0メートル地帯というが，川沿いの道路から細い道を下る感じ．小石が多く足もとが危ない．昭和11年から住んでいるという．軒先に置いてある容器をあ

け「おじいちゃん，ごみもっていきますよ」清掃事務所のYさんが朗らかに声をかけた．

● 「ごみを出す人・運ぶ人」の会話のあるまち

東京清掃労働組合向島支部がこの取り組みを始めてから14年たつ．最近はもちつき会のような行事こそしていないが，各戸収集というきわめて地味な作業は黙々と引き継がれていた．現在中心になっている鳥山常雄氏（書記長）は「老人ホームに行った方が良いのではないかと思ったりもしたが，現在まで住んでいる住まい，亡くなったおじいさんと暮らした思い出ということが，そのおばあさんにとって唯一の拠り所となっていることが接していてよくわかってくる．その思いを大切にしてあげたい」と，皆で続けているという．各戸収集に歩く時，「お早うございます」「やぁ御苦労さま」と近所の人と挨拶がかわされる．

人と人との会話から成り立つ商品の販売でさえ，自動販売機全盛の時代だが，「私ごみを出す人」「あなたごみを運ぶ人」ではなく，それぞれの顔が見えることが人間らしい温かさをかもしだしている．

こんなことは近所の人同士で助け合えばいいと考えることもできようが，気がついた者がまず実行していくことが，福祉のまちづくりの基本ではないだろうか．

同じ管内にある社会福祉施設の職員は「全然この作業のことは知りませんでしたが，あの事務所作業員の方はみんな感じがいいんですよ．うちは粗大ごみをはじめごみを出すばかりですけど，いままで一度も不快な思いをしたことないですね．やっぱり職場の雰囲気が違うんでしょうね」と語っている．

「清掃作業は地域社会に密着した，しかも地域社会から喜ばれ，信頼されるものでなければならない」をモットーに始まった「委託化」反対の闘いは，まだ決着はついていない．（菱田　紀子）

官民一体となったまちづくり
——HOPE計画の落とし子

東京都・荒川区

荒川すまいづくりセンター

● **組織は，100％民間の〝株式会社〟**

- 組織形態としては，株式会社（資本金1000万円）とした．当初は，HOPE計画からの経緯もあるので，区に対し積極的に関わるよう五つの要望を出した．
  1．金の出資，2．区長を社長に，3．職員の派遣，4．場所の提供，5．情報の提供
- しかし，区から良い返事をもらうことができなかったので，中心となっているメンバーとHOPEからの応援団的な区民，学識経験者，コンサルタント，行政職員など21人の出資により組織を発足させた．
- したがって，組織上は行政とは無関係だが，株主となっている行政職員は陰で支援をしているという．
- 職員は，専任の研究員が2人だけで，あとは学生アルバイトでまかなっている．
- 運営に関しては，委託調査費等の収入が家賃，事務経費等に充当されており，人件費が十分に出ていないのが現状．

● **マンションの一室のセンター**

- マンションの一室を借りて，事務所としている．マンションは荒川すまいづくりセンターの社長が不動産業で所有しているマンションを安く借りている．

- 62年秋には，マンションの自転車置き場だったところを改造して，会議室兼サロンを設けた．
- このサロンにいろんな人が集まって，荒川のまちづくり，住まいづくりについて語れる場にしたい．

● 荒川のまちを"魅力"あるまちにしたい

- 荒川のまちは，23区のなかでも特殊性をもっている．
  ①歴史，文化，伝統，下町人情．
  ②都心から8km圏域，JR4駅，地下鉄3駅，都電12駅，しかし"ぴあ"にエリア紹介がない．
  ③嫁に行きたくない．買い物は区外．足りない都市的施設が多すぎる．
  ④過密，混在の低層老朽木造家屋と不整形な細街路．
  ⑤個別更新やまちづくりが進まない．
- このような特殊性を充分に理解した上で，荒川のまちをよくしていく活動をする．
- HOPE計画の調査でのモデルの地区のいくつかで，共同化による地域の環境の向上をはかるプロジェクトを進めている．
- そのなかで，地元に入っての権利関係の調整や従前借家居住者の生活をどうするかといった問題に最も時間と労力を割いている．
- とくに，借家居住者が"引っ越ししないですむまちづくり"をめざして進めているが，現実的には難しく，高齢者のばあいなどは経済力もないため，少なくとも地域をはなれないで住み続けられるように，別のアパートを探すというようなことをやっている．
- 大体，このセンターであつかっているプロジェクトは，一般の民間デベロッパーなどは手をつけようとしない，難しい条件のものばかりである．そこに，このセンターがやる公益的な意味があると思われる．

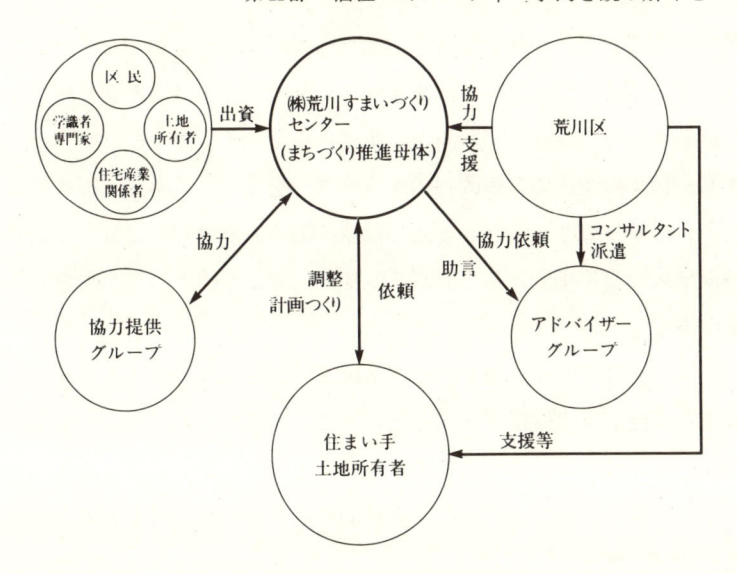

第Ⅱ部　福祉コミュニティの事例を読み解くと　119

[図：㈱荒川すまいづくりセンター（まちづくり推進母体）を中心とした組織関係図。区民・学識者専門家・土地所有者・住宅産業関係者からの出資、荒川区からの協力・支援、協力提供グループからの協力、アドバイザーグループへの協力依頼、住まい手・土地所有者との調整計画つくり・依頼、アドバイザーグループへのコンサルタント派遣、住まい手・土地所有者への支援等、アドバイザーグループからの助言を示す。]

● **より多くの人に荒川のまちについて考えてもらうために**

- 実際の住まいづくり，まちづくりだけでなく，さまざまな人達が交流できる機会やイベントなども行っている．
- たとえば，「住まいから荒川のまちを考えるシンポジウム」や「荒川のまちづくりを考えるエンドレス座談会」などを開催している．
- また，アルバイト学生を中心に，〝荒川探偵団〟を結成し，荒川のまちをより深く知るための自主的な研究活動も行っている．
- たとえば，荒川区にある銭湯をくまなく調べてまわり，「荒川銭湯探検記」としてまとめる．

● **今後の課題**

- 行政でもない，民間デベロッパーでもない，その中間的な組織としての独自性を打ち出して区と民間の間で㈱荒川すまいづくりセンターでないとできない仕事を確立していくことが重要と思われる．
- たとえば，民間デベロッパーの事業等では経済の論理を優先させるために

弱者である高齢者が切り捨てられ，地域のコミュニティがずたずたにされてしまっている．それに対して，すまいづくりセンターはその切り捨てられがちな高齢者等をどう救っていくかが重要になってくる．

● まちや個々の住民の環境改善のエネルギーをうまく誘導し，環境の質の向上にいかに結びつけるかという点も重要である．そのためには，やはりセンターが地域の交流拠点として機能し，住民の意識を徐々にでも啓蒙していく必要がある．

● これらの，公益的な目標をもった活動をいかに採算ベースに乗せて，株式会社として健全な組織運営を図っていくことも重要なポイントである．

● 現在，センターで採算を取るのは難しいということから，センターを支えられるくらいの収益を上げることを目的とした別会社をつくるべく検討している．（児玉　善郎）

くらしの中にとけこんでいる福祉活動

京都市

京都市上京区春日学区住民福祉協議会

● 人口減少著しく，老齢人口18％

　京都市上京区の春日学区は京都御所と鴨川に囲まれた町，都市部の過疎化のなかで人口減少が著しく，とくに65歳以上の人口比率18％，明治2年学制に先駆けて地域住民によって設立された春日小学校は，現在生徒数96名となっている．

　高齢者世帯71世帯，ひとり暮らし老人58人，ねたきり老人8人．

　従来民生委員を中心として活動が進められてきた社会福祉協議会を，「福祉が生活に密接な問題としてとらえられるように」という観点から，昭和48年自治連合会組織とドッキングさせ，住民福祉協議会として再編成．これが，住民みんなで「福祉のまちづくり」に取り組むきっかけとなる．昭和55年「在宅老人福祉推進地区（市社協事業）」のモデル地区事業の指定を受けてから，一層密度の濃いサービスを策定し，「お隣同士のふれあいを大切に」をモットーとした活動をすすめている．毎月1日は誰かが老人宅を訪問するように，また1回は何かの集いに参加するような，豊富なきめ細かいメニューが用意されている．

● お隣り同士のふれあいを大切に

① 福祉防災図の作成

　昭和58年，地域の実態を知るために作成した．これを基礎に福祉・防犯・交通安全等の各種ふれあい活動を進めている．

　たとえば，防災訪問は担当しているボランティアと町内担当の消防署のペアで，訪問票（チェックリスト付）をもって，毎月ひとり暮らし，寝たきりの高

齢者宅を訪ねる．

　体調がおかしい時やその他緊急事態を知らせるいわゆる「緊急一時通報」のシステムはこの地区の場合，原則として隣の家にベルが設置されている．また屋外に聞こえるブザーとともに赤いランプが点滅するようになっている．

② 春日会館の建設

　昭和52年，自治，福祉活動の拠点として春日小学校の敷地の一角に，春日会館を建設した．1階は消防団，2階（32畳敷）が老人いこいの場，各種サークル活動・ふれあい活動等多目的に活用．

③ ボランティア組織の確立

　各町に3名以上のボランティア委員を置き，町内会と各種団体との網の目の活動の担い手となっている．その連絡調整する人が1名いる（ボランティア）．

● 町ぐるみのふれあいをめざして

　この地区の年間行事予定表は実にきめ細かく，多様なプログラムで埋められている．その一つ一つは取り立ててユニークなものではないが，それらが丹念に継続されていることに，「春日」の力を感じさせられる．とかく民間が主体になるとき，行政が排除されがちであるが，ここでは校区内の関係官庁が網羅されている．活動の場だけでなく，学習の場にも，町の専門家として活用している．高瀬会長がいみじくも「行政のえらい人はいらない．現場を知っている人でいい」といっているように，実際に働ける人がボランティアの活動に組み込まれて，プログラムが練られている．「5時以降の活動にも進んで出てきてくれる．行政と一緒に進んでいかなきゃ駄目」と高瀬さん．

　当地で理容業を営む高瀬会長の温厚な人柄と熱意が昭和48年以降今日まで，この「住民社協」の牽引力になっている．今後の課題は「高齢者自身が積極的に参加する社会福祉への脱皮，そして子どもを含めた若年層の社会福祉への意識をめざめさせること」にあると，報告書にまとめられている．その試みの一つに七夕訪問（七夕の笹かざりをもって寝たきりの高齢者宅を訪問）がある．小学校3年のSちゃんはその感想を次のように記している．

第Ⅱ部 福祉コミュニティの事例を読み解くと　123

春日学区の中にあるさまざまな関係機関をくみいれた活動

主な関係官庁	主な活動団体		活　　動
・市社協 ・区社協	春日住民福祉協議会	1 2	地域の実態把握（福祉防災地図）……… 広報活動（春日だより）◎ s48————
・市社協 ・区社協 ・上京福祉事務所 ・上京保健所	Ⅰ独居・寝たきり老人 ・寝たきり介護者の会 ・身障者の会 ・ボランティアの会	3 4 5 6 7 8	やよい会（△レクリェーション）…… 布団丸洗い……………………………… 配食サービス…………………………… 寝たきり老人介護の会………………… 身障者の会……………………………… 福祉ベルの設置…………………………
・上京消防西	Ⅱ老人と防災 　A 防火 ・消防分団 ・ボランティアの会 ・自主防災会 ・防火委員会	9 10 11 12 13 14	福祉の救出訓練（毎月各町へ）……… 福祉の夜回り（全学区へ）…………… 防災教室………………………………… 防災訪問……………………◎———— 自主防災訓練…◎ 9 文化財防災訓練…………………………
・中立警察署	B 防犯・C 交通 ・交通安全会 ・ボランティアの会 ・防犯委員会	15 16 17 18	防犯訪問（毎月対象宅へ）…………… 防犯教室………………………………… 交通教室………………………………… 交通安全教室（毎月対象者宅へ）……
・春日小学校	Ⅲ子どもと老人 ・ボランティアの会 ・育友会 ・少年補導委員会	19 20 21 22 23	ふれあい教室 学芸会・運動会招待 七夕訪問（対象者宅へ）……………… 春日芋・餅の配布（対象者宅へ）…… 大文字山登山（毎年）…………………
・上京保健所 ・医師会 ・市社協 ・区社協	Ⅳ老人と健康 ・保健協議会 ・体育振興会 ・ボランティアの会	24 25 26 27	ゲートボール（毎日）………………… 健康教室………………………………… 健康訪問（毎月対象者宅へ）………… 料理教室
・市社協 ・区社協 ・上京福祉事務所 ・上京保健所 ・上京消防署 ・中立売警察署	Ⅴその他の福祉活動 ・各種団体 ・宗教団体 ・ボランティアの会	28 29 30 31 32 33	福祉の夕べ（対象者）………………… 福祉の招待（対象者）………………… 区民講座………………………………… シルバーサークル……………………… ボランティア研修……………………… 福祉の町づくり…………………………

「わたしは，七夕しゅう会の時，いっしょうけんめい心をこめて，ささかざりをつくりました．かざりは，おちるといけないので，しっかりとくくりました．ささをもって行く時は，よろこんでくれるかなぁ，とばかり思っていました．(中略)

おじいさんの家まで歩いて「こんにちは〜．ささかざりをもってきました」というと，ガラッと戸をあけて，おじいさんが出てきました．おじいさんは，「ありがとう．ごくろうさん」と言って，とってもうれしそうな顔で，ニコニコしたはりました．

おじいさんがあんなによろこんでいるところを見ると，なんだか，わたしもうれしくなりました．(中略)

わたしは，家に帰る時，いろいろなことをかんがえました．たとえばもっと大きなかざりをあげたらどんなによろこぶか，とか，学校でおとしよりの人にきてもらって，むかしのおもちゃを見せてもらったりしたら，楽しいだろうな，とか，いろんなことを考えていました．」(後略)(文集『ふれあいチャレンジャー』より)

● 次のリーダーを育てる

48年から一度も欠かさず毎月発行されている「春日だより」は，ちょうど町会の会報と社協の会報をまぜあわせた感じである．各行政官庁からのお知らせ，防災教室や健康教室，配食サービス等のお知らせ……等々とともに春日小学校120周年の記念式典や鴨川にかかる橋のかけ替えのエピソードが載っている．

町会活動のなかに社協活動を取り入れたスタイルの春日住民社協は，15年の積み重ねのなかで，現在は33にも及ぶ活動をボランティアの支えで行い，その中心をしっかりと高瀬会長が束ねている．世代の交代で会長が他の人に代わるとき，更に発展出来るような下地を作っておく準備が，これからの課題であろうか．

(菱田　紀子)

自治連合会を中心とした地域福祉活動の取り組み
京都市

京都市南区唐橋学区自治会連合会

● 概　要

　京都市南区唐橋学区．京都駅より南西に位置し，北は東海道新幹線，南は十条通り，東は新千本通り，西は西大路通りに囲まれた，人口規模約9500人のまちで，ほぼ20年近く，地道な地域自治活動がすすめられている．この20年の間に，地域自治活動の取り組みは，生活環境整備から福祉問題へと展開させてきているが，その推進組織は，唐橋自治連合会である．

● 「地域自治活動＝まちづくり」のはじまり

　唐橋自治会連合会が地域ぐるみのまちづくり活動に取り組むようになった契機は，昭和45年の「献血友の会」の結成にある．

　これは，学区内に住む11歳の少年が心臓病の手術を急きょすることになり，新鮮な血液が多量に必要になり，少年の両親が町内会に実情を訴え献血の協力を依頼した．さらに広く献血を呼び掛けるために，この町内会長は両親ともども当時自治会連合会会長であった小竹氏に協力を要請した．事情を聞いた小竹氏はこの日のうちにビラを作成し翌日各町内会長を通じ学区内の各世帯に呼び掛けた．血液は確保されて，少年は無事に手術を受けることが出来，少年は再び元気な身体に戻った．その後このような血液の相互援助を必要とするようなことが何回か重なったこともあって，他学区に先駆けて当時としては珍しい「献血友の会」を結成した．

　このような地域住民が相互に生命を守りあった出来事は，とりわけ自治会連合会に多くの教訓をあたえ，新たな組織づくりと運動を展開させることになる．

つまり地域住民がお互い助けあって解決することが大切であること，行政にたいしてもいうべきことはいうこと，そうしたことに対応できる組織づくりに取り組むことになり，現在のような社会福祉協議会と一体化した自治会連合会が誕生したのであった．

● 活動の展開

こうして，唐橋自治会連合会の自治活動＝地域ぐるみの福祉活動は始まるわけであるが，その後の展開をみると，40年代中期から昭和50年代にかけての「生活環境整備」を中心とした活動時期と，50年代前半の過渡期，50年代中期以後から現在にいたる「福祉問題」を中心とする活動時期に区分される．

(40年代中期から50年代にかけての取り組み)

この時期は，「公害企業の追放運動」をはじめ，「歩道・陸橋の建設運動」「環境美化運動」「遊び場づくり」「老人クラブとクラブハウスづくり」「防火防災運動」といった多彩な活動に取り組んでいる．こうした一連の取り組みは，唐橋学区の生活環境整備活動であったという．このなかでとくに〝唐橋らしい取り組み〟としてよく紹介されるのが「スロープ式横断陸橋の建設運動」である．冒頭に述べたとおり，この唐橋学区は，九条通り，西王路通りの幹線道路を擁しているが，この運動は「国鉄西王路駅前の横断歩道橋をスロープ化する」というもので，「老人や子供，障害者が安心して渡れるスロープ式陸橋」といった意図からの運動であった．これは46年から取り組みはじめ，運動が実って，ようやく53年12月に完成したのであった．

このような取り組みは，当時の唐橋の生活環境の未整備状況を反映したものであるが，こうした住民の要求をくみあげるために学区を5ヵ所にわけた「ミニ集会」や「行政に物申す会」を設置した．こうしたきめこまかな，そして徹底した住民間の話合い，活動の積上げのなかからこうした運動が進められていった．こうした「ほりおこし住民活動」の方法は現在にも引き継がれ，組織活動の根本になっている．

(50年代前半の取り組み＝過渡期)

　活動の発端となった「献血友の会」や，40年代にすすめられてきた「生活環境整備」の取り組み―とくに「スロープ式陸橋建設運動」―においても，なんらかのかたちで福祉問題と絡んでいるが，50年代前半では，そうした問題意識をもちつつ，学区では，社会福祉問題に関する研修や学習会が活発に実施されている．これは，50年代中期に事業化をみる老人，青少年，障害者への福祉活動へのまさに過渡期にあたり，これを会のメンバーは，社会福祉の基礎づくりの時期にあたると表現した．その背景には，年々高齢者人口が増え現在では唐橋学区の人口の12％がこれにあたる．そのなかでも独居老人は年に20人ぐらいずつ増え，もはや学区で捨てておけないほど深刻化しつつあった．

(50年代中期以降の取り組み)

　こうしたなかで，昭和55年に学区内の独居老人の孤独死という問題があいついでおきた．この独居老人の孤独死の事件を契機に，老人問題に取り組むことになり，さらに，青少年，障害者といったように，現在ではこの三つを対象に福祉活動を展開している．

　まず，老人問題についてみると，先に記したように独居老人の孤独死事件を契機に「独居老人の会食会活動」を始めた．唐橋学区のばあい「孤独化防止」をめざしていたため給食サービスは当時採用されなかった．老人同士の交流や役員との交流をはかることを強く望んだ．毎月1回開催され，現在では子供達との交流もはかられている．さらに，これをきっかけに，日常のつながりを作るため，独居老人の会「むつみ会」も結成されるにいたった．これ以後「独居老人に対する日常生活援助活動（友愛訪問・布団のクリーニング等）」「暮らしの学習講座（健康教室・老人福祉教室・防火防犯教室等）」など活動が拡大していく．さらにねたきり老人や高齢者夫婦世帯へと在宅老人福祉活動をも取り入れていくようになる．

　障害者のための活動は，婦人民生委員を中心に障害者の実態を調べた上で福祉表や名簿を作成したり，58年・59年には障害者団体の会合も開催している．また毎年重度障害者の人達と旅行会も開催している．

青少年については，唐橋小学校が62年度より「福祉教育推進校」に指定されたこともあり，自治会連合会でも小学校と連携をとりながら「老人と児童のふれあい活動」を実施している．

以上のような老人，青少年，障害者の三者を中心とした福祉活動の方針は，年によって若干のプログラムの変更はみられるものの，現在でも変わることなくすすめられている．

● 組織のしくみと特色

さて，前述のような活動の推進基盤は，唐橋学区の自治会連合会である．京都市域には現在200近くの学区は存在する．古くは近世の町組にまで遡ることができる京都市の学区は，近代の京都市域において形成・再編されてきたものの，学制施行時からほとんど区域が変わらないまま現在に至っている．そのため伝統を保持する一方で，人間関係において排他的側面を持っている．さらに学区ごとに自治会連合会が組織されており，住民自治組織の包括的基礎区域として，また行政末端の基礎単位として実質的に機能している．

すでに述べたとおり，唐橋学区の自治会連合会は，「献血友の会」結成を機に，組織の建直しを図り，本当の意味での住民自治の組織づくりをおこなった．それが現在の唐橋学区自治会連合会である．つまり，自治会連合会と以前からあった社会福祉協議会を一体のものとし，自治会連合会の構成を従来の区内42ヵ所の町内会長，市政協力委員のほかに学区の各種団体（老人クラブ・育友会・保健協議会・婦人会……等）の長を加えたのであった．ちなみに各種団体の一覧は下記のとおりである．

自治会連合会	市民ぐるみ運動推進員	花園児童公園愛護協会
社会福祉協議会	日赤奉仕団	平安講社愛護協会
市政協力委員会	消防分団	八条中学育友会
自主防災会	交通対策協議会	唐橋小学校育友会
民主児童委員協議会	大宮会	遺族会
体育振興会	婦人会	母子福祉会

共同募金会	西寺史跡保存会	心身障害（児）者団体連合会
少年補導委員会	西寺児童公園愛護協会	
保健協議会	琵琶湖児童公園愛護協会	老人クラブ連合会

　このように新しい組織づくりにいたるまでには，他の学区の持つ伝統，すなわち地付きの人との絶え間ない格闘があったという．新しい組織づくりを担った多くの人は戦後土地に入ってきたよそ者であった．ある自治会役員は「唐橋のまちは，きのう来た人でも受け入れる．よそ者でも差別しない．公家の格式ばったまちと違って，われわれは野武士の荒武者だ．だから思う存分活動できたのだ」と語った．このような性格をもつ役員や各種団体の長によって自治会連合会は組織されているため，個々人の意見や考えを素直に述べることができ，そのことが組織維持をスムーズにさせている．このことは，ミニ集会を頻繁に開き住民活動をほりおこしていく方針と共通している．このことは，会合に参加させていただいて実感させられた．参加者は全員発言し，しかもなごやかに会議はすすんでいった．がっちりとした組織構成と，個々のメンバーの役割の明確さと，徹底した話合いと運営方式が調和をもっていること．このことが，新しい組織づくりの当時からリーダーであった前会長の小竹氏がお亡くなりになったあとも現在の木浦会長に引き継がれて組織と活動が衰えることなく継続している要因ではなかろうか．

　さらに，いえることは，社会福祉協議会との関係についてである．再三述べているように唐橋学区自治会連合会は，社会福祉協議会と一体の組織である．当然唐橋学区からのあらゆる活動に関わっている．しかし，あくまでもそれは住民の主体的活動の指導・援助である．木浦会長は「住民の福祉活動をすすめていくうえで社会福祉協議会の指導・援助がどうしても必要である」と語っている．他方，社会福祉協議会側は「唐橋のあらゆる活動が他区を先駆ける試みをし，むしろ唐橋の運動が南区全体に影響を及ぼしている」と語っている．こうした社会福祉協議会への関わり方は，行政にたいしてもしかりで，要求することはし，また保健所，警察所，消防所等の現場スタッフと連携もとって，住民要求の実現のために役立てるといえる．こうした唐橋の関連機関との関わり

方は，住民活動をする上で一つの選択であろう．

● **今後の課題**

　では，今後唐橋の地域活動の課題はなにか．自治会連合会の構成をみてきたとおり，実に多くの団体があった．会長いわく，「唐橋の特徴はそこにあり，こうした団体間のコミュニティは確立されている．しかし，事業が多いために横の連絡が不備である．そこで今後は，各事業ごとの確かな情報網を整備していきたい」．さらに「まちづくりをすすめていくうえで，今後ますます行政や社会福祉協議会との連携，とりわけ社会福祉協議会の役割が重要になってくると思われる」ことも添えられた．

　会長も代わり，唐橋の自治活動も新しいステージに入ったとおもわれるが，すでにみてきたとおり，唐橋の自治活動は，時代の変化あるいは地域の変化との対応のなかで，生活環境整備から福祉問題へと活動を展開させながら，しかし，ミニ集会の模様に示されるように一貫してその活動の主体が住民一人ひとりであることを掘り起こす運動であったことを示唆してくれよう．

（和田　清美）

半世紀にわたる地域福祉活動
——現代に継承される隣保事業の形態と精神

石川県・金沢市

善隣館

● 石川県金沢市の善隣館活動

　今日の石川県金沢市の社会福祉活動，とくに民生委員活動は，その先進的かつ活発な取り組みとして全国的に知られている．その歴史は戦前の金沢市において方面委員（現在の民生委員）が中心となって取り組んだ隣保館活動に遡ることができ，当時先進的取り組みとして全国に名を馳せたという．その活動の拠点となったのが「善隣館」であった．

　金沢市の善隣館活動は，金沢市野町方面委員部（故安藤謙治）が昭和9年に創設した「第一善隣館」の建設をもって始まりとされている．善隣館建設の趣旨について，安藤氏は，「善隣館建設の根本精神は要するに庶民階級に対する福利増進並びに精神的強化運動の二大方針をもって，善隣思想の実践化をはからんとするにある」（『民生委員と善隣館活動』）と述べている．その後市内44校区のうち15校区に善隣館は建設されたが，具体的な活動内容は，たとえば，第一善隣館は，方面委員の取扱ケースの処理，地域住民の教養，経済，保健（具体的には託児事業，授産事業など），森山善隣館で授産事業というように，校区の状況に合わせて独自に展開された．しかし，いずれも，方面委員の手によって設置，運営されたものであった．

　戦後になって，それまで善隣館が担っていた社会教育活動は公民館に委ねられ，善隣館はもっぱら社会福祉活動を担うことになっていた．現在では「福祉センター」「福祉館」の名称を名乗りながらも，民間主体で公共との連携をもった事業運営の伝統を継承しながら，先駆的な福祉活動の拠点施設として展開し

てきている.

　現在市内には12の善隣館があるが，以下ではその内の一つである「第三善隣館」の活動を紹介しながら，戦前・戦後の善隣館活動の展開と現在の活動についてみていこう．

● 善隣館活動の歩みと現在の活動──第三善隣館の事例をとおして──

〈創設当時より終戦まで〉

　第三善隣館のある味噌蔵町校区は，金沢市内の中心部，兼六園に隣接する約3000世帯，人口約1万人の閑静な住宅地である．元は材木町校区（現在の材木町と味噌蔵町を合わせたもの）といったが，戦後通学区域の変更にともない2校区に分かれ，現在では町会数42町内からなっている．

　昭和10年に第三善隣館の前身である隣保施設「協心舎」が桜町に建てられたが大雪のため崩壊したので，翌年の11年には，現在地に「第三善隣館」が建てられたのであった．設立当時の事業としては，託児保護部，教化改善部，健康相談部，内職奨励部，宿泊保護部が設置されていた．13年には愛育園を解説し虚弱児を対象とした特殊保育も実施されており，地域住民のニーズに対応した広範な社会事業が取り組まれていた．

〈終戦より愛育保育園改築まで〉

　終戦の翌年21年には，第三善隣館は早くも「石川高等美芸女学院」の経営に着手し，24年には養護施設「愛育園」（現在は養護施設林鐘園）が開設された．戦後の児童数の増加に対応し翌年の25年は，芙蓉保育園を開設する．これが現在も第三善隣館の中心的事業である「愛育保育園」として引き継がれている．32年には障害児保育の先鞭をつけた肢体不自由児のための保育所を開設した（石川整肢学園に発展解消）．また，27年には財団法人から社会福祉法人・第三善隣館へと社会福祉法人化がはかられ，31年には味噌蔵町社会福祉協議会が発足される．

　しかし，創立以来40年近く人びとに親しまれてきた第三善隣館が老朽化し，48年に改築される運びとなった．ここに第三善隣館は新しいステージを迎える

〈福祉センター建設より現在〉

　3階建てに全面改築された第三善隣館は，50年に「味噌蔵福祉センター」（設置主体社会福祉法人・第三善隣館）として名称も新たに生まれ変わる．「味噌蔵福祉センター」は広く住民が利用されるよう，センターの運営は，民生児童委員を中心に地域の各種団体から構成される味噌蔵社会福祉協議会があたっている．

　福祉センターの事業として，50年に第1回福祉バザーが開催され，52年には地域にボランティアの輪を広げたいと始めたボランティア講座が開かれた．その参加メンバーのなかから翌年には婦人ボランティア友愛の集いが結成された．この組織が中心になって手作り弁当のサービス（55年には給食サービスへと発展），生きがい教室の開設など高齢者へのボランティア活動が始まっていく．また高齢者ボランティアである"愛の一針運動"（56年），子供ボランティアつくしの会の結成（60年），そして62年には，市の委託で地域宅老所（デイサービス）を開設することとなった．民協，社協，地域住民が一体となった活動，つまり地域センターとして，名実ともに広く地域に開かれた施設の役割を担っている．

　ところで，現在第三善隣館がおこなっている活動の主なものを紹介すると，次の通りである．

【生きがい教室】婦人ボランティアのメンバーを講師として，65歳以上の高齢者に，華道，茶道，小唄，編物等の教室開催，月2回．
【給食サービス】独居老人を対象に配食サービス，月2回．
【愛の一針運動】高齢者と婦人ボランティアによるおむつ作り，月2回．
【子供ボランティア】独居老人対象の友愛訪問．
【福祉バザー】町会，婦人会，ボランティア等の出品，年1回．
【ふれあい保育】園児と高齢者の交流会，月1回．
【デイサービス】虚弱老人対象，月曜日から金曜日．8:00〜5:00．利用料600円．介助員2人とボランティア2人，5人定員のところ8人から

10人の希望者.

〈今後の課題〉

では,今後の課題は何か.その第1は,62年から始められた高齢者のケアサービスについてである.現在市内にケアサービスは,第三善隣館と森山善隣館で開設しているが(この6月に一館増設),今後ますます高齢化が進みケアサービスの需要が増大してくると予想される.その一方で幼児が減ってくるなかで,現在宅老所は3階で開設されているので,将来的には宅老所を1階,保育所を3階にしたいという構想をもっている.

その第2は,後継者=次代を担う子供たちの育成,つまり,福祉教育の普及である.この点について,加納みのる味噌倉社会福祉協議会会長は,熱っぽく,次のように語ってくれた.

「ここで行っている子供ボランティアはそのささやかな取り組みです.こういうことを全市に広げていきたい.福祉教育が必要だと思います.それは子供たちだけではなくてやはり市民全部の福祉教育が必要であろう.それは,ささやかなことを実践するなかで,地道な実践のなかから学んでいくものであろう.そういうことから味噌蔵では,皆さんに参加していただいています」.

● 善隣館活動の特徴

1) 善隣館は半世紀以上前,隣保事業の拠点施設として方面委員(民生委員)の手で建設,運営され,それ以後現在まで,民間をベースとしながら公共との連携をもった事業運営の形態を継承しながら,地域福祉活動の拠点施設として先駆的な事業を展開している.

2) 善隣館の設置主体は,校区ごとに組織されている民生児童委員(戦前は方面委員)が,現在では,民生委員協議会,社会福祉協議会,地域住民が一体となった運営をし,校区住民の福祉活動の拠点施設=福祉センターとして機能している.

3) 活動内容は,その設立当時の校区の独自性をいかすといった伝統が継承

され，校区ごとに独自の事業内容になっているが，一様にいえることは，多様なメニューときめ細かなことがその特徴といえよう．すでにみてきた第三善隣館では，高齢化への福祉活動といっても，給食，講座，友愛訪問，デイサービスというように多種多様であった．また，ここでは，紹介出来なかったが，第三善隣館同様デイサービスを開設している森山善隣館では，身寄りのない人のために葬式が「民生委員葬」としてとりおこなわれていた．これだけみても，善隣館の活動が住民の福祉全般を含み多様なもので，いかにきめ細かなものかがわかる．

4）このような活動をささえているのは，善隣館創立以来民生委員また住民の間に根強く息づいている福祉の精神であろう．おそらくこうした福祉の精神は，仏教をはじめとする金沢の都市住民がもつ宗教的精神風土，福祉の土壌が少なからずあると思われる．この点については，前出の加納会長の次の発言に全てが込められていよう．

「ボランティアというと，なんかむずかしいようにと思いますけど，お互いの助け合いだと申しますと，ああそうかと．結局は受け手になったり，担い手になったりの毎日ですものね．たとえば，この給食を作るにしましても，今度はおじゃががなくなったとか，おしょうゆがなくなったとか，それこそ人知れず持ってきてあるんです．誰が持ってきたかはわかりません．誰かもってきた，ありがとうぐらいで．そんな様なこともございますしね．やっぱり善意の町だといわれる，だからそういうことが続くのかなと思います」．（和田　清美）

丸山コミュニティの水脈

神戸市

神戸市長田区丸山地区

● 私たちの着眼点

　自治省からモデル・コミュニティの指定を受けた第1号が丸山地区文化防犯協議会であった．ときに昭和46年8月．マスコミが，研究者が，そして当の丸山コミュニティの代表者が地区の実態を公表するにつれて，丸山を念頭に置かずしてコミュニティを語るなかれ，といわれるような熱っぽい潮流が一面にあふれた．しかし昭和60年代以降，かつての輝いた丸山コミュニティの華々しい姿は陰をひそめており，"ただの町内会になった"などと評するむきも現れている．

　そういう評は現実の表面を指摘しえても，充分に正当であるとはいえないであろう．古代ギリシャのポリス（アテネ）はただの観光都市になったとしても，ルネッサンスを経て現代デモクラシーにつながっていることを疑えない．われわれの福祉コミュニティの問いかけが，かのコミュニティ・ルネッサンスかどうかは総括的に検討されねばならないとしても，コミュニティ運動の系譜を洗うなかからしかその検討は出てこない．とすれば，丸山コミュニティはやはり，この視角から注目されねばならないと思う．何が丸山コミュニティだったのか．

● 丸山地区とは

　丸山地区は，神戸市長田区の一角，六甲山南の山麓の複雑な地形に立地する坂の町である．戦前は別荘地だったのが，昭和30年代後半からスプロール化が急速に進んで，50年代には210haの地区に6553世帯2万1798人が住んでいた．もっとも，この世帯と人口はその後，だんだん減少し，最近では約5800世帯に

なったという.

　住民の階層も多様化した. 現在では, 持家層は36％ほどで, あとは借家や木賃アパート層になっている. 職業分類でみると, 多数を占めるのは一般事務職と販売サービス労働者である. その他として, 管理職・自営業者がいるという状態で, 社会移動も多い. したがって, 都市型住居地域の典型的な一つといえる.

　別荘地の昔は別として, 25年以降の変動を人口と世帯で示すと次のようになっている.

年(昭和)	人　口(人)	世　帯(数)
25	3,955	952
30	5,347	1,290
35	7,826	1,953
40	14,574	3,992
45	21,612	6,070
50	21,798	6,553
55	19,152	6,036

(国政調査による)

　先述したモデル・コミュニティ指定を受けた背景をうかがう資料の一つは, 30年代後半から40年代の人口増にちがいない.

　この増加世帯が斜面地域に住居を求めて住みついたわけだが, そこでかれらの生活をおびやかす環境問題が多発した. 記録によれば丸山地区を流れる河川(苅藻川, 大日川, 桧川)の氾濫と急傾斜地区での土砂崩れで, 家屋・交通の被害をたびたびうけていた(36年, 37年, 42年). 道路問題も頭痛の種である. 旧道は大方, 坂道を曲がりくねった私道で, そのままに乱開発された結果である. 当然のことながら, 児童公園も集会所も計画されていなかった.

　高度経済成長が先行して都市計画が後手にまわり, とりわけ住民生活の視角からの計画性がないに等しかったのは, 神戸市に限ったわけではなく, 当時の日本の大都市行政一般についていえることであった. それらの生活をめぐる地

域課題は，住民が個別具体的な問題をとりあげて行政の対応を迫らなければ解決の方向が見出せなかったし，住民自体もまた，放置できない目前の問題だけに，共同して当面の対策に当たった．住民運動の時代である．丸山地区のコミュニティ運動史を，「たたかう丸山」→「考える丸山」→「創造する丸山」という3段階発展史で整理されるごとく，まず第1段階の住民運動が展開され，そのなかで住民の知恵と力がきたえられるとともに，「考える丸山」→「創造する丸山」への深化がみられるようになった．

● 組織と活動の展開

(1) 組織の変遷

　地区の住民組織は戦後，町内会の解散のあと，丸山独自の再スタートをきっている．昭和24年6月，事実上，町内会に当たる「丸山防犯協力会」が結成された．その後，次のように名称が変更された．

　「丸山文化防犯振興会」(26年6月)，「丸山地区文化防犯協議会」(40年8月)ついで，46年11月に「丸山地区各団体連絡協議会」がスタートしている．現在の名称「丸山地区住民自治協議会」は52年10月以降である．組織名とその変更には，組織目的と活動のあり方が深くかかわっているはずであるから，その要点を簡単にみておこう．当会は，24年9月から会報を発行している．その創刊号から察するに，当時，丸山地区では，窃盗・強盗事件がかなり多かった．電線泥棒までいてその検挙に協力した少年が表彰されてもいる．24年頃といえば，戦後の物資不足と社会的混乱がつづいていた．丸山地区全体で世帯数はせいぜい600〜800程度．まばらな郊外住宅地だったから，盗難問題に住民がいかにおびえていたか想像に難くない．会報(創刊号)は，その組織目的を次のように述べている．「我々の安住を害し我々の財物を窃収する犯罪者を警察に協力して之れを完全に防ぐことが主たる目的である」と．そして，「丸山住民全体が各々関心を持ち，犯罪防止に各自が協力せねば完全なものにならない」のであって，かつての役員まかせですませた町会とはちがうことが強調されている．要するに，当時の住民共通の課題・悩みへのとりくみとして，「防犯協力会」がスター

トしたのであった.

　では「丸山文化防犯振興会」への移行は何を意味したのであろうか. 会則では「会員親和のもとに丸山地区の健全で文化的な生活環境を維持・推進するとともに, その障害の排除に努めるを以て目的とする」とされて, 「防犯」の語句は組織目的から消えているが, 事業項目に照せば, いうところの障害排除として防犯防災は重点的にあがっている.

　すでに, 最初の「防犯協力会」の頃から, 一方では, 住民に何が出来るかが論じられていて, 「防犯にはまず街を明るくすることが必要」と合意され, 町内に防犯灯をふやし自主的に維持管理する努力がすすめられていた. したがって, 「文化防犯振興会」に名称変更されたのち, ときの会長は会報で「住みよい丸山, 明るい丸山, 楽土建設」というキャッチ・フレーズを唱えている. 33年度の会計報告によれば, 支出額の実に85.3%が「街灯料, 修理費, 見回り手当」に当たっている. そして, 33年7月改正の会則においては, 事業内容に, 保健・衛生, 教育振興, 児童福祉, 会員親睦, 文化生活向上をあげ, 地区の諸住民組織（育友会, 婦人会, 消防団等）との協力をすすめ, 神戸市および警察等に協力する旨が述べられている. 丸山コミュニティが往々, 自治省指定の前段階（40年）からの画期的な活動に力点をおかれるむきがあり, また強調される理由はあるが, 以上の初期の組織活動をみると, やはり, コミュニティ運動が丸山地区で活性化した土壌がそこにはぐくまれていたといえよう.

　「丸山地区文化防犯協議会」は, 「幹線道路促進協議会」（38年11月）と「文化防犯振興会」が合体した組織であった. 既述したとおり, 当地区の道路問題は緊急の懸案事項で, そのために住民大会がもり上って「幹線道路促進協議会」が結成されたものである. 丸山地区の道路には, 幹線道路・緊急用道路を通す必要と, 一般道路の舗装改修の必要があった. ところが, 公道になっているのは全道路面積の47.1%程度で, その他は, 神戸土地KK所有道路（41.7%）と大日本土地区画整理組合所有道路（11.2%）となっており, これら私道を公道に移管しなければならない. さらに, 道路問題に関連して同協議会は次のような諸問題の解決にむけて精力的な実績をあげてきた. ①幹線道路開設, ②緊急

用道路開設, ③道路舗装, ④危険防止対策(ガードレール設置), ⑤側溝の改修およ
および溝渠の改善, ⑥治水対策, ⑦水道問題, ⑧公共福祉施設, ⑨交通問題,
⑩ガス問題, ⑪電話問題(ケーブル埋設, 公衆電話ボックス), ⑫関西電力問題
(電圧切替, 電柱移動と新設, 変圧器, 防犯灯), ⑬学校問題(小・中学校, 幼
稚園の新設運動), 組織統合後は,「開発部」がこれに当たる.

　38年から39年にかけての1年間の幹線道路促進協議会は, 住民大会を2回開
催(防犯協会, 婦人会, PTA, 消防団, 開発会の共済), 行政当局交渉(助役,
都市計画局, 土木局, 交通局, 総務局, 衛生局, 教育委員会, 警察署, 消防署,
電話局, ガス会社, 神戸土地KK, 郵政局, その他関係先)が精力的に行われ
ていた. かくして, 協議会と市当局とで「合同委員会」をつくり, また協議会
が実施した現地調査資料によって行政当局の協力をひき出した. これだけの運
動をつづける母体として「丸山地区文化防犯協議会」という統合組織化が要請
されたと理解される.

　次いで既述した「丸山地区各団体連絡協議会」(46年11月)にふれておく必要
がある. これは「丸山地区文化防犯協議会」の名称変更ではなくて, 同協議会
のほかの婦人会, PTA, 子供会, 消防団, 商業連合会など10団体で組織した
連絡協議会であった. 同年8月に自治省から「モデル・コミュニティ地区指定」
を受けて, そのコミュニティ補助事業の受け皿として組織されたものにほかな
らない. 当時, 自治省では, 3年間計画で年間に100モデル・コミュニティ地区
を指定し補助することとしていた. そして指定を受けた地区では, 地区全体で
とりくむべきことという理由で, 既存の地域団体が総がかりで協議会を組織し,
総花的な要望事項を並べたり, どの団体もが合意する性質の要望内容でとりま
とめた結果, いずれも似たり寄ったりの計画になって, 本来のコミュニティづ
くりらしい創造性に乏しい結果となった, ということが, 当時のマスコミ論評
できびしく指摘されていた. 丸山地区でも, 形としては, このような諸団体連
絡協議会をつくらねばならなかったのであるが, 丸山コミュニティが成功した
のは, それが指定を受けた理由であるが, 先述した「文化防犯協議会」の, 言
われずとも一貫してとりくんできた自主的なコミュニティ運動にあった. その

活動内容については項を改めて述べるが，それを主流とすれば，「文化防犯協議会」があえてコミュニティ運動の主流を自認して組織体としてのリーダーシップをとりつづけたことが，丸山コミュニティといわれる独自性・創造性をもちえた理由であった，とみられる．

このような位置づけで，活動をつづけた「文化防犯協議会」は，52年10月，そのコミュニティづくりにふさわしい名称として，「丸山地区住民自治協議会」に改称し今日に至っている．

(2) 活動の特徴――40年代以降を中心に――

30年代までの活動については，組織変遷の説明として要点を付記した．その画期的な展開が40年代に入って現われ，なかんずく，コミュニティ運動の「質」としての注目を集めることになる．われわれの調査報告としては，とりわけ力点をおくべき内容であるが，紙数の関係上，要点にしぼらざるをえない．40年頃から目立ってユニークな活動が「文化防犯協議会」つづいて「住民自治協議会」ならびにそのサブシステムによって実行されたので，まず，その種類と実施状況を年譜として示そう（「丸山コミュニティの年譜」参照）．

みられるとおり，40～50年代は，通例の町内会にみられない意欲的な活動が発現してきた．次から次へと活気あふれる住民参加プランが現れているが，その種類だけにとどまらず，活動の広さと深さに注目される．

①まちづくりは人づくり

〈地区外への展開と地区内の変革へ〉

表に示されているもののうち，丸山地区外への丸山コミュニティ活動のPRあるいは交流にあたるものが三つある．「丸山まつり」「共同購入（日高町赤崎地区との交流）」「いも掘り大会（同地区で）」である．「丸山まつり」は「神戸まつり」に協賛するので，丸山地区の名のもとに市街地へくり出すチャンスである．そのさいにはどの町内もそうであるが，丸山の印象づけをねらって華々しく展開する．丸山からは飾りつけた乗用車の大パレードが恒例だそうである．このパレードによって市街地の商店街と親密になっているという．

「共同購入」は近郊農村の日高町赤崎地区からの新鮮な作物を丸山地区の人

丸山コミュニティの年譜

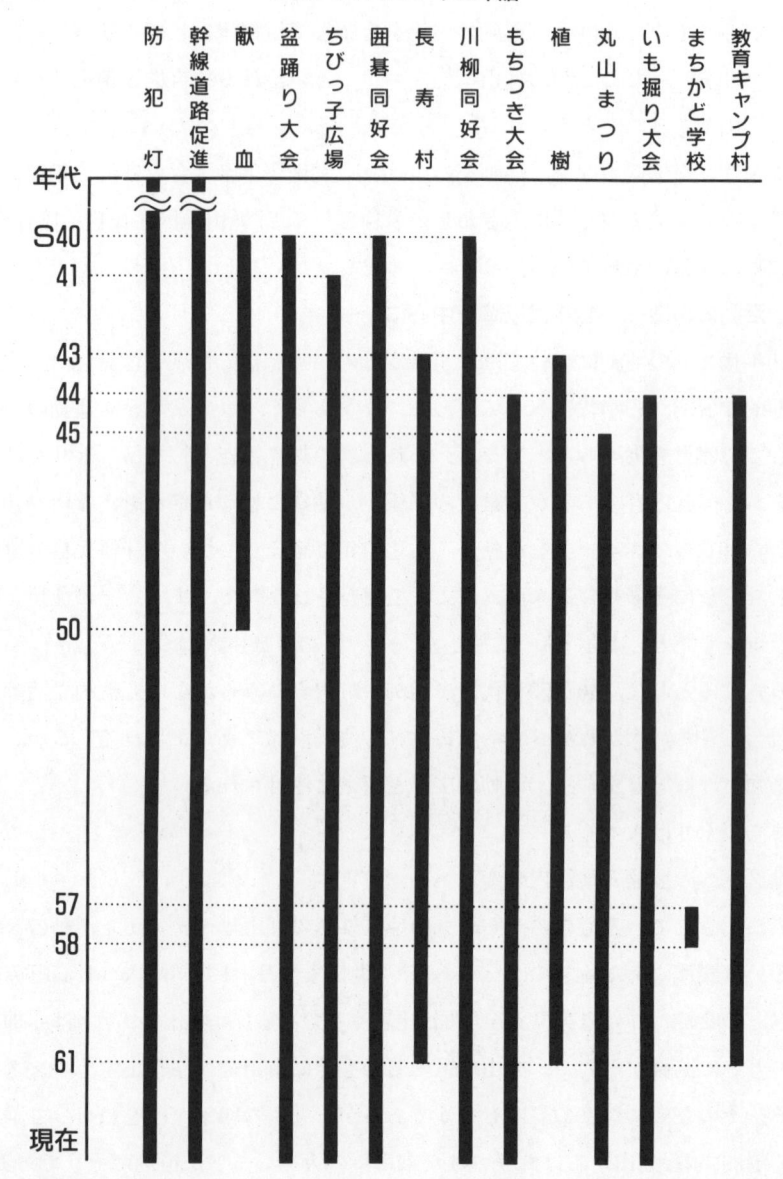

年代	防犯灯	幹線道路促進	献血	盆踊り大会	ちびっ子広場	囲碁同好会	長寿村	川柳同好会	もちつき大会	植樹	丸山まつり	いも掘り大会	まちかど学校	教育キャンプ村
S40	●	●	●	●		●		●						
41					●									
43							●			●				
44									●			●		●
45											●			
50			●											
57													●	
58														
61						●		●						
現在														

びとが契約購入するのであるが，それにとどまらない．丸山地区から赤崎地区へ出かけて人間的な交流をするとともに「いも掘り大会」をさせてもらう．両地区の子どもが相互にホーム・ステイを受けいれあって都市・農村の生活体験をする．「いも掘り大会」は親子いっしょだが，丸山地区の年配の人たちも喜んで参加した．

丸山地区のコミュニティ運動は，明るい丸山，住みよい丸山，をめざしてその障害をとり除くための共同体活動から出発したが，40年代から，"開かれた丸山"といえるような前述の活動に積極的に乗り出している．

他地区，農村地区と交流しつつ丸山を考える，丸山の将来のためによいことは何かに気づく，そしてもちろん，参加をとおしてよい人間関係がつくられる，といった面が計画されたこれらの活動だったとみられよう．この段階で，以後，常に口にされる「教育・学習」のビジョンが浮かびあがっている．

丸山コミュニティ活動の主軸は"人づくり"という教育にあった，という理解の仕方は一面では当たっていよう．「コミュニティの意味」は「善意の制度化」だ，とはっきり述べてもいる．「私達は，問題点を解決するに当って，多くの利害の対立をのりこえるために，"善意"というものにすべてを結集させ，その過程において次々と問題の解決と安定をめざして来ました」というところにはっきりと丸山コミュニティの主軸が示されていよう（『丸山地区文化防犯協議会会報』No.29 昭和47年8月1日）．だからして「まちづくりは人づくり」だと，くりかえし述べてもいる．

だから「教育村の建設」といいかえ，具体的には「教育キャンプ村」をはじめ，「まちかど学校」を精力的にすすめたのはもちろんのこと，43年から20年間にわたり，町の緑化と防災をかねて，1世帯1本の植樹運動を約20年間も続けて，およそ65万本の植栽を達成し，61年に有終の記念行事をもって終結したのも，まさに教育活動に根ざしていた．遊休地を善意で提供してもらって「長寿村」を手作りし，子どもの遊び場が何も無かったところを，14ヵ所まで総出でつくれたのも，すべて，人づくりをねがう活動のあらわれであった．

少なくとも，当時のリーダーはそういう信念をもって積極的に活動していた

とみられる．だから，極端にいえば「結果以上にプロセスを大事にする方向で勉強の積み重ねを」したのであり，「生得的な感覚と必要とが一致したところの〝善意〟というものは，一つの地域社会のこれからのテーゼでもあります．町づくりは人づくりであるという町は何であり，人間は何であるか，決して，そこにすばらしいものがいきなりあるのではなく，ゆっくりと着実にこれからの社会における人間関係を求めてゆく社会的勉強単位を〝コミュニティ〟は述べているものと言えるでしょう」と明言しているのである（前出の『会報』同頁）．

② 丸山コミュニティ活動と神戸市

丸山コミュニティ活動が，「たたかう丸山」からスタートしたことは，既述したとおりである．乱開発を放置した神戸市に対して住民総体が改善を求めて強く迫った．とともに，そのたたかいのなかで住民は知恵と力を出しあって，明るい丸山，住みよい丸山をつくる努力を重ねてきた．神戸市は41年から，市当局と神戸新聞，関西学院大学社会学研究室，市内諸地区住民代表からなる「住みよい神戸を考える会」をつくり，30年後の神戸建設をめざしてマスタープランを作成したが，この会に丸山地区文化防犯協議会は積極的に参加し，かれらの積年の実践と抱負を訴えつづけた．その結果，41年にこのマスタープランが実施段階に入るに当たり，そのパイロット計画としてのモデル地区に丸山地区が指定されたのであった．神戸市にとって，丸山地区の住民運動は，先述した幹線道路問題でみられたとおり，対応上，緊張感に満ちたうるさい事例であったにちがいないが，そうした数々の対抗関係をとおして，丸山の自治の実態を知り，「まちづくり＝人づくり」という遠大な努力のあり方に感銘を強く受けたにちがいない．それゆえに，神戸市がモデル地区に指定したと思われる．46年に自治省からモデル・コミュニティの指定を受けたのも，すでに神戸市でこのような評価をえていたことが前提にあったからにちがいない．

● 丸山コミュニティ活動の問題点

(1) プロセスか結果か

前節で引用したとおり，「結果以上にプロセスを大事にする方向で勉強の積み

重ねをする」ことが丸山地区のコミュニティ活動を貫く姿勢であった．それが丸山語録にいうところの「有言実行」ということであろう．しかし，一般住民の間では「有言」についてではなくて，「実行」についての疑問が先行していた．「会報」(No.22) にのせられた声を要約すれば，行政当局が自らの責任を住民の実行力にすりかえることに手を貸している結果になっているのではないか，ということである．住民社会の福祉が，こういうやり方でしかえられないことこそ問題だ，という批判である．丸山地区に限らず，熱心な地域福祉活動・コミュニティ活動を展開しているところでは，おそらくどこででも同様の疑問・批判が出てきたはずであるが，その点をめぐってどれだけの議論と合意が出来たか．丸山地区にしても，それを見定めることはむつかしい．住民の「善意」だけでなしに，このような根本的な疑問や意見の相違をつきあわせて，"重い合意"を形成することが，いわれるところの，"勉強""教育"として不可欠な点ではなかろうか．

(2) **住民諸組織の調整**

　既述のように，自治省のモデル・コミュニティ指定を受けて，受け皿として丸山地区で活動している他の単一目的組織と合同した「各団体連絡協議会」がつくられて，丸山地区あげての体制が証明されたことになった．同じく，59年には，コミュニティ・ボンドの発行により資金をつくって，「丸山コミュニティ・センター」が建設され，この連絡協議会が管理運営委員会をつくって住民管理の任に当たった．地区内諸組織が，広く丸山コミュニティのために連帯していたようにみえるが，61年以降，センターの管理は神戸市が当面，直営とすることになって現在に至っている，ということは，奇妙な印象を与えられる．理由の一つには，各団体連絡協議会の足並みが乱れて，新しい運営委員が選出できなかったということだそうで，「住民がまとまるまでの間」神戸市が直営する仕儀になったということである．その乱れた理由は何だったのかは知りえないが，一般にいって，こういうことも地域ではありがちである．問題がここに立ち至るまでに多くの徴候があったはずであり，そうした段階で，腹をわった調整ができなかったのだろうか．丸山コミュニティといわれるところだけに惜しまれ

る．

それにしても，丸山地区住民自治協議会のエネルギーには敬服しないわけにはいかない．コミュニティ・センターが，そのような事情で思うように機能しなくなったわけだが，そのために住民活動が低落することはあってはならない，という大方の気持ちから，地区内の市有地を借りて，市の援助もうけながら住民が浄財を出しあって「住民自治会館」を建てた．第一号は63年2月．住民が出しあったのが500万円，住民自治協議会から500万円を負担，それに対して市が1000万円の補助をしている．現在の立地は，丸山地区の端に当たり地域的に利用上不便がある．そこで，さらに2ヵ所に同じ方式で自治会館の建設を準備中である．いずれも狭い道路に面し住宅が密集している．しかも，ここでは自由な住民たちの利用がなされているのはもとより，必要なばあいは葬儀場にも使われている．ところによっては周囲の方々や会館利用者から忌避されると聞くのだが，丸山のばあいそういうことはない．気持ちよく受けいれられ，実際上，会館のカギは周囲の住民があずかって面倒をみているという．コミュニティ施設とは本来，こういうあり方のものであろう．なお，管理運営は，住民自治協議会，婦人会，老人会と周辺の住民とから選出された委員が当たっている．

モデル・コミュニティ事業として建設されたコミュニティ・センターは前述のように問題をかかえているが，完全に住民自治として神戸市をひっぱりこんだ丸山住民による，丸山住民のための，そして丸山の「住民自治会館」が発展するなかから，コミュニティ・センターのあり方が自主的にきめられる日がくるにちがいない．そして，その過程で，各種団体間の調整も実のあるものになるであろう．

(3) 地区政策

急激な都市化をどう受けとめ，丸山の将来をどのように計画するか，ということで，他のところでは例をみない組織的な学習と討議がなされてきた．「まちかど学校」は住民主体のすばらしい営みだった．しかしその後も状況は変化する．土地は急速に騰貴し相続問題などあれば，善意で提供していた地主もやむなくその土地の返還をもとめざるをえなくなる．そうして，「ちびっ子広場」は

減少することになり,「長寿村」も遂に61年をもって閉鎖された.「教育キャンプ村」も同様に閉鎖された.道路問題も利害関係がきびしい.先述したところの,"プロセスと結果"の問題でもある.「丸山コミュニティ」は,大都市地域で今日,どこでも出現しているこの課題を鋭く問いかけている.要は,住民か行政か,という水掛け論をこえたパートナーシップとしての都市政策,土地政策,そして自治論であろう.そこに,"まちづくりは人づくり"という古くて新しい提起がよみがえらねばならない.

　もう一つは,高齢化問題である.人口構成は,一般の傾向と同じく高齢化がすすんでいる.丸山地区でも近い将来,若い家族の姿が珍しい状況が予想される.55～56年の間に協議会は,丸山まちづくり計画基礎資料として,住民アンケート調査を実施し,57年3月までに6回の地区別懇談会を開き,これに神戸市都市計画局のデータを重ねて,基本計画案をまとめた.それによれば,危険箇所の建物規制は当然のこととして,老朽密集住宅の建て替えを促進する方針が出されており,良好な住環境のためには共同住宅は好ましくないという意向も強かった.しかし現実は低収入の若年家族が住みやすい共同住宅がなければ,やがて丸山地区は姥捨て山になってしまう.「そうしてはいけない.若い人たちが住みやすい町にしていかねばならない」と,住宅政策を見直す新しいリーダーの声が高まっている.「こういう変化に対して住民からとりたてて反対意見が出ないのは,現在の自治会のやり方に概ね賛成しているからだと思います」とM会長はいう.そのうえに,かつての「長寿村」がやむなく閉鎖されたあと,老若共生の丸山に,そのよき伝統を再生させる何かが求められているにちがいない.

　丸山地区にはすごい水脈がある.それは,必ずしも丸山地区内だけに噴出するとは限らない.明るく住みよい地域たろうとして,たたかい,考え,創造しようとするどの地域にも,丸山の水脈は噴出するようなコミュニティ・エネルギーがある.それを意識してかどうかは分からないが,35周年を記念して「丸山地区住民自治協議会」は,24年以来の全会報と資料を集大成し限定刊行した,尨大なものである.M会長が「ここには,35年のまちづくりの歴史があり,町

の人は，活動や行事にとても理解がある」と自賛し，それを基本的に継承していることを表明されるのも当然であろう．そういうきわだった活動や行事ばかりではない．かなり以前に丸山の地から他所へ移った人びと，あるいは丸山で幼少期を過した青年が折々訪れては，旧「長寿村」のあとをたずね，自分が植樹した木の成長ぶりを見て満足している姿が少なくないという．(**越智　昇**)

下町でダイナミックに息づく
住民主体のまちづくり

神戸市

神戸市長田区真野地区

● 組織と活動の系譜

　丸山と同様，真野についてもその活動の歴史は過去に数多く紹介され，丸山との比較も含めて評価，分析されてきている．真野のばあい，とくに公害の追放に一定の成果をあげた後，本格的なまちづくりにとりくみはじめるに当たって，神戸市の行政施策とタイアップしてすすめられている活動が目をひく．
　そのあたりにも注目しながら，真野の過去の組織と活動の概略をふり返ってみる．

【組織の変遷】
・「尻池南部地区自治連合会」結成（昭和30年）
　　＊真野地区の15の自治会のうち，14自治会を組織．
・尻池南部地区自治連合会が，連合組織の運営方針をめぐって，北の「真野自治連合会」（当時8自治会）と南の「尻池南部地区自治連合会協議会」（以下，自治協という，当時6自治会）に分裂（34年）
・自治協のなかの「東尻池8〜10丁目自治会」（毛利芳蔵会長）が，神戸市社協による「小地域福祉推進地区」の指定を受ける（40年）
　　＊この指定を契機に，同自治会は福祉委員制の導入をはじめとする組織改革に取り組み，全住民参加の民主的運営体制を確立した．
・毛利芳蔵氏，自治協の会長に就任（45年）
・「真野同志会」結成（55年）
　　＊真野地区全域（15ヵ町）の自治会世話人によって地域内の諸団体の融和

と協調をはかるために結成された．青壮年層（30～49歳）を対象に思想信条をぬきにして会員相互の親睦と資質向上のために活発な活動を展開している．
- 建設省「緑化推進モデル地区」指定（51年8月）
- 「まちづくり懇談会」発足（52年）
   * 両自治会連合会，そのどちらにも不加入の1自治会，婦人会の4者の代表と神戸市との間で，今後のまちづくりのすすめ方を協議する場として発足した．
- まちづくり協議会から「真野まちづくり検討会議」へと発展（53年12月）
   * まちづくりの提案機関として，各自治会をはじめとする地元諸団体，地元企業，市職員，専門家らで構成される．
- まちづくり検討会議にて「真野まちづくり構想」策定（55年7月）
   * 検討会議で50回以上もの会合を重ね，また「まちづくりニュース」などを発行して検討状況を絶えず住民に知らせるとともに，住民集会や学習会を開いて住民の意見を広く求めて内容に反映させ，20年後の真野を見据えた構想を策定した．
- まちづくり検討会議から「真野地区まちづくり推進会」へ発展（55年11月）
   * 策定されたまちづくり構想を具体化していくため，住民全員を会員として発足．同志会のメンバーもこの事務局に加わる．
- 神戸市まちづくり条例における「まちづくり協議会」の第1号として真野まちづくり推進会を認定（56年12月）
- 建設省「住環境整備モデル事業」認可（57年1月）
- 市条例にもとづいて神戸市長と「真野地区まちづくり協定」締結（57年10月）
   * まちづくり構想の具体的な事業化．神戸市ではこれをもとに「真野地区地区計画」を都市計画として決定．いよいよ実施段階に入る．

【主な活動】
- 公害追放運動……昭和41年に開かれた住民大会から，公害問題への住民の告発が堰を切ったように始まった．自治協を中心に，まず公

害被害調査が2回にわたって行われ，これをもとに公害の原因となった企業，行政との交渉が粘り強く行われた．

そして，企業に公害防止装置を取りつけさせたり，他地域に代替地を斡旋して工場を移転させるなどして，数年の間にめざましい成果をあげた．また，工場移転の跡地を行政に買い上げてもらい，そこに公園をつくったり，地区内でも工場地域と住宅地域の住み分けを促進するなど，その後も公害対策運動はさまざまな拡がりをみせている．

・緑化運動…………上記のような公害対策と密接に結びついて，また，後述の児童の健全育成対策とも関連して，公園づくりと花壇づくりを中心とする緑化対策が取り組まれてきた．

現在では，"らくがきコーナーのある公園""どろんこ広場""チビッ子野球場""アスレランド""ホタル公園"など，子供や高齢者の遊びと憩いの場として特色ある大小九つの公園ができあがった．また，かつてはブロック塀だった工場のフェンスを生け垣にしたり，住宅でも一鉢運動をすすめるなどして緑化がはかられてきた．

・地域福祉活動……公害追放や緑化に取り組んでいる間にも，地区住民はどんどん転出していき，真野では高齢化，核家族化が進行していった．

こういう状況に対応し，お年寄りや子供も安心して暮らせる町にするために，物づくりだけでは充分でなく，さまざまな福祉活動が展開された．

小学校の先生のボランティアによる「かぎっ子教室」，子供会活動の一環としての「母親クラブ」，丸山地区の子供達との「ハダカの交歓会」，山村の子供達との「交歓キャンプ」「子供とお年寄りの合同クリスマス会」，工場跡地を利用した住民協議会方式での「保育所づくり」，簡易浴槽を利用し

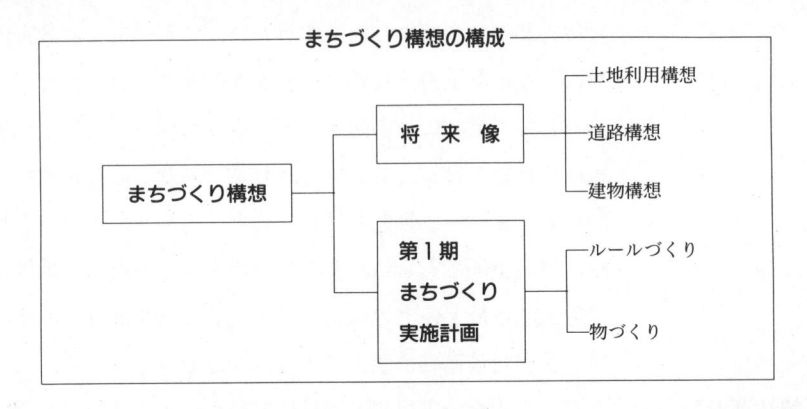

```
┌─────── まちづくり構想の構成 ───────┐
│                                    ┌─ 土地利用構想
│                         ┌─ 将来像 ─┼─ 道路構想
│                         │          └─ 建物構想
│  まちづくり構想 ────────┤
│                         │  第1期   
│                         │ まちづくり┬─ ルールづくり
│                         └ 実施計画 └─ 物づくり
└────────────────────────────────────┘
```

ての「寝たきり老人入浴サービス」，会食方式による月1回の「ひとり暮らし老人給食サービス」などである．こうした福祉活動には，市社協の「ひとりぐらし老人友愛訪問活動推進事業」による友愛グループのメンバーが中心になっている．

　なお，こうした活動のほとんどが現在も継続して実施されているが，入浴サービスについては，神戸市が62年に市で初めての在宅福祉センター（サルビア・デイホーム）を隣りの地区に設置して入浴サービスを始めたため現在は自治協では実施していない．

・まちづくり学校…公害追放，環境整備などの運動を反省し，今後の方針を探ることを目的に45年から始められた住民学習会．これにより，公害問題や環境整備への意識が高まったばかりでなく，上記のようにさまざまな福祉活動に取り組むきっかけにもなった．

・まちづくり構想…前述のように，真野地区では52年のまちづくり懇談会の発足から一貫して，二つの自治会連合会，そのどちらにも非加入の1自治会，そして婦人会と，地域をあげて神戸市との連携による町全体の再開発，再整備に計画的に取り組ん

できた．

そのもととなる「真野まちづくり構想」(55年7月)は，①人口の定着，②住宅と工場の共存・共栄，③うるおいある住環境，の3点を目標に据え，(1)長期的な展望をもって段階的にすすめること，(2)住民，工場，行政が役割分担をしながら，住民と事業者が主体となってすすめることの2点を原則に，20年後をめざしたまちづくりを提案している．

そして，この構想をもとに条例にもとづく「まちづくり協定」が神戸市との間にむすばれ，建物用地や壁面の位置の制限などがルール化されるとともに，道路の拡幅のための用地取得なども着々と進行しつつある．

● スープの冷めないまちづくり

真野のまちづくりは住民の生活を根こそぎ奪いつつあった公害を追放するという逼迫した，切実なところからスタートし，それを毛利氏をはじめとするリーダー達がオルガナイザーとして強力に推進するとともに，徹底した民主的運営体制と，まちづくり学校などの積極的な住民の啓発と意識の高揚を行い，この両輪によって公害の排除や物づくりにとどまらない，より深化した，しかも実効性ある多様なコミュニティ活動が展開されたのである．

そのなかでもとくに注目されるのが，前述のようなさまざまな福祉活動への取り組みである．

民生委員で，友愛グループにも属して寝たきり老人の入浴サービスや，ひとり暮らし老人の会食会にも携わる植西さんは，「いくら町がきれいになっても，そこに住む人がどう住むかが肝心．その発想が"スープの冷めないまちづくり"の基本です」という．

洗濯物を干しておくとまっ黒になり，悪臭に鼻をつままなければ歩けないという非人間的な公害の町でのまちづくりは，はじめからいかに人間らしさを取り戻すかが重要なポイントだった．その理念が，公害からの解放にとどまらず，

かぎっ子やひとり暮らしの高齢者など、地域社会で弱い立場にある人たちがより人間らしく、より豊かに暮らしていけるためのコミュニティ活動への動機づけとなったのであろう。そして、そこに住民の学習と意識啓発を促したまちづくり学校という装置と、啓発された住民の意思を反映させる民主的な運営体制という仕組みが機能し、さまざまなコミュニティ活動が具体化されたのである。

こうした真野でのコミュニティの一環としての福祉活動は、来たるべき高齢化社会における、普遍的共通課題としての「地域社会の弱者」への対応という視点において、しかもそれが人間性の尊重という理念にもとづいているという点において、新しい福祉コミュニティへの大きな可能性を示唆しているのである。

● **組織の壁を越えた活動**

真野のまちづくりのもう1つの特筆すべきことは、決して一枚岩ではない地域内の組織のしがらみを越えて運動をまとめあげてきたという点である。真野の自治会は、北と南の自治連合会とそのどちらにも属さない1自治会に分裂しているし、その他、婦人会や民生委員協議会などは地域全体を網羅している。

元来、自治会の旧体質をそのまま残す北の真野自治連合会と、毛利会長の主導により民主的運営をすすめる南の自治連合協議会とは、水と油のような関係であったが、一つには、組織の運営方針の違いなどは構っていられない公害という切実な問題があったこと、なにをおいても住民の意思を尊重する毛利氏の民主理念が組織を越えて住民に受け入れられつつあること、そして、「真野同志会」という若手の組織が既存組織間の融合と協調をめざして、真野地区全域に横断的に機能しはじめたこと、これらの条件を背景にして、公害追放運動から地域福祉活動、そして最近のまちづくり構想の策定から実施段階へと、組織の壁を越えた運動の展開が可能となった。そして、住民全体の運動と参加が真野ではダイナミックに展開されているのである。

住民の間には大きな対立がなく、どんな課題についても民主的に話し合って解決を探る土壌が地域にあること。このことが、行政を動かすうえでも大前提

となり，また大きな力となることを真野の実例は如実に示しているといえよう．

● 課題と希望

　真野の20年後をめざしたまちづくりに課題がないわけではない．これまでの公害の追放や公園などの物づくり，地域福祉活動などと違って，今，取り組まれつつある道路の拡幅や工場と住宅の住み分けといった課題には，どうしても住民間の利害の対立がついてまわるだろう．実際に利害の対立が生じた時にそれを乗り越えさせる力はどこに求められるのか．利害関係の生じる範囲で住民による責任体制をつくり，小さな単位でまちづくりに取り組むという方法が今のところうまく機能しているようだ．

　最近の真野では，公害がなくなり環境の整備がすすんだことにより，人口の減少に歯止めがかかり，新しく市営住宅やマンションが建って若い世代を中心に新来住民が増えつつある．こうした若い世代の新しい住民に，地域福祉活動などの真野コミュニティの精神が伝えていけるか．

　突きつけられた課題は非常に大きいが，真野には，まちづくり学校などにより住民が学び合い，問題を共有し，そこから生まれた住民の意思を大切にするという基本精神と仕組みがある．そして，それらを引き継ぎながら，しかもリーダー達がこれまで成し遂げられなかった地域内の組織間の融合を創り出した「真野同志会」．この二つの財産が真野コミュニティの将来に大きな安心感を与えているのである．（川井　誉久）

上六共同体の形成とその後

大阪市

大阪市天王寺区上本町（上六開発株式会社）

● われわれの目のつけどころ

　敗戦直後の日本社会では，社会的必要を強制されてきた一切がなくなった．戦争にむけて国民統合を強制してきた国家価値が，昭和20年8月15日でもって瓦壊した．国家目標に収斂された一切の社会的価値も総崩れになった．我にかえった当時の人びとは，その社会的地位の如何にかかわらず，まさに，ぼう然自失の態であった．戦争が終ったことは誰にも明らかだが，これから一体どうなるのか，どうすればいいのか，……不安をとおりこして自失せざるをえなかったのである．

　大都市のほとんどは空襲による大打撃をうけた．調査地をふくむ大阪市では面積の3分の1が焦土と化した．疲れきった人びとの生命を支える食糧は底をつき，アメリカ占領軍の放出物資をあおがざるをえなかった．したがって，人びとの日常は生き残るための生物的次元そのものにあった．国家目標や社会価値の喪失をめぐって論議し，それにとってかわる目標や価値を模索するといった次元ではなかった．大阪だけではない．日本社会全体がそのようなカオスの状態，アナーキーな状態におちいったのであった．生活するという次元においては，頼りになるのは，国家でも自治体でも，所属する組織でもなくて，まさに自分だけ，自分の家族だけ，ということになる．たてまえとして存在する法令秩序はもちろんあった．政府と占領軍は民主主義的制度改革にむかって精力的に動いていた．しかし，人びとの日常生活は，そうした「明」としての秩序再建への信頼と協力であるよりも，空腹をいやし，住むところをみつけ，明日の糧のための収入を求めるための"非合法"を正当化せざるをえなかったので

あった．いわゆる「闇」であった．

　秩序の側では配給制度に頼り，乏しきを分かちあうルールを強調したが，人びとの間では，「あるところにはある」という言葉が広まっていた．国民すべてが平等に乏しいのではない．金持ちはひそかに財を隠し，多くの農家は自家米以外の米麦をひそかに隠匿していた．秩序の論理は「公正」という前提でこそ成立するはずであるが，その「公正」が信じられないという事実が社会の前面にとび出したのである．それが「闇商売」であり，食糧を中心とした闇売り，闇買いであった．交通機関まで「闇列車」とよばれて，いわゆる闇米などを公然と運ぶ手段とされていた事実があった．闇米を拒否して配給制度に絶対忠実であった某裁判官（判事）が遂に餓死せざるをえなかったニュースは，このような社会的段階を象徴していた．

　以上の戦後状態は，戦争そして敗戦という悲劇のひとこまとして看過されてよいのであろうか．コミュニティが問題にされるなかで反省されるべき重要な問題がそこにあったと考えるべきではないか．もし，住民が自前の社会形成をすることがコミュニティに含意されているとしたら，この戦後状態からどのように自前のマチを作ったかという事例から徹底的に学ぶ必要があろう．

　このような視角から，われわれは「上六共同体」をみつめた．

● 上六共同体の歩み

　大阪市天王寺区上本町6・7丁目と平野町3丁目の一部を含む0.9haの地区が，戦後「うえろく」の愛称で呼ばれてきた．そこに住む人びとは，いつしか「上六ムラ」と自称してきた．以下，「上六ムラ」の社会史を紹介する（「証言」は，『廃墟から再開発まで―ある共同体形成史』からの引用）．

不法占拠から闇市の形成まで

　太平洋戦争末期，建物の強制疎開で空地になっていた上記の地区に，戦後，住むところのない人びとが入りこんで勝手に掘立小屋をつくり闇商売をはじめた．

証言(1)

　「そりゃあもう，兎に角，戦争に負けた．分っとるのは，そのことだけで，この先どうなるか，皆目見当もつかない．しかし，生きていく為には，何とかせにゃならん．戦争に負けて，日本がどうなるか分らんし，この先，自分もどうなるのか分らんけど，兎に角，何とかしなきゃならん．そんな，何ともいえない切羽詰まった気持ちでした．…(略)…その頃になると，沿線(註―近鉄奈良線)の鶴橋には闇市がぽつぽつとできていましたよ．でも私の方は上六しか考えなかった．出遅れたらいかんと思いましたね．(敗戦の)翌日かその翌日，三和銀行の西隣りに一坪程のトタン屋根のバラックの家をこさえたんです．不法占拠です．そんなん，当時は，地主も何も分りません．鶴橋の闇市を見とったから，とにかく，出遅れたらいかん，そう考えたわけです．そうすると，一日も置かず，三谷という男がきて隣りに掘立小屋を建てた．(略)上六にもぽつぽつ人が集まってきて，露店を出して，物を売り始めていた．私も靴や何や，あるものを売りました」．

　　　頼りになるのは自分だけだ／合法性など問題でない／生きるためには何でも売る／──「闇」を承知の行動．焼け跡から拾い集めた木材やトタン板で手作りした〝家〟に住む／飲食店になるのはもっとあとのこと．

証言(2)

　「その当時は，一日で，何でも180度変わってしまう世の中です，昨日まで露店を出して物を売っていた人が数人やったとしたら，その翌日は，その数が倍になるどころか，10数倍です．それで，上六のあの場所（地区内）で店を出そうとする人がやってきて尋ねるわけです．土地をどうして借りたらええか．それをね，いうてみたら，私らが勝手に売ったわけですわ，当時ははやいもん勝ちです．それでも，売るときはね，一応私らも，ここは安心感がないぞ，いつ何どき没収されてしまうかも分らんぞ，と，そう言ってやっているわけです．そん時は，こっちには責任はないぞ，それでもええか？言うてね．どこが欲しい？ここか？ここやったら，2坪やから200円，お前は，ここか？ここは4坪や

から600円. 当時はそんなもんです. そんな風に，私ら4人が勝手に他人の土地を売ったわけです. そやから，あそこに，2坪，4坪というように，無秩序にバラックの仮小屋のような家が建って行ったわけです」．

　この最初の住民関係は，居住者がお互いの生活課題をとり結ぶ住民組織に至らない．証言は，少数の管理者集団と，かれらに場銭を払って保護を受ける関係を意味している．ところが，その翌年7月に，不法占拠の上に不当な場銭をとっていることで，管理者集団が逮捕された．皮肉にも，管理者集団の場銭とりが，住民の一たとえ違法でも，土地を買って住んでいるのだという一定住意識の一角を支えたことになり，かれらが逮捕されたあとで積極的な住民運動がもり上がる．

証言(3)

　「地主のところへ行って土地を買うてこい．その金がないなら土地を借りてこい．それもできんかったら，土地を借りる名目だけでもつくってこい」．

　これは管轄の警察署長のアドバイスである．どうあっても，上六で生活するしかないという住民の強い意志をくんだ結果，「不法占拠」というラベルを返上する方法を当局が教えはげますように変わった．

　これを導火線にして住民組織「上六復興速進会」が結成され，N氏がリーダーに選ばれた．そしてマスコミを驚かすほどの計画力，組織力，実行力を発揮して，180軒の居住世帯が11軒の不在地主から遂に土地を買上げることに成功した．この数年間にわたる連帯活動が住民相互の理解とともに「上六ムラ」とよぶ共同社会をつくりあげることになる．

　しかし，行政当局は甘くない．20年9月に大阪市は上六地区を「都市計画公園」に決定していて，昭和46年の末にこの土地区画整理事業がとり消されるまでの26年間，上六の住民を脅かし続けた．警察は味方についてくれても，市当局は「公園緑地トナリマスノデ，土地・建物ノ売買ハ許可サレマセン」という大看板を立てて追出しをはかった．住民は怒って，ペンキでこの看板を塗りつぶした．

　「復興速進会ができて，やっと合法的な賃借関係に入って，メドが立ち

かけた時です．その時にあの看板だ．そんなもん，腸が煮えくり返るような気持ですわ．誰が塗り潰したかは分りまへんけど，その気持ちはよう分ります．それはみんなの気持を代表していますわ」という証言．

行政当局は住民のライフラインを非合法化し，断つ．住民は自治的に生活基盤をつくりあげて対処した．

証言(4)

「寄合いで，みんなが，ああでもない，こうでもないと相談して，そういうことをやって行った過程で，どうにか町の雰囲気ができてきて，町内が結束して行った」．

きびしい行政圧力のもとでの素人の住民たちの手づくりのまちづくりである．何をしたか．水道管，消化用取水栓，下水管，電気工事，ガス配管，アーケード，ネオンサイン，その他．建前としては認められないはずだが，自前で設備すると，使用料は徴収された．

ともかく，住民が寄りあって知恵と力を出しあい，町の生活を手作りする過程でお互いの間の信頼関係と連帯が出来た．

証言(5)

「この頃から，この地区の人々は，自らの町を自らの手でつくることの面白さ，自らの共同体を自らの手で形成することの面白さ，その魅力に自ら惹き込まれて行ったのではないだろうか．……そうした意識と願望が，町の為に献身的に働く無償の行為を引き出していったものと思われる」．

解説者の言葉だが，その通りだったと思われる．住民間での重い合意と行動の積み重ねは，義務的なおつきあいで出来るものではない．みんなで手作りする町づくりが面白くてやめられなくなる——そういう傾向が育った．

証言(6)

「これしか，再開発という方法にしか，私たちがここで生き延びていく方法はなかった．一方で，再開発後，この地区がどうなるか，それは営業的な面での不安というより……，みんながみんなを助け，信頼し合ってきた町の空気，

共同体意識が,再開発後,毀れてしまうのではないか,という不安があるのですね.……共同ビルの設計図,現実に出来上がってきて,その姿が見えてくると,もっと他に方法はなかったかな,考えるんですね」.

合法的に上六住民がすべて地権者になり,自主再開発を実行する意思を示したことで,大阪市は「組合施行による再開発事業を行うこと,地区内に500坪の公園を設けること」を条件にして,46年12月27日,遂に都市計画公園の企図を全面撤廃した.そして,52年2月に組合設立が正式に認可され,55年に「ハイハイタウン」(地下2階,地上15階.4～15階は日本住宅公団の分譲住宅287戸)完成.上六で営業していた各戸は,地下および地上2階までに納まり,継続している.上六開発株式会社は3階におかれている.かつての上六共同体の形は,もはやどこにも見られない.この証言(代表者N氏)の中身は,将来にわたって問われることであるが,今までのところ,上六共同体の精神は生きているとみられる.後述する.

● **ハイハイタウンの10年**

重量感のある15階建ての建物で,街路や周辺の建物とも調和している.上六ムラ当時,細い路地に面してひしめきあっていた飲み屋街のどの位置にあるのか,全く見当もつかない.昔からこのように存在していたかのような錯覚にとらわれる.

再開発ビルになって10年を過しただけに,内部も落ちついていて当然である.店舗も清潔で都会風に洗練されており,利用客も多い.一階には銀行や医院も入っていて,地域と一体の生活諸機能が充分に備わっているように思われる.

表側を見れば通常のビルをおもわせるが,裏側には「上六ムラ」のおもいが表現されている.この点は,つづいて述べる.

とにかく,再開発ビルに移っても,営業面生活面ともに,ますます発展し安定しているので,かつてのように肩寄せあって生活を共同防衛せねばならないような事情はなく,全く安泰な日々をおもわせる.では,それぞれに幸せに過しているかれらにとって,また,かれらのこのコミュニティにとって,あの戦

後30年間の「上六共同体」は何だったのか．証言(6)で述べられた"不安"(みんなが，みんなを助け，信頼しあってきた町の空気がこわれてしまいはしないだろうか)は，当たっているのだろうか．この視点で気づかされた3点をとりあげよう．

(1) 集 会

「ハイハイタウン」に入居後は，運営組織がつくられている．といっても，普通の様式であって，上六ムラの延長線上にある何かを期待したわれわれのあてが外れた．「管理組合」が毎月開催されて情報交換と決定がなされる．

形の上でみれば，商店会の運営組織と変らぬように思われよう．また，実状もその程度のこととみられる．しかし，上六ムラの流れをふりかえるとき，その集会という形式には独特の願いがこめられていると考えられるのである．

昭和52年11月，再開発のために住民は全部，上六地区を立退いた．それぞれに仮営業地を探して四散したわけである．その際，毎月，みんなで集ろうと申し合せ，「ハイハイタウン」入居まで，その例会が続き，必ずみんな出席したという．上六の住民は当初，生存権を守るために連帯して力の限りをつくしてきた．運動のために結集した．しかし，もう一つの集いがやはり連綿としてつづいていたことを併せて考えねばならない．結成されてから年中無休で，深夜0時から朝5時まで班別に続けられた夜警団．もう一つは，商店会（町内会）会長を葬儀委員長とする葬式で，全戸が参列するという慣行．

夜警は，火事を出したらすべての努力が無意味になり，行政当局の思うツボにはまるから，全住民必死の共同行動であったが，27年間の夜警は，親密な人間関係をつくり出した．その間に自由に話し合われる町内話は，非公式な寄合いの実績をつくり出した．

葬儀は，頼りになる親族も，バックになる会社組織もない上六住民が，みんなで，誰の不幸も担い合うという共同慣行をつくったものである．したがって，上六で死んだら，みんなが葬ってくれる，という集いのよろこびがひそんでいたものであって，単なる儀礼ではなかった．

証言(6)でいうところの，将来の不安に対する備えは，このような意味での集

い，寄合いの持続のための試みとして現れつづけている．既述したように，たとえバラバラになっていても毎月集ってお互いの安全を喜びあうことはこの流れにそうものであった．そして，再び「ハイハイタウン」で共同営業を続けるようになれば，何よりも集会という形式をつくっておく必要があった．

(2) **記録と銅像**

「ハイハイタウン」の裏側は緑深い樹木とベンチで，憩いの場になっている．そのなかにN氏の等身大の銅像が立っていて，その高い台石に，銅板の記録文がうめ込まれている．上六地区が戦後どのような状態であったか，そこに住んだ住民がいかにして連帯し，きびしい困難を克服して自主再開発をなしとげたかを簡潔に記しているのである．

N氏は，そのすべての過程でのリーダーであった．謙虚なN氏は，銅像にされることには強く反対したそうである．しかし，住民たちはこぞって銅像と記録板をセットにする方針を曲げなかった．

企業はしばしば創業者をたたえて銅像を立てる例があるが，多くのばあい，玄関脇か応接間に胸像を置くようにみられる．上六共同体のシンボルとして，むしろ裏側の憩いの場に大立像を立て，しかも，その記録板の趣旨が述べたとおり運動の総括になっていて，N氏個人の業績記録ではないところに，上六住民がうちたてたコミュニティ形成の思想が表現されていよう．そして，この歴史の事実を通りかかるすべての人に知ってもらいたい，考えてもらいたい，と願っていることは当然として，もう一つの願い——「ハイハイタウン」に入居した旧上六ムラの住民にいつまでも共通のよりどころとしての願いが強いと思われる．実際，かつて苦楽をともにした当主たちはかなり老いた．後継者に店をゆずる者が次々と出てきている．そうした若い人たち——話は知っていても体験が乏しい人たちに世代をこえて伝えるものを，かれらはこの銅像と記録板に託したのではなかろうか．とすれば，これは上六共同体の「文化」とよばれるべきものである．

(3) **店舗買とり**

現在のところでは，上六ムラ以来の営業者はほとんどが入居した状態で続い

ているが，それでも数軒が廃業して「ハイハイタウン」を出ていった．営業である以上，それは仕方のないことであろう．ところでそういうケースについて事後処理をどうしているのだろうか．オープン後10年間の少ないケースだが，これまでN氏が買受けて，何らかの店を出している．今後同じケースが現れたらどうするかは分らないが，気にかかる点ではある．

　事情あって廃業する者も，かつて地権を取得し権利者として入居した者である．財産の処分は全く個人の恣意にまかされているといってよい．ところが「ハイハイタウン」では基本的に旧上六ムラ住民が営業し，連帯して繁栄するものだといった観念があるかのようにみえる．N氏の欲望からであるよりも，問題のケースの処理について，他の住民たちが，さきに述べた「集会」でN氏に頼みこんだ結果ではなかろうか．上六ムラの相互の関係を崩さぬ配慮が，このように現われているとみてよかろう．とすれば，まさに共同体である．

　上六共同体は近代的な再開発ビルの中で生きつづけている．農村の話ではない．農業とも関係ない上六の人びとが，大都市の真中でつくりあげた社会の姿である．それがかなり閉鎖的な結集であることは既述のとおりである．閉鎖的結集でなければ長期にわたるたたかいと自主再開発事業は出来なかったであろう．閉鎖性はとかく否定的評価をうけるものであるが，コミュニティ形成における閉鎖性の問題はもっと豊かな議論を求めているように思われる．

(越智　昇)

ごみの分別収集から障害者・高齢者の就労の場を
名古屋市

リサイクルみなみ作業所

● 伊藤浩さんに聞く

　伊藤さんは，三重大学の学生時代から障害者の運動グループ，研究団体に入っていた．その関係で卒業後，愛知県障害者（児）の生活と権利を守る連絡協議会(略して愛障協)の事務局員をやることになった．リサイクルみなみ作業所が，後に述べる経緯で設立される際に，これを専任でやってほしいといわれて，昭和54年（1979年）に社会福祉法人「ゆたか福祉会」に入ることとなった．養護学校教育が義務化された年だった．

● 背景としての「ゆたか福祉会」

　ゆたか福祉会は，名古屋市南部の中学校の特殊学級の先生，子供，親，秦先生（日本福祉大学教授）などが，障害児が，卒業後自分達で働くことのできる小さな作業所をつくろうと考えたことから始まった．福祉大学の学生に安い給料だがやってみないかと声をかけて，2名ほど学生を募集し，名古屋の片山企業（ドラム製造）を親工場に名古屋グッドウィル工場（南区鳴尾一丁目）を発足させた．1968年3月のことであった．

　おそらく日本で初めての作業所であった．この工場は，今はリサイクルショップ「さわやか」になっている．

　ところが1年後，突然親企業が倒産したので，障害児の親達がもう一度頑張ろうと決意し，企業家団体である愛知中小企業家同友会の人達の援助もあって「ゆたか共同作業所」として1969年3月再出発できたのであった．この企業家達は，適切な場所の提供，仕事の斡旋，親への励ましなどさまざまな支援を与

えてくれた．この作業所は3年後に，社会福祉法人の認可とともに，施設としても認可された．今でいえば，精神薄弱者授産施設としては認可されないような建物だった．20名の子供から参加者が増えてきたので，新たに「みのり共同作業所」（元浜）を発足させ，1973年10月には，精神薄弱者授産施設として認可された．また，1976年4月には「なるみ作業所」を発足させ，翌年12月には認可されている．

ゆたか作業所の親の高齢化とともに，親が亡くなる人もあり，寮が必要になり，「ゆたか希望の家」を同じ敷地内につくった．この家は，障害者の生活施設であり，ここから作業所に通うことのできる場である．

これが出来る1年前の1979年に伊藤さんはゆたか福祉会に入っている．

伊藤さんが参加した年が，ゆたか福祉会の10周年であり，その記念に会の将来の目標として10年プラン（長期プラン）をつくった．

ゆたか福祉会では，このプランの内容にとどまらず，障害者の要求を受けとめ，それを一つずつ，実現していった．

1982年には「ゆたか鳴尾寮」ができ，1977年から熱田区の住民により無認可で発足した共同作業所は，法人格をとるのが難しかったため，1983年にゆたか福祉会の「つゆはし共同作業所」として認可された．

1985年現在の名古屋市が提供してくれて，最初のゆたか作業所から，本部が移転した．リサイクルみなみ作業所も，この土地に建設した．厚生省のたて割り行政によって，授産施設は精薄と身障とが分けられる．しかしここでは，リサイクルみなみ作業所を併せて身体障害者授産施設を発足させ，精薄と身障の作業所を，一緒に運営することとした．ゆたか福祉会が引っ越した跡地では，リサイクルショップさわやか事業を始めることとした．今は，無認可作業所として，パンをつくっている．また，同時期に，デイサービスみなみが地域の在宅重度障害者を対象に，市の委託で発足した．地域診療所（南医療生協）に強力してもらって，月水金の午前中（内科，神経，整形），医者が来るほか看護婦は常駐している．

このような施設の充実にともなって職員が今では100人になっている．

第II部 福祉コミュニティの事例を読み解くと 167

　これは地域の障害者の要求を，実現しようと職員が熱心に活動した結果といえよう．

　施設づくりにあたっては既存制度はできる限り利用して事業化しようとしてきた．施設は，補助等もあり，1ヵ所建物をつくるのに自己資金は1,000～1,500万円でできる．そのほか資金集めに，ゆたか福祉会バザー大会に取り組んだり，全体で1万本のカレンダー販売で，数百万円の利益をあげたり，少ない財源をカバーしている．

● 「リサイクルみなみ」の発足

　リサイクルみなみをめざす活動は，1981年9月20日に行ったイベントで一気に市民に知られることとなった．この日，名古屋久屋大通りを舞台にした「生き生きゴミュニティ広場」に，市民1万人を集め，近くの教育館では「空ビン，空カンの再資源化作業を障害者の働く場として－ゴミの再資源化を考える」をテーマとするシンポジウムを行ったのである．国際障害者年でもあり，これが，新聞・テレビに大きく取り上げられ，「根づくかコミュニティ運動」として，人びとにアピールした．こうしたきっかけで，リサイクルみなみは市が土地を提供し，資金がほとんどかからず実現した．

(1) 市清掃支部がきっかけをつくる

　清掃支部では，1980年頃，減量経営が求められ，組合を守るには与えられた仕事だけでなく，自分たちで開拓していかなければという発想があったようだ．清掃労働者は，昔でいうとチップをもらったり，売れるゴミを集めて，フトコロにしたりするようなことが続いていたが，公務員としては，それではいけないという民主化運動が始まっていた．

　それでも，売れるゴミを捨てるのはもったいないと職員達が思っていたのが，きっかけの一つであった．

　このように，清掃支部として自分達が公務労働としてできることは，何かを求めていたとき，ちょうど千種区富士見台学区，御影地区の地域住民，地域の保健委員が自主的にリサイクル運動に取り組んでいることが新聞で報道され

た．

　これを契機に，国際障害者年の時期を活かし，福祉の仕事に利用できないかということが，組合から，ゆたか福祉会に提案があり，愛障協にも話があった．

(2) 障害者の強い願いが実現のエネルギーになった

　1980年に名古屋市職労(清掃支部，民生局支部，本部)とゆたか福祉会，愛障協の5者，3団体による共同の取組みが始まった．3団体による検討は，先行する事例としての，沼津を調査に行くところから始まった．このときは障害者もたくさん行った．分別の現場には，ビンもたくさん落ちており，ちょっと障害者には難しいのではないかと思った．「ただ，一緒に行った障害者の方々が，やはりやってみないと判らないと言われたので，一度そういう実験作業をやってみようということになった．たまたま千種の環境事業所の北側が使えたのでコンベアなど借りてきて，自分達で選別体験（ビンを分ける作業）をやって，どうやらできそうだという声が出てきた」．そのときは，愛障協の所属する肢体不自由の人が多かった．そこから運動として進めていくこととなった．

　障害者の団体からいうと，就職口がないし，あっても非常に給料が安い．

　一般雇用そのものが促進法があっても達成率は少ないし，授産所もできればすぐいっぱいになってしまう．だから，何とかして職場がつくりたかった．

　「私と一緒にやってきた肢体障害の仲間で加藤昌好さんの例では，10年間に10回職を変わっている．もう，こういう履歴書を書くのはいやだから，自分たちで自主的に工場ができないかという声も出た．自分が理由で，自分が失敗して首になったらよいが，不況とか，ゴハンの食べ方が悪いとオヤジさんに何か投げられたり，いやがらせがあってやめてきたつらい経験があった．これがエネルギーになったし，僕たちもそういう彼を見て，すごくはげましになって，こういう人の為にやっていかないかんとなった」．

(3) 市職労が一緒に取り組んだのが大きな力になった

　リサイクルみなみ作業所の実現には，市の労組が一緒に入ってくれたのが大きい．もともと市清掃部とゆたか福祉会とは物資販売で，環境事業所を回っていたり，署名に回ったり，いろいろなつながりはあった．

第Ⅱ部　福祉コミュニティの事例を読み解くと　169

市職労清掃支部の水野三正さん（現在副委員長）が中心となって根回しなどに動いた．

清掃支部の職員たちのパワーはすごくて，コミュニティ広場のときには自転車を何十台も修理して展示したりした．

市職労は，市の財政状況を知っているので，どういうところで運動し，どういうポイントを押さえて交渉するのかの仕方も教えられた．その当時のわれわれは，署名の集め方も知らなかった．昭和56年以来，5者で民生局に交渉した．直ちに施設はできないので，まず，市に調査費をつけてもらった．当初，局だけで検討委員会を設けるといっていたのを，運動を進めてきた市民団体も入れてほしいということで，一緒に検討を始めた．この調査費でいろいろな見学や実験を進めた．

(4) 市民団体としての運動も活発に展開した

一方で，5者だけでなく，市民団体として運動を進めなければならないというので，「資源再利用を障害者の働く場としてめざす会」をつくって，清掃や，いろいろな障害者団体に呼びかけた．代表委員にはゆたか福祉会専務理事の西尾晋一さんになってもらって，顧問に福祉大学の先生や城山病院の名誉院長さんなどになってもらった．

事務局は，実際に進めてきたメンバー（伊藤さんなど）によって構成し，運動を進めた．「市民アピール，署名運動などを，地域の保健委員さんなどと随分やった．地下鉄の駅頭のビラまきをしたり，普通の乗用車を10台，20台と集めて宣伝カーに仕立て横断幕をつけて大行進したりした」．

(5) 授産施設としてゆたか福祉会が経営

採算性はやってみないと判らないので，市は，福祉工場とか，多数雇用事業所とか，官民の第三セクター方式とかいろいろな形態を考えた．

最終的には，職員の人件費が国・県から出る経営上一番危険のない授産所としてやればできるのではないかということになった．

どこで経営するかは，運動にも関わりがあるので，実績もあり，つながりの多いゆたか福祉会にと，検討委員会を代表して，名古屋市の方から理事会に依

頼があった．

　一番問題だったのは，障害者と知恵遅れとの共同であった．

　初め，知恵遅れの人たちの作業所という事だったが，具体的に進めてきたのは，身障のメンバーが多かったので，これを切り捨ててはいけないということで，身障通所授産施設と精神薄弱者授産施設を併設してオープンした．

　敷地は，もともと市の高校予定地だったが，これを使えることになった．この敷地には，警察，ゲートボール場も併せて建設されている．敷地は市有地2,650㎡と中部電力用地1,420㎡の合わせて約4,000㎡である．

　敷地は，名四道路の側でもともと騒音のある所に，リサイクル工場の騒音も加わることになったが，地域の方々からは，反対運動もなく，今ではハンディキャップゾーンに指定されている．

　ハンディキャップゾーンの整備としては，車いすで通えるように道路を直すなどの事業が行われた．このときには，商店街が協力してくれた．現在，本施設では，3名が車いすで通っている．

(6) リサイクル作業所としては経営は順調

　リサイクル作業の売上げは，最初の月から100万円を突破し，今は，南，千種，瑞穂の3区を対象として，年間4,000トン，売上4,200〜4300万円に達している．

　リサイクルの経営は，市場の不況で左右される．たとえば，最近は円高で空ビンの単価が下がっている．また，相場を見て有利に経営するには，ビンのストックが出来ないといけないが，敷地の広さからも限界がある．現状では，ビンはストック場所の関係で3区でいっぱいである．缶リサイクルをやろうとして設備も整えており，今年はデザイン博覧会の缶をやった．缶だけ分別したのを引き取れるということだったが，実際はゴミと混ざったのを仕分けするので，大変だった．

(7) 福祉生協を設立してさらに総合的に取り組む

　1990年には福祉生協を設立して，これによって総合的に経営していくことになった．ゆたか福祉会のキチンとした母体として，これをつくることにしたのである．障害者の施策自体が障害者の要求に対応していない．要求の実現には

行政がやるのを待っていられない．たとえば，デイサービスは非常に貧困な事業だが,国の基準では職員１名しかつかない．市には独自に５名つけてもらっているが,しかし,うち２名が非常勤となっている状態である．福祉生協設立による体制の強化にともなって将来は，身体障害者の福祉ホーム，重度の人へのサービス，給食サービスなどもやりたいと考えている．（林　泰義）

アジア系外国人と隣合わせるとき

東京都・豊島区

豊島区池袋地区

● インナーエリア衰退化とアジア系外国人

　大都市都心外周のインナーエリアでは，定住人口の減少が一本の太い流れをなしている．とくに既成市街地の「町」としての伝統を持つ住商工混在地区では，後継者世代の流出と高齢化が目立っている．町内会等の地域管理能力の喪失等の現象を含め，インナーエリアの「衰退化」がとりざたされている．大都市衰退化＝インナーエリア問題は，欧米の先進大都市はもとより大阪・京都等の関西都市圏では，かなり広範化している．東京では国際的な中枢管理機関の集中する都心の「光」にあって，インナーエリアが「影」の存在である．しかし，部分としてのインナーエリアに着目すると，この「影」は既成市街地全般ににじみ出す傾向にある．都心に続く市街地再開発事業待ちの地区では，将来計画の見通しがつかないままに，「衰退化」が加速されている．このような衰退化＝空洞化地区を埋めるかたちで，新規参入してきたのがアジア系外国人である．

　中国，韓国，香港，フィリピン，タイ，マレーシア，バングラデシュ，その他からの新規参入者は国レベルではいわゆる外国人出稼ぎ労働者の「開国」か「鎖国」かをめぐって大きな時事的トピックとなっている．しかし，大都市，とくに衰退化＝空洞化のインナーエリアでは，もともと東北，北海道，あるいは四国，九州からの新規参入者を多く迎え入れていた地区である．同じ新規参入＝ニューカマーズという点では，国内から国際レベルへと送り出し側が拡がったに過ぎない．インナーエリアを広汎にかかえた，たとえば東京の豊島，新宿，あるいは荒川，墨田，台東，品川，大田等の区が，アジア系外国人の比

率が高いのもうなずける．これらの区は，定住人口の回復，高齢化対策が最大の課題であるとすれば，生産年齢人口のアジア系外国人の迎え入れは，課題の一つの回答をなす．アジア系外国人を地域の重荷としてではなく，かれら自身のすぐれた知的，文化的ポテンシャリティに着目して，むしろ地域の活性化につなげたアメリカ大都市の事例については，多くの報告がある．

「一時滞在者」からコミュニティの一員に－立教大学社会学部調査から－

　何世代にもわたる移民の歴史の蓄積を持つアメリカと，文字通り新規参入の「異邦人」と隣り合わせる日本とを並べられないことは，確かである．事実，アジア系外国人と既存コミュニティ側とでは，さまざまなトラブルが惹き起こされている．立教大学社会学部では，豊島区池袋地区を対象にアジア系外国人の実態調査をおこなった．豊島は区人口の6％，池袋は10人に1人がアジア系である．「不法」滞在者を含めると比率は更に上がる．とくに東池袋の日出町（東池袋4・5丁目）地区は，上海，福建系の中国人コミュニティの様相すら呈している．超高層ビル（サンシャイン）に接して再開発待ちの日出町地区は，高度成長期までは地方からの単身者向き木賃アパート密集地区として機能していた．アパートの空室化が目立つなかで，これを埋めるかたちでアジア系の漸増化を見た．住まいは不良でも，単身向きの生活関連施設が整っていること，また「異邦人」視の薄い地区環境がアジア系にとって「住みやすさ」につながっていた．

　それでもトラブルは避けられなかった．1989年からのⅠ期調査では，アジア系外国人とコミュニティ側の双方について面接を試みた．小一時間を要する調査票は，協力依頼を含め学生に極度の緊張をもたらした．それでも辛うじて面接が終わったあと，「日本人に自分の思い，意見を語れた最初の機会であった」と涙ながらに感謝されたり，あるいは日本人から受けた侮辱，屈辱感に体をふるわせて訴えられるなど，学生にとってカルチャー・ショックが少なくなかった．

　近隣のトラブルは，生活習慣やものの考え方の違いに由来している．アパート管理人，不動産店，町内会長，小売業者等の日本人側から語られる〝苦情〟

は，契約外の同居人，土足で部屋に入る．臭いがつく，夜遅くまで騒ぐ，戸口の前に自転車を置く，ゴミの出し方を守らない，公衆浴場での水着姿，立ったままでシャワーを使う，その他引例にいとまがない．「異邦人」意識の薄い中国韓国人との間で，むしろトラブルを生じやすい．中国には素足に畳の習慣がない．個人としての自己表現もむしろ，〝西欧的〟である．公衆浴場の存在も限られている．受入れの地元側では，異質性，異文化理解にたつコミュニケーションが不得手である．

1990年の第II期調査では，調査票によらない自由な個人聞き取りの調査を行った．新規参入のアジア系中国人と受入れの日本側とのセットは，やや型にはまった回答をひきだしやすいとの反省もあった．個人の聞き取りは，先の面接協力者から選ばれることが多かったが，学生の一様な反応は，この半年，1年の間に同じ協力者の言葉や雰囲気にかなりの変化が見られた．当初の不安やいらだち，またホームシック感情も薄れ，新しい環境への馴れと言動の余裕が感じられた．また同じアパートの狭い一室も小ぎれいに整っている．生活歴を中心とした聞き取りも，受入れとしての日本側の発想を改めて，かれら個人の内発的動機づけや考え方に視点を合わせた．それにはアジア系を含め多人種・民族の「一世移民」140名の個人聞き取りを行った調査枠組みが役だった(American Mosaic-The Immigrant in the Words of Those Who Lived It)．

聞き取りは，(1)何故この国にきたのか，(2)堪え忍んだ (endured) ことは何か，(3)はぐくんだ希望・夢は何か，(4)自己発見したリアリティある出来事，体験は何か，の4点である．この4点を中心に，アジア系外国人自身の価値観，生活世界が伸びやかに紡ぎ出された．面接で知り得たある中国系マレーシア人の生活世界を300枚の「卒論」へと展開した学生は，さっそく彼にコピーを献呈した．

I期からII期調査を通じていえることは，アジア系外国人はさまざまの障害にもかかわらず，生活意欲が旺盛で，自立適応のテンポの幅も予想をこえる．内発的動機づけ，上昇志向も強く，その分だけ日本への期待感をもつ．かれらの多くは高等教育修了者で，日本と母国側の所得格差は大きいが，出身階層は「中の上」である．アジア系の日本での生活機会が，日本語学校や末端の労働，

サービス部門に限られているので，日本人はかれらを「経済難民」と同一視しやすい．「経済難民」とて「就学・就業」ルートと出身階層が決定的に異なるわけではない．あるフィリピン女性は，風俗サービスの"不法"就業者であるが，マニラの大学で看護学を修め，大学院をめざして来日している．8人兄弟の全員が高等教育を受けている．

アジア系外国人は制度的には生活，就業機会を閉ざされているが，実態的には新規参入の「一時滞在者」から，コミュニティの一員としての生活者（セッツラーズ）への途を辿り出している．地元側でも，トラブルを経過しながら微妙な態度変化が見られている．徹底した「締め出し」論者であった町内会役員が，アパート探しにバングラデシュ人数名と連れ立っているのを見かけた．「困っている人を助けるのはお互い様」とのことであった．先の日出町地区をはじめ，もともと人の出入りの多かったインナーエリアでは，他者のプライバシーに立ち入らない．そっとしておく．しかし困ったときには助け合うとの暗黙の地域生活上の気風，けじめがあった．この点で，実際に受け入れている地区は日本の社会，日本のコミュニティについて一般に語られているほど閉鎖的，硬直的ではなかった．ただしアジア系の人たちが，住まいを含め，どのような定住化の様式（セッツルメント・パターン）をとるかは，未だ見通しできない．

「国民」の枠組みをこえたサービスのあり方を

アパートの一室にはじまる定住化も，同国人だけの小さなコミュニティ（ゲットー）をつくるとは思えない．むしろ生活世界の微妙な仕分けを図りながら，受入れ地元側との"住み合い"と"住み分け"との間の，さまざまの様式が選ばれるのではないか．アジア系の人たちの生活情報，人的ネットワークを仲立ちする場も，定時的に寄り合う小公園から，日曜ごとの教会，寺院と幅がひろい．新宿の韓国系教会での礼拝，交歓風景は，アメリカのそれらと変わらない．

アジア系外国人の比率の高い区では，自治体行政自体，新しい対応が迫られている．アジア系をぬきにした住民立ち退き等を含む地区開発計画は，もはや現実感を持ち得ない段階にある．セッツルメント化を通じて，住＝生活環境条件，出産，保育・学校，医療・保健，就業機会，宗教・文化その他の問題群へ

の個別対応と解決能力が，日程化している．これらの問題群は，たとえば伝染病の疾病や生活保障等をはじめ，第2次世界大戦直後の公的サービス内容に立ち戻るかに見える．しかし自明の前提とされる「日本国民」「住民」の枠組みをこえて，ひとりの居住者，人格の立場でのサービスのあり方が問われる．

　この点では，行政担当者がひとりの居住者の問題解決をめぐり，職掌をこえて複数の役割をこなすのが，実情である．行政としての当面の「正当化」は，法規による行政措置である．したがって担当職員は，もはや死文化している法規を含め，当事者個人に照らして再解釈（時にやや強引ともいうべき新解釈），ないし例外的緊急非常措置の取り付けを行う．しかしたとえば生活保護法の「例外的措置」（厚生省と東京都福祉局保護課との申し合わせ）としては，①人道上緊急を要するとき（重体で入院等），②一例ずつ都と協議，③前例としない等のメモが，病院，福祉事務所の現場で確認された．

　いずれにせよ，戦後過程の節目節目を一貫して地域現場にあった行政担当者のなかには，1980年代中・後期におよんで初めてアジア系外国人問題との関わりをもったという人が少なくない．このばあい，これまでの仕事の連続面であると同時に，アジア系外国人問題が，それ以前から地域現場にあってその緊急性が痛感されていた公的サービスのシステム転換の好機会との判断を持っている点では，共通している．また第2次大戦直後の経験を知らない若い担当者のなかには，アジア系外国人の当面する問題の解決が，行政として新しいリアリティある体験，出来事であったと語る人もある．公的サービスのシステム全体としては決定的にマイナーで，担当者個人の力量に委ねられている部分が大きいが，それでも担当者相互が職掌をこえて，グループ単位で情報の交換，公的サービスの連携化を図っている現状からすれば，地域現場の裾野は予想以上に広いともいえる．（**奥田　道大**）

時代と国籍を超えた地域の生活支援施設
東京都・区部

「女性の家ヘルプ」

● 矯風会アジア女性緊急避難センター：ヘルプ

　外国人居住者，労働者のための救援活動を行っている民間ボランティア組織に「ヘルプ」がある．「ヘルプ」は，国籍を問わず緊急保護を求める女性・母子のための施設を開設している．駆け込んでくるアジア女性は，とくに，風俗関連に働くアジア出稼ぎ女性－フィリピン，タイなどのアジア女性が多い．彼女らの多くは，売春の強要，雇い主の賃金不払い，暴力，監禁にあい，しかも「不法滞在」であるため，逃げ込む先もままならず，「ヘルプ」のことを伝え聞いて駆け込んでくる例が多いという．したがって，「ヘルプ」では，単に緊急保護に留まらず，雇い先との交渉，本国への帰国等の救援活動を，警察署，福祉事務所，婦人相談所などの公的機関と連携をもちながら実施している．1986年4月の開設以来，1000人近く（1989年12月末日現在）の女性が駆け込んできたという．私たちが「ヘルプ」を訪れた時は，7人のタイの女性たちが一時保護滞在しており，ちょうど，3階の談話室の横のキッチンでタイ語でおしゃべりをしながら昼食の準備に取りかかっていた光景に出くわした．駆け込んでくる女性の多くが本国への帰国を望むというが，彼女たちもひたすらその日を待ちわびているという．

　「ヘルプ」の組織母体は，日本キリスト教婦人矯風会である．日本キリスト教婦人矯風会は，1886年（明治19年）世界キリスト教婦人矯風会の特派員レビット婦人の来日を機として，在京6名のキリスト教婦人により結成された婦人団体である．以来キリスト教信仰に基づき，世界の平和・世界の純潔・世界の酒害防止という3大目標を掲げて，とくに禁酒運動と婦人運動を中心に，じつに

一世紀にわたって継続した運動を展開してきている。創立期の一夫一婦の建白運動、海外で売春を強いられた「からゆきさん」引揚要請運動に始まり、戦前から取り組んでいた公娼制度反対運動、婦人参政権運動、戦後段階にあっては、売春禁止法の制定、アル中患者撲滅運動その他の取り組みがみられる。

「女性の家ヘルプ」の開設に先だって、矯風会では1973年から日本人の観光売春抗議運動に取り組んできたが、1980年中・後期に及んでアジアからの出稼ぎ女性の問題がとりあげられ独自の運動を展開していた。おりしも矯風会の100周年を迎えるに当たり、記念行事として1986年4月「女性の家ヘルプ」が開設されることになったという。

現在矯風会本部と「ヘルプ」のある矯風会館、第二慈愛寮（母子ホーム）のある新宿区大久保百人町の土地は、1894年（明治27年）にもとめたもので、もともとそこは娼妓の収容施設として始まり、のちには「からゆきさん」引揚げに備えての「慈愛館」が建てられたのであった。奇しくも、それから92年後、同地にアジアからの出稼ぎ女性のための「ヘルプ」が開設されているのを目の当たりにすると、日本キリスト教婦人矯風会の一世紀を越える持続した運動、活動の重みと歴史を感じずにはいられない。

● ヘルプ周辺——新宿区大久保界隈とアジア系外国人

「ヘルプ」のある新宿区は、外国人登録者数では87年に港区を抜いて以来23区のなかで最も多い区である。1985年から90年の増加率では豊島区の2.47倍に及ばないが、それでも1.75倍と2倍近い増加率になっている。豊島区のばあい、外国人の6割が中国人であるのに対して、新宿区のばあいは、韓国・朝鮮人、中国人がそれぞれ4割ずつを占めており、しかも韓国・朝鮮人の半数が在日の方々ともくされる。

もちろん「ヘルプ」のある大久保界隈は、新宿のなかでも外国人が多く住んでいる地区である。いうまでもなく、大久保地区は繁華街・歌舞伎町を道路一本隔てて接しているため、ラブホテル街を一部含んでいるが、あとは小ぎれいなアパートとマンションが建っている。大久保通りには所狭しと商店がひしめ

きあって，じつにさまざまな国の外国人が行き交っている．商店街を歩けば，韓国語，中国語，英語，もちろん日本語の案内放送が聞こえ，思わずここは日本かと疑う程である．

とはいえ，もともと大久保界隈は，在日の韓国・朝鮮人の方々が多く住まわれており，こうした歴史ストックを背景にして，いってみればアジア系外国人，とりわけ韓国・朝鮮人をつなぐ，各種の生活関連施設が多数集まっている．それが新規参入者のアジア系外国人の域内外のネットワークの要となって，一つの生活世界が築かれている．

大通りにも，路地裏にも，韓国系の雑貨屋，食堂，居酒屋，衣料品の店が軒を並べている．大久保1丁目には韓国ソウルに本部をもつ韓国教会があって，日曜礼拝には，朝8時から夕刻まで，韓国語，日本語で7回のプログラムが用意されている．私たちが訪れた時は，ちょうど韓国語でのお説教のときで，つづいて日本語の話せる牧師さんにかわった．韓国語でのお説教のときはほとんどが若い人で，日本語のお説教の時は，年齢がやや高い．私に聖書をみせてくださった50代後半の女性は，在日の2世の方であったが，多くが在日の方や韓国人と結婚した日本人であろう．韓国語と日本語のお説教の間は人びとが入れ替わり立ち替わりし，それだけでも教会内は熱気にあふれ，その間人びとの言葉を交わし合い，楽しそうな談笑に，さながらたまり場のにぎわいをみせていた．教会の外では信者目当てにキムチの路上販売もみられる．

大久保通りを一本隔てた若松町のフジテレビ前には，1955年(昭和29年)開校の東京韓国学校がある．開校当時は20数名から出発したが，現在は小等部，中等部，高等部あわせて約800人．そのうち75%は，駐在人の子弟，ニューカマーズで，残りの25%が日本で生まれ育った子供であるという．駐在人の子弟は，3～4年すると本国に帰るケースが多く，したがって，韓国の文教部の策定したカリキュラムによって教え，これに加えて日本の国語，社会を教えている．一方，在日の子弟には，日本のカリキュラムで教え，それに加えて韓国の国語，道徳，歴史，社会を教えているという．しかし，校長先生の話によると，韓国学校に入りたくても入れない待機生が150名近くいて，現在その生徒たちは日本

の学校に通っているという．

　事実，大久保にある公立の小学校では，86年20名，87年22名，88年26名，89年33名というように，年々外国人児童が増え，現在400名児童のうちの1割近くを占めるようになっている．児童は韓国，朝鮮，台湾の子供たちであるが，ここ数年の特徴は日本語の話せない児童が多くなっていることだという．たとえば，外国人児童のうち3分の2は日常会話はできるが，学習は困難であるという．新宿区ではこうした事態に対応するため日本語指導のための教員1名を増員し放課後個別指導に当たらせているという．

　もちろん，小学校のみならず幼稚園，保育園にも外国人園児は増えている．新宿区立大久保第二保育園では，平成2年7月段階で20人，全措置児童の28.2％を占め，国籍も韓国，中国，フィリピン，サウジアラビアなどさまざまな外国人措置児を抱えているが，その実態を紹介しつつ，平本正子園長は，保育上の問題点と対応させながら，言葉の問題，食べ物の問題，文化・風俗の問題についてまとめている．そのなかから，園での外国人措置児たちの様子を，一部引用して紹介しておきたい．

　「朝の受け入れ時，夕方のお迎えの時など，身振り手振りをまじえて，なかなか賑やかな光景が展開される．連絡帳を活用し，英語，ローマ字，漢字などを組み合わせてお互いの，気持ちを伝え合っているが，複雑な問題の場合は，同国の人で少し日本語の解る保護者に頼んで切り抜けている．子供は家庭では母国語，園では日本語といったケースが多く，入園当初は多少戸惑いや混乱が見受けられるが，いつの間にか両方の言葉を覚え，そのたくましさを感じさせられる．子供への配慮としては，日常的な外国語をピックアップして表を作り，職員の目の触れる所に張っている．保母は子どもの母国語で語りかけるなどすると，安心して嬉しそうな笑顔が帰って来る場面も見られる」．

　　（平本正子「保育園に外国の子どもたちを迎えて」『研修のひろば』No.61）

（和田　清美）

権利を奪われている人びとの苦しみを共に担う
神奈川県・横浜市

寿・外国人出稼ぎ労働者と連帯する会「カラバオの会」

● 語る──代表　渡辺英俊さん

　「カラバオ」は，フィリピンの共通語であるタガロク語で「水牛」を意味する．寄せ場での越冬活動のテントに，1人のフィリピン人労働者が助けを求めて来たのをきっかけに，問題が何なのかを知ろうと学習会を始めたのが1987年の正月だった．以後，数回の学習会を重ね，50余名の出席で学習会を開いたのが同5月17日．その集会の席へ飛び込むように，賃金不払いの訴えをもって来た1人のフィリピン労働者のケースを追って，会は発足と同時にフル回転を始めた．

　「私自身がどうしてこの問題にかかわるようになったのかについて，お話ししましょうか．横浜に来たのは1971年で，それまで北海道に10年いました．横浜に来てからは，前から関心をもっていた在日韓国・朝鮮人の人権問題と取り組み始めました．ちょうど日立の就職差別裁判が結審に近づいていて，それの裁判傍聴から始めて．
　少し宗教的な立場でお話ししますと，私はこれまでのキリスト教のあり方に疑問を感じてくるようになりました．とくに横浜に来てから，民族差別の問題に取り組んでいる間に，日本キリスト教団の社会委員長を4年やりましたが，教会が自分の教会の人数だけ増えていけばいいというような自己拡張主義のあり方に疑問を感じてきた．
　私もアメリカに留学していますが，先進国の思想ばかり取り入れて，第3世界の声に耳を傾けるのが少なすぎたという思いをもちました．とりわけ在日韓

国・朝鮮人の問題は，日本が第3世界を侵略してそちらから奪いとって来たという歴史ではないかと．

日本の国内でなぜこんなに根強く民族差別がなくならないのかということは，同時に日本と他のアジアの国々との関係が，植民地にする側とされる側との関係がなくならない限りは，国内にその根っこをもっているのは当然なのだとわかりました．

1986年～87年にかけてフィリピンに行きました．アキノ政権成立の直後でした．もう教会はやめて荷物を全部整理して行くばかりにしていましたので，内戦になったら行けないとはらはらしてました．

こちらに帰ってきて，今までのように，住宅地の大きな教会で，家つき，カーつきで貯金も少しはできるような普通の生活をしていては問題が見えてこない．イエスが示そうとした人間の生き方はそういうところからは生まれてはこないのではないか．だからもうちょっと第3世界的な状況のある場所にこれからの働きの場所を設定していきたい．信愛塾の中村町の近くで在日朝鮮人の問題をやろうと，去年の4月から小さな伝道所を開いて活動を始めた．

この活動には，6月から参加しましたが，時間が自由でいつでも飛びだせる，英語が話せる，労働組合の人が多いもので，宗教家は市民の顔をもっているようなことで，便利につかわれまして地元よりここにいる方が多いですね．

今のように，たくさんの人が日本に渡って来るのは，60～70年前，在日朝鮮人の人びとが日本に来たときの状況と同じです．これは，在日朝鮮人の人たちも実感的にいっていますね．

僕たちは歴史的前例をみていますから，来れば長引く，長引けば当然家族をよびたくなる，あるいは家族をつくっちゃう．そうすれば子供が生まれて根がはえていく．保育園に子供が入っているケースが川崎にもありますね．

在日朝鮮人が日本で獲得する諸権利は，そのままいま日本に新しく入ってくる外国人の諸権利になっていくと思います」．（**菱田　紀子**）

同じ地域に住む日本人と
在日韓国・朝鮮人の「であい」の場を

大阪市

聖和社会館

● 語る――館長　金徳煥さん

　大阪市東南部の生野区．この地域は以前は猪飼野と呼ばれ，ケミカルサンダルや金属，ゴムなど家内零細工業中心の地域であり，地域の半数以上が在日韓国・朝鮮人である．

　聖和社会館の発足は，昭和6年大阪毎日新聞社大阪毎日新聞慈善団が「南大阪の密集地帯，鶴橋の猪飼野の地を選び小所得者の授産施設とヘルスセンターとしての保健所を設置」したことに始まる．以来50余年，幾つかの変遷を経て，1982年(昭和57年)日本キリスト教団大阪聖和教会が引き継ぎ，社会館活動をより発展させ，地域のニーズに応えるべく新たな歩みを踏み出した．

　0歳児からの受け入れの保育園の運営とともに，社会館は「であい」の場として子供のピアノ教室・習字教室等の他に，ハヌル(青空)子供会を週2回やっている．韓国の言葉を知り，歌をうたい，韓国・朝鮮人の子供達，日本人の子供達が一緒に交流している．また地域活動としてはオモニ学校＝在日韓国・朝鮮人一世の母親の日本語識字学校(週2回)，NHKテレビの放映により全国的に有名になった生野民族文化祭はこの社会館を拠点にして，韓国・朝鮮人青年達により手作りの準備が進められ，民族的自覚をもつため熱心に取り組まれている．

　「私がこの仕事に関わるようになったのは，30歳過ぎてからのことです．子供も2人いまして……．僕は小さい時から教会に行っていたのですが，僕自身は

積極的にやろうと思っていた訳ではなく，ゴムの町工場を家でやっていました．
　教会で地域活動を始めることになり，「お前は韓国人なんだから（当時ここには誰も住んでいなかったので）戸締りしろ」といわれ，それからの関わりです．家業を弟にまかして，ここに移りすんできたわけです．韓国人と日本人とが地域の中で一緒に生きていくということが，建前のとこでは分かっていてもやはり内実のところではわかっていなかったんですね．教会の人達は殆ど日本人でしたが，朝鮮に対しての古い考え，感覚を地域にいる日本人と変わらずにもっているわけです．だから活動をはじめていった時に内部でまずもめましたね．だから最初の1年間はいろいろ問題がありましたね．
　「民族文化祭」が始まり，そして7回目を迎えるようになったというなかで，町そのものが，変わったな――という感じはします．こういった変化を身近に感じ，そこから何かを考えなければと思い始めたのは，ほんとにこの数年のことです．ですから文化祭は最初は自分達の生まれた国の文化をとりもどすんだというようなことだけにこだわってきたのが，やっぱりようやくふと気がついた時に，地域そのものを客観的にみるようになったし，じゃあこの町をどうしていくのか，という課題がみえるようになってきました．私達の役割は何なのかというのもみえるようになってきました．やっぱりここで住んでいくんですから，そういうこともきちっと積み重ねていかなきゃいけない．というのは，一世の人達は本国指向型というのか，韓国に帰ることが（何かそれを心にもっている）が民族性を保つことを考えていて，日本社会は仮りの住まいだという意識がかなり強い．一世が少なくなり文化祭に三世・四世代が増えてくると，一世とは（僕のようなより一世に近い二世も含めて）意識が全くちがいます．ここが自分達の生きる場です．だから韓国・朝鮮といえば，どうしても政治的なものでしか捉えられない．それは私達もそうだし，日本社会もそうです．だからそうではなくて，猪飼野といわれるとくに韓国・朝鮮人がたくさん住んでいる地域で，そういう地域社会を作っていく自分達の責任がようやくみえるようになってきました．
　社会館としては職員は2名です（館長を入れて）．人材は別組織を作ってそこ

で自主的に頑張ってお金を作り，そしてここで活動をしてもらうというパターンしかないです．去年から準備して今年（1989年）の7月から共同購入会を始めました．教団はそんなに財力はありませんから．でも不思議なもので去年火事の類焼でもう駄目だと思った時も，全国から募金が寄せられて新築できましたし，息が切れそうになると何処かで助けられて」．(**菱田　紀子**)

共に生きる拠点として

神奈川県・川崎市

青丘社・ふれあい館

●語る――副館長　裵重度さん

　1969年4月，在日大韓基督教川崎教会が地域の奉仕活動として桜本保育園を開設したのが，その歩みの第一歩である．5年間未公認の保育園として推移，園児の増加で教会堂だけでは物理的に園児を収容しきれなくなり，1973年社会福祉法人青丘社を設立，翌年認可保育園としての活動が始まった．その保育園を基盤にして，子供会，小学校の低学年から高学年，そして中学生と対象は広がっていく．

　さまざまな努力のなかで，川崎市の「ふれあい館」の運営委託を受け，その活動はさらに広がっていく．「ふれあい館」は，日本人と韓国・朝鮮人を主とする在日外国人が，市民として子供からお年寄りまで相互のふれあいをすすめることを目的として設置されている．

　「私は日本で生まれそだった二世です．青丘社の成り立ちの頃から，関わりはもっていましたが，そのただなかにいたわけではなかったのです．私自身は西早稲田にあるキリスト教会館の一室に在日韓国問題研究所を開き今日まできたのです．

　10数年やっさもっさやっていくうちに，ある時振り返ってみて，そもそもわれわれのやっているこの仕事は，本来は行政がやるべきではないか．それならばもっと行政がサポートしてくれてもいいのではないか（委託の学童保育はありましたが），そういうところから，また地域に公的な施設がないという点から，地域に青少年会館を建ててもらえないか（地域の人が誰でもつかえる）と，行

政に要求を始めました．

　その積み重ねのなかで，主として青丘社に対しては，市がやるべきことを青丘社にやってもらったという若干の負目を感じたという理由が一つと，市のポリシーとして中学校区一つに子供センター（児童館）を建てるということがあるのに，依然としてここは未設置地区だったので，それはつくらなければいけない．しかし青丘社の要求しているものは児童館だけではおさまらない分野もあるので，それをどのようにクリアーしてどのような建物を建てたらいいのか．行政内部で構想委員会がつくられて，いろいろやっさもっさやって，「ふれあい館」が出来たんです．

　青丘社時代は自由奔放にやってきましたよね．今度は行政のシステムのなかにのらなきゃいけないわけです．建物もああいうふうにかちっとしている．場所も広くなったんですが，長いこと民間の自由さのなかでやってきたもんですから，行政のシステムのなかに乗っかかってもう一つ実践を組み立てることが，なかなか出来ないでいます．いまは確かに子供が来てワアワアやってはいるけれども，こうきちんと子供が組織されて，親も組織されて，親との関係もうまくいっている，一つのダイナミズムをもって動くというふうなところまでいっていないですよね．

　ふれあい館を建てるとき青丘社に委託するという件で，反対運動に立ち上がっていた人たちの子供は全部といっていい位この桜本保育園の卒業生なんです．青丘社には文句はない，自分達の子供はお世話になった，われわれが文句をいっているのは，川崎市なんだと．行政に文句をいっているんだと．行政にはどういうふうにクレームを付けているのかというと，「なんでこの地区だけが民間委託なのか」（他のセンターはすべて直営）．

　自分たちが自由に使いたいという気持ちが地域の人達にあるのは当然ですから，私たちも自分らが独占をしてというつもりはないし，建設にいたる時も，市と町会と青丘社と3者でいろいろと話し合い，そのなかで壁になっている部分を突破していくようなことを考えましょうよ，といったんですが，一度として応じてくれなかったですね．

結局のところそれで建設着手が1年遅れたんです．で，どういうふうに妥協したかといえば，当分のあいだ行政マンを送り込む，初年度は3人（民生2人，教育1人)，館長は教育の人間がなった．2年度は2人引き上げ館長だけ残っています．口約束ですが，3年度からは全部引き上げることになっています．まあそういうような形になった時，また地元からなにかでるかということはありますが」．（菱田　紀子）

第Ⅲ部　福祉コミュニティをすすめるために

1. 福祉コミュニティの内実とは

　以上の多様な事例に学ぶことで，どのような福祉コミュニティの定義が導かれるのか．結論的に言って，福祉コミュニティへの一つの立場，一つの視点での定義はないと言うのが実情だろう．事例自体が，生成発展，あるいは再編をくりかえしているように，ひとたびくだした定義自体が訂補をくりかえす．共通の理解としては，(1)人と人との基本的結びつき，(2)地域生活の新しい質を含んでいることは，確かである．このことは，第Ⅰ部の冒頭でふれた．たとえば「他者理解」という言葉一つでも，人と人との基本的結びつきに根ざす．「他者」としての人は，これまでの「同質性」とか「和合精神」を旨とした家族や地域の枠組みではとらえきれない．そこでは，さまざまの意味での異質・多様性を認め合って，相互に折り合いながら，自覚的に洗練された新しい共同生活の規範，様式をつくることが，求められる．

　洗練された新しい共同生活の規範，様式は，もともと都市的＝Urban という言葉を含意している．したがって，都市的＝Urban の反対は，農村的＝Rural ではなくて，野暮ったさ，垢抜けしないことの Rustic である．大都市地域の住民活動・運動の一つの到達点が，この都市的＝Urban ということであったのではないか．何かの縁で地域で一緒になった人びとが編み出した共同生活上の規範，様式を旨とすることが，その人の生き方の一つの折り目，けじめでもある．長い道づれ (long engagement) としての人と人との結びつきは，「他者」へのゆたかな感応性を介して，人自体のパーソナリティの練度をます．ここでの「他者」が，外国人居住者のばあいには，「異文化」理解をともなうことは，当然である．また，「他者」には，健常者と障害者（ザ・ハンディキャップド），また障害当事者間の結びつきも含まれるが，人と人との結びつきということに変りない．人の加齢化を成熟化に読みかえたとき，福祉コミュニティの内実は，「洗練と成熟」にある，と言えよう．

2. 福祉コミュニティの連続と断絶

「洗練と成熟」を内実とする福祉コミュニティを支える運動や組織は、多様な幅をもっていることがわかる。そして、1960年代の高度成長期に特徴的な、「作為要求型」や「作為阻止型」の住民運動とは、その様相を異にしている。60年代型の住民運動は、行政への対抗性ということからも、組織力の強化が図られた。組織力の強化は、当時にあってそのもつ意味と機能は十分にあるとしても、組織内部の硬直化が運動自体の拡がりと脹らみを削いだことは、否めない。

この点で、同じ「作為要求型」「作為阻止型」から出発しながらも、コミュニティ形成・まちづくりへと展開した運動のばあいには、組織の内部刷新化、人と人との結びつき、多様なソフト・プログラム、福祉課題へのとりくみ、地域への新しいアンデンティティ等において、60年代以降の一本の太い流れの先がけをなす。いわば住民運動の系譜をもつコミュニティ形成・まちづくり運動の〝横綱格〟として、神戸市長田区の丸山地区、真野地区、あるいは大阪市上六地区等の事例をあらためてとりあげた理由もここにある。いずれも、長い時間的経過による運動の総合力量において、福祉コミュニティの先行する経験として、戦後日本の地域小史を形づくる〝古典〟の位置にある。

〝古典〟の位置は、同時に、「住民運動の時代は終った」と言われるように、このような〝横綱格〟の住民運動・まちづくり運動が、時代の大きな節目にあることを意味する。筆者は、「時代の大きな流れを読んだ、『大河長篇』の物語、ドラマ性ある実践事例は、終えんしつつあると言える。90年代を見通したばあい、郊外、都心を含め、さまざまの地域舞台、各世代、価値観、ライフスタイルの人、そして組織が目前の状況を読むなかで、共同で次々と編む「連作短篇」スタイルが新しい流れとなるのでないか」と記したことがある(『福祉広報』No. 376, 1990年3月)。このことは、誤りでない。しかし福祉コミュニティの現在において、このような〝古典〟からなお汲みとるべき論点(福祉的ストックその他)がゆたかなだけでなく、事例自体が生き続けている。事例では、組織の改変、

リーダー交替,行政との協助関係(対抗的相補性とも言うべき)において,絶えざる努力が続けられている.とりわけ「最盛期」の経験に,郊外周辺地域は言うにおよばず,国内各地域の運動がどれだけおおくのことを学び,また励まされてきたことか.この意味では,丸山地区や真野地区の事例は,戦後日本の地域小史の「普遍」としてのモデルをなす.

運動の組織は残っていても,運動自体としては,"終止符"がうたれたという事例もある.したがって第II部ではとりあげなかったが,一例として神奈川県相模原市の「さがみ市民生活会議」は,地域に縁の薄い来住型市民層を中心に,一定の組織や地域の枠にこだわらず,さまざまの自然,生活環境問題や福祉問題のプログラムを中心に幅ひろく人的交流・連帯のネットワークを組んだ.その意味では,90年代の事例を見通したユニークな実績をもつ.もともとは,孤立しがちな市民層が都市農業によって"土"に親しみ,市民相互の生活援助をはかる「土と暮らしの互助会」が座間市に根づいたのに,系譜をもつ.「さがみ市民生活会議」はその後,地域学習の新しい学校としての協同組合法人の「共学舎」をおこした.これには,「土と暮らしの互助会」以来,一貫して運動の中心的,そして象徴的役割を果した家坂哲男さんが,在野で生活協同組合の研究に長年とりくんだ実績を持つだけに,運動の到達点に,一つの「夢」として託されたと言える.この点では,神戸市長田区・丸山地区のまちづくりの青写真に,「都市協同組合」(丸山コミュニティ)構想があったのと,符合する.もともと長田区は,賀川豊彦が「地域生協」運動にとりくんだ発祥地でもある.しかし,「学校」は組織維持面を含め,運動のプログラムのなかで位置づけることは,困難である.いわば組織と運動のはざまにあって,家坂さんをはじめ指導者格の市民層は,苦労を重ねるが,家坂さんの突然の死の訪れで,運動のエネルギーは「ナダレ」的に終息に向かう.

私たちは,座間市の三つの事例を訪れた.それは第II部でも紹介した「エプロン」「三ツ葉福祉作業所」「渡辺保育園」の各現場である.

「エプロン」は,地域生協のワーカーズ・コレクティブと同根であるが,育

児を終えた団魂世代女性を仲間集団として，飲食店をひらいている．家庭料理・定食を中心としているが，周辺の団地主婦のサロン，無農薬野菜の販売ステーション等も兼ねている．ひとり暮らし老人への食事配達も，他に優先しておこなう．しかし小さい店ながらも，一つの事業体として自立している．「三ツ葉福祉作業所」は，自宅（家業は理髪店）をアパート形式に改造して，障害者の共生のホームとして機能している．軽度の内職作業と併せて，周辺の休耕地を借りて，農作業にとりくんでいる．「農作物」を仲立ちとして，近隣の人びとの理解と協力も見られる．

渡辺保育園は制度的には東京近郊都市の普通の保育園であるが，保育活動の方針やプログラムを見ると，地域の生活拠点として機能していることがわかる．渡辺保育園では，長時間保育や障害児保育も手がけている．渡辺園長を中心に，やはり園出身の娘さんも，アシスタントとして働いている．三つの事例の紹介者でもあった前市議の福田さんらと園の給食を御馳走になりながら，長時間にわたるお話しをうかがった．戦後の早い時期に会社に入り，女性の労働条件の改善を求めて，ともに組合運動の中心として活躍した．渡辺さんが，喘息持ちであるところから，転地療養をかねて座間市に住まいを移した．そして，隣家に福田さんをよんだ．福田さんは新しい職場に，渡辺さんは福田さんの子供を預り，自分の子供とともに家庭で育てた．この家庭が，やがて「もう一つの家庭」としての保育園へと発展した．離婚等を経験する福田さんにとって，自分の子供の育ての親はかつての同僚の渡辺さんと感謝し，また子供さん自身も渡辺さんを「お母さん」と呼んで慕っている．福田さんの子供に限らず，卒園者のおおくが地域活動の担い手として成人しており，またかれらの子弟が入園するという段階になっている．

したがって，二代にわたる園とのつながりは，通常の「父母会」をこえて，園を地域的ひろがりのなかで支えている．渡辺園長，福田前市議の2人の女性の話は，福祉コミュニティの原質にふれる，戦後女性の生き方の小史の証しとも言える．なお，偶然ではあったが，「土と暮らしの互助会」当時の家坂さんの娘さんも，渡辺保育園育ちであることを知った（奥さんは病院の看護婦として

勤務）．そして，お2人ともに，「土と暮らしの互助会」の活動と家坂さんの思想に共鳴して，パートナーの一翼を担った．この点では，「エプロン」「三ツ葉福祉作業所」「渡辺保育園」の三つの事例ともに，「土と暮らしの互助会」「さがみ市民生活会議」の経験に深く学んでいた（ときに「反面教師」としての面も含む）．

　三つの事例は，「さがみ市民生活会議」とは切れた新規の運動としてそれぞれを訪れたわけだが，実際には新旧の経験が相互に通底し合っているというか，地下で水脈がつながっていることを，更めて確認した．また，「さがみ市民生活会議」も，中心舞台の相模原市ではなくて，運動初期の「土と暮らしの互助会」を育んだ座間市にあって，新しい事例のなかに生きていることは，印象的である．横綱格の運動経験の「終えん」が，発祥の土壌にあって再生した事例である．

3．福祉コミュニティを支える人

　大都市地域にあって，福祉コミュニティを支える人の層の幅は，一段と拡がっている．とくにその人のライフコースに応じて，「定年期」を迎えた男性住民層，新しい生活感覚と行動様式の団塊世代の女性などは，新規参入型の住民層と言える．それぞれの動機づけやキャリアが異なるものの，これまで地域に縁の薄かった人びとであることに変りない．

　I，II部ですでに明らかにされたように，これらの新規の住民層は，「社会のために」「やむにやまれぬ気持ちから」との大義よりも，「ふとしたキッカケ」との身軽，気軽に地域との関わりを持つばあいが少なくない．これには，新規住民層を受け入れる地域の条件が整っていることもあるが，それ以上にその人の生き方と地域の波長が合うなかで，「面白くて止められない」「一所懸命になる」と言うことでもある．

　地域の条件と言うことでは，大都市地域自体，「高齢化社会」を迎えるなかで，高齢化問題がすでに狭義の福祉問題ではなく，地域問題そのものに拡がっている．したがって，公的介助を受ける「高齢者」自体が，シニア市民として地域

に部分役割を果たすという側面も期待される．また福祉コミュニティの多様な役割を担うには，これまでの市民活動・運動では「裏方」を務めた団塊世代女性が，地域の表舞台に登場してきていることも，見逃せない．II部で明らかなように，裏方，表舞台を通しての女性の能動的役割による，個別の活動・運動を牽引し，地域の新局面を拓いた経験例が，どんなにおおかったことか．

一般に，ボランティア活動を含め社会参加機会は，「都市型社会，市民的教養，生活時間の余裕」（例えば，松下圭一『都市型社会の自治』日本評論社 1987年他）が条件とされる．このことは，一面では真理である．しかし他面では，「ふとしたキッカケ」という，さりげない回答の人が，実は家族に障害者がいる，あるいは本人自身が障害持ちである事例が少なくなったことが，インタビュー，あるいはアンケート調査の結果等から図らずも明らかにされている．家族でなくても，親族，近隣，あるいはその人のライフスタイルのなかで障害者問題との出会いが重い経験としてあったことが，改めて知らされた．

その人の生き方の幅，熟度ということとは別に，地域活動・運動を実質上担うリーダーの資格条件の面では，組織の「長」としてのリーダーは，行政過程との役割分担が制度化されていることもあるが（たとえば各種行政委員，役職者という形で），層としては固定されている．先にもしるした1960年代から70年代にかけてのコミュニティ形成・まちづくり運動，あるいはさまざまの地域活動の実質上のリーダーは，その人の生き方，パーソナリティ，あるいは統治能力（ガバーナビリティ）自体が地域との関わりのなかで，練度をます．とくに「横綱格」の運動リーダーには，魅力あるパーソナリティの持主がおおい．

そして，地域と出会ったその人の生き方の「ドラマ」「物語」自体が，ときに運動の「ドラマ」「物語」として読みかえられる．それが，「大河長篇」であれ「短篇連作」であれ，ドラマ，物語のない運動は，リアリティに欠ける．

「ザ・マン」と言えるリーダーとして，私たちは，丸山地区の今井仙三さん，真野地区の毛利芳蔵さん（故人），上六地区の中田明正さん，さがみ市民生活会議の家坂哲男さん（故人），世田谷・砧地区の川辺昭吉郎さん，本事例でとりあげていないが，国立・文教地区の山辺賢蔵さん，大分・湯布院の中谷健太郎さ

んと，次々と固有名詞を想起することができる．かれらには象徴的リーダーとしてのパーソナリティの魅力もあるが，実際には「組織」の長としての統治能力よりも，さまざまな地域住民諸活動や人的ネットワークの「要（かなめ）」にあたる調整能力に，その本領がある．いわゆるコーディネーター型リーダー，あるいはコミュニティ・オルガナイザーとしての役割である．一般に，福祉コミュニティを射程とするコミュニティ形成・まちづくり運動のリーダー像として，何が期待されているかを参考までに一覧しておく．

- 「広い視野，柔軟な発想，行動力」
- 「その土地で稼ぎ暮らしていること，外の世界と直接つながっていること，志が高くかつ目利きであること」
- 「何よりもそのまちを愛していること，人と情報ネットワークを持っていること，調整能力があること」
- 「明るく前向き，大きな夢をもちそれをつらぬく強い意志，勘がするどく良いセンスを持つ，ふるさと以外で暮らしたり旅した回数の多い人」
- 「知人，友人等協力者が多い，みんなの合意，参加等の雰囲気づくりがうまい」
- 「広い見識，良き助言者，すばらしい仲間」

そして，調整型リーダーの周辺には，それぞれの部分役割を担うサブ・リーダーが複層していることがわかる．このサブ・リーダーには，先の「定年」後の男性市民層にも見られるように，職業キャリアをいかした「プロフェッショナル市民」としての役割（有限責任型リーダー）を積極的に担うこともある．またリーダー問題には，リーダーと役割を担い合うフォロアー（follower）の資格条件も大切であることを，強調しておきたい．

4. 福祉コミュニティを支える組織

地域の組織モデルには，次の推移がある．第1は，現在を含めて一般的な組

織モデルであるが，町内会・自治会体制に代表される．いわば地域の一枚岩としての町内会体制は，地域の有力組織にとどまらず，地域の大多数の世帯（世帯主）の意志，利益を体した代表的組織としての位置にある．行政組織においても，この町内会体制を一種の行政補完組織として組み入れることが，地域（したがって住民）そのものを掌握することにつながった．したがって，民間側から選出される各種行政関連委員，とくに民生委員や児童委員，保護司，人権擁護委員その他の福祉職が，町内会を推せん母体とするか，あるいは町内会長自体が各種委員を兼担した．1人の町内会長が，20から30近くの各委員を兼担するという事態は，決して珍しくない．

　しかし大都市地域の変容過程もあって，町内会（および町内会役員層）の地域の掌握力がしだいに衰微してきていることは，否めない．だいいち町内会の組織加入率が年をおうごとに減少してきていることも，一つの大きな特徴である．町内会体制を地域の一枚岩組織と見なすことは，しだいに「神話」化してきている．歴史の皮肉として，大都市の社協活動の地域的末端がこの町内会体制と重ね合わされているところに，社協自体への役割期待とは別に，社協の「足腰の弱さ」がある．

　第2は，町内会を含め地域関連集団・組織を横並べする「協議会」方式である．全体として，コミュニティ形成・まちづくりを担うが，いわば地域横結的な組織モデルを通じて，町内会体制の相対化をはかる．「協議会」の組織維持，役員層に町内会長が選ばれることが少なくないが，しかしこのばあいも，町内会の地域ストックが生かされているのであって，組織自体としては複数の組織のなかの一翼を占めるにすぎない．先の丸山地区，真野地区をはじめとして，コミュニティ形成・まちづくり運動の組織モデルは，この「協議会」方式が中心となる（「丸山地区住民自治協議会」「真野地区まちづくり協議会」他）．

　しかしこの複層的な組織形成も，運動が安定期に入って，組織維持に比重がかかると，やはり組織内部の硬直化を免れ得ない．運動を日常的に支える組織の仕組みづくりとして，「法人」化の問題が，見えかくれしているが，この制度

的枠組みとしての「法人」化への踏みきりについては，運動としてもむつかしい選択である．柔らかい組織の工夫としては，この「法人」化問題とは別に，地域の単位集団・組織の立場（リーダーその他）を一旦離れて「個人」としての市民の資格で，横に結び合う「市民サロン」「生活会議」機能が，協議会に用意されることがあり，そこでは「個人」としての市民層は，自由に交歓と情報提供，学習活動，あるいは広域にわたる環境問題，福祉問題等へのとりくみをおこなう．いわば日常母体としての協議会組織と，非日常的でインフォーマルな「市民サロン」「生活会議」機能とのゆるやかな二重構造に，特色がある．「さがみ市民生活会議」の組織モデルも，その一例である．

　第3は，それが一枚岩の町内会体制であれ，地域横結的な協議会形成であれ，「地域」離れ，「組織」離れがすすむ各層新規住民層をどう受け入れるかの組織モデルである．既存の組織から見れば地域無関心層，組織非参加者も，個別としてのささやかな生活関心，動機づけに応じて，インフォーマルな人的ネットワーク，あるいはグループ，サークルを結んでいるばあいがおおい．とくにこの傾向は，郊外二世を含め若い世代の住民層に見られる（たとえば，『地域からのメッセージ──いたばしコミュニティ白書』東京都板橋区，1987年，『都市（まち）を拓く──中野まちづくり白書』東京都中野区，1982年）．このような多様な人的ネットワーク，あるいはグループ，サークルの拡がりに着目するとき，一種の結節点としての「たまり場」「寄合い場所」が求められる．それは，すでに述べたまちづくり協議会の「市民サロン」機能と通じるが，先ずはコミュニティ・センター等の「施設」が，サロンの役割を担う．コミュニティ・センター等の一室に「個人」として気軽に立ち寄るとき，そこでは，自分の人的ネットワーク，グループ・サークルだけでなく，他の人的ネットワーク，グループ・サークルと交わる機会がひらける．ときに福祉テーマやプロジェクトを，担い合うこともある．

　福祉関連では，たとえば青森市の福祉市民生活会議のように，市の社協が事務局の一室を「寄合い場所」に提供して，ボランティア活動の婦人や高校生の

第Ⅲ部 福祉コミュニティをすすめるために 199

地域組織のモデル・シフト

モデルⅠ	一枚岩の町内会・自治会形態	町 内 会 体 制
モデルⅡ	地域で横に結び合う単位集団・組織の連合形態	協 議 会 方 式
モデルⅢ	コミュニティ・センター等を結節点とする人と組織の自由な組み合わせ	ネットワーク形成

人と組織をつなぐ幾重もの回路

中核施設としてのまちづくりハウス
(広義のコミュニティ・センター)

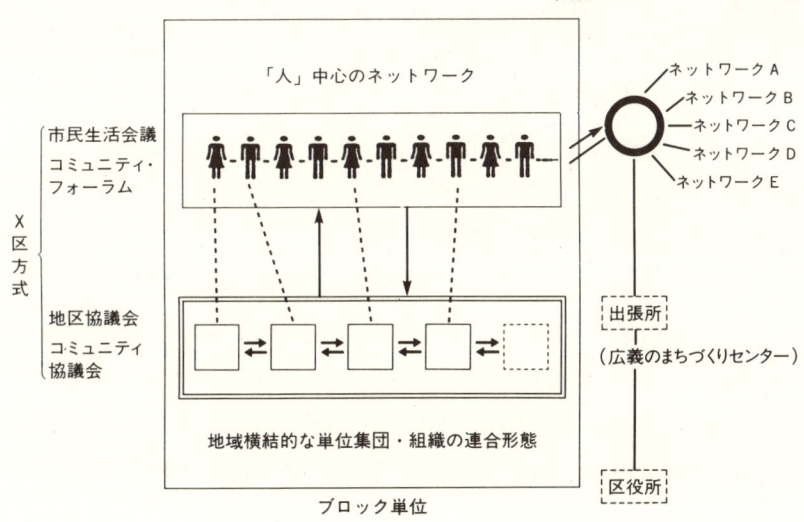

「人」中心のネットワーク

市民生活会議
コミュニティ・フォーラム

X区方式

地区協議会
コミュニティ協議会

ネットワークA
ネットワークB
ネットワークC
ネットワークD
ネットワークE

出張所
(広義のまちづくりセンター)
区役所

地域横結的な単位集団・組織の連合形態

ブロック単位

障害者問題サークル，午後5時以降は県や市の福祉担当職員も「個人」として参加して，地域，組織間の情報交換とともに，広域にわたる福祉問題への取組みも見られる．1人の主婦が「寄合い場所」に立ち寄るなかで，しだいに福祉問題への関心をふかめ，地域運動の一端を担うまでに至っている．

ここでの施設や施設の空間は，狭義の「場所」の意味にとどまらず，いわば

さまざまな人的ネットワーク，あるいは地域で孤絶の個人，そしてグループ・サークルの結節点としての機能を果たしている．この意味では，「施設」は，組織の代替モデルをなしている，とすら言えよう．そして，このシンボル的な「施設」が仲立ちとなって，既存のまちづくり協議会の組織を担う役割までつながれば，状況の見通しは明るい．

　福祉コミュニティを支える組織は，このような二重，三重の回路をもつ．人と組織の柔らかな組み合わせに，その本領があると言える．

5. 福祉コミュニティを支えるシンボル「施設・装置」

　脱「地域」，脱「組織」としてのコミュニティ・センター等の施設が，再び地域や組織回帰の仲立ち機能を果たすとしても，地域あるいは地域をこえた各層住民層やグループ・サークルの一つの結節点をなすシンボル施設として，果たして何があるか．本書の事例で，このようなシンボル施設を，それが任意の民間施設であれ，公的施設の地域開放であれ，すすんで取り上げてきた理由もここにある．

　本書でふれられている東京・世田谷区のまちづくりハウスは，今後の動向を占うよき事例である．住商工混合の既成市街地の一角に建つまちづくりハウスは，プレハブの質素な小屋と言える．しかし小屋の内部は，大きなテーブルをすえたコモン・ルームに接続して，印刷室やキッチンがある．集会室やコミュニティ・プロジェクトへの作業が，くりひろげられている．夕方5時以降には，区役所職員や会社帰りの男性層も加わる．これまでも福祉や環境問題，また小さい界隈や生活道路を含めまちづくり設計についてのプロジェクト成果が生まれたが，1990年12月には，「老後も住みつづけられるまちづくり提案」のプロジェクト発表があった．地域では「まちづくりワークショップ」と呼んでいるが，六つのボランタリー・グループによるコンペ（設計競技）には，(1)太子堂2000年，(2)生きがいを拓くコミュニティ・センター，(3)素敵なライフ・スタイル，(4)都市共棲住宅，(5)レレレのおじさんのいるまち，(6)楽働クラブの各報告・提案が寄せられた．コンペでは上位3グループが同点1位というおまけがついた

が，大学生世代に高齢者等との組み合わせによる発表には，実にユニークなプログラム内容と設計が披露された．当日は所狭しと200名以上の人びとが集まったが，人的ネットワークと諸グループ・サークルの結節点として，まちづくりハウスは地域の一つの存在証明でもあった．

なお，ボランタリー・グループの一つに作業段階の最初から参加していた地元の小林さんは，発表当日の立て役者でもあったが，すでに87歳の高齢者である．まちづくりハウスのコミュニティ・ワークショップに深く共鳴した小林さんは，自宅を小さいビルに改造したのをキッカケに，1階を地域に開放した．御本人が盆栽づくりと経師関係にプロ級の腕前であるところから，地元の人びとを集めて"講習"を開くところからスタートした．「小林ハウス」と呼ばれる小さいまちづくりハウスは，民家レベルで複数に構想できるところから，まちづくりハウス自体もこのような小さなハウスと人のネットワークに支えられることになる．

山の手の世田谷区とは別に，伝統的下町の墨田区京島地区の「興望館」も，まことに示唆的な事例である．本書でも詳しくとりあげているが，建物自体は老朽化しているものの，戦前のセッツルメント・ハウスに系譜をもつ由緒ある施設である．時代の節目，節目において，地域福祉プログラムに真しにとりくみ，この過程で人が育ち，人と人とのネットワークがゆたかに地域に根づいている．普段は京島地区の周辺にぽつんとある興望館の建物に気づかないが，改めて興望館を中心にすえると，これまで見えていなかった地域の全貌や人の動きが，生き生きと浮き彫りにされてくる．

興望館の恒例のバザーに参加したひとときの印象記を，ここに引用しておきたい．

——(略)……たまたま地元のバザーに招ばれて，驚いた．普段はひっそりとしている「興望館」という戦前からのコミュニティ・センターであるが，日曜のその日は地域全体が晴れの気分で，人の流れがコミュニティ・センターへと向かっていた．大正震災後に建て替えられた木造の疎末な建物で

あるが，構内はグランド，体育館，保育園，各部屋を含めてかなりに広い．当日は全施設が開放されていた．趣向をこらしたバザーに，もちつき大会，金魚すくい，子供劇，コーラス，音楽バンドその他と盛沢山である．お年寄りや家族づれ，車いすの身障者たちの顔が笑いっぱなしである．かれらに混じる職員やボランティアは誰だか区別がつかないが，地元のお母さんだけでも300名以上が応援にかけつけていると聞く．

私は日を改めて「興望館」を訪れ，大正期に日本キリスト教婦人矯風会のセッツルメント・ハウスとして建てられたのが起源だが，戦後はむしろ地域と相互に入り組むクサビ型のセンターとして存続してきたことを知った．地域に支えられ，また地域を支えるコミュニティ・センターの役割である．行政との結びつきでは，長時間託児の「保育園」と並んで，学童クラブ等が開設されている．訪れた当日に目を見張ったのは，正面入口に近い職員室と同じフロアの図書室，応接室に，パンクス姿の若い男女がたばこを吸いながらたむろしている光景である．いわば学校から除け者にされたかれらを，施設では徹底して受け容れ，そして「管理」の眼を自戒している．現実にはパンクスがパンクスをよぶかたちをとるが，なかにはたまり場を抜け出てボランティアの手助けをしたりする．お年寄りや車いすの方々との応待で一番好評なのが，かれらとのことだ．一方では，空いた部屋を改造して，新たに結成の音楽バンドのサークル室としている．室内にはドラムやエレキギター等が整えられているが，かれらがアルバイトの日銭をためての機器とのことであった．

音楽バンドの近くに，大工道具とともに立派な「模型」のある部屋が注意を惹いた．地元で第一線を退かれた高齢者のたまり場として同施設が機能しているが，なかには大工，左官，職人の腕を持つ人たちがいて，いつとはなしに「研究会」が開かれ，木造の興望館が建てかえられるときには自分達の手でと，「模型」が入念につくられたと言う．地域にいわば24時間開放の施設には，想像をこえる困難がある．しかし地域課題を次々とこなす男女職員の人達は，共通体験に根ざす生き方の自信もあるのだろうか，

魅力的である．中心職員の一人は，同施設の学童クラブの出身者とのことだ．地域の生きたコミュニティと，人びとの日常的なたまり場，また誇りの証しでもあるシンボル施設が，相互に響き合う関係にある．ひとり暮らしの高齢者にとって（かつては「診療所」も開かれていた），また地域から離れて住む人びとにとっても，施設の存在自体が心憩う場所でもある（奥田道大「高齢化の旧市街地では」『コミュニティ』No.91 地域社会研究所 1990年）．

興望館に限らず，本書でとりあげた金沢・善隣館，横須賀・キリスト教社会館その他，それぞれの施設の系譜とは別に，現実に，開かれたコミュニティ施設としての役割を担っていることが，知らされる．一般に，コミュニティ・センター，文化センター，あるいは市民福祉会館，老人福祉センター等の名称の新設の立派な公共建築物が，目につく．しかしこれらの建築物は，施設管理の規則だけがやかましくて，「部屋貸し」「おしきせの仕事，プログラム」を介して地域住民との関係も，「施設利用者」と「施設管理側（あるいはサービス提供者）」とに分離しがちである．興望館その他とは，明らかにその様相を異にしている．

6. 福祉コミュニティを支える「公」と「私」

先の世田谷区のまちづくりハウスは，あくまでも民間ベースの施設であるが，施設の運営は区行政と地域との協働体制による．区では複数のまちづくりハウスの結節点に，「まちづくりセンター（仮称）」構想がある．それは，地域間にわたるやや広域のグループ・サークル，人のネットワークの仲立ちとともに，同じまちづくりワークショップでも，やや専門化路線をねらう．まちづくりプランナー，ハウジング・アナリスト，ケースワーカー，弁護士，公認会計士，医師，精神分析家，教育家，宗教家その他の専門職（あるいはボランティアとしてのプロフェッショナル市民）の生活コンサルタント機能も，重視される．とくに高齢化時代にあっては，生活の身の上相談以上に，老後の住まいの設計から，財産相続あるいは寄付行為，家庭内のトラブル処理，死後の世界と，当

事者にとってシリアスな問題がおおい．欧米等では，住まいの設計や相隣関係も含めたトラブル処理には，「弁護士」の役割を果たす代弁的プランナー（Advocate Planner），また財産管理を含めた生活相談から葬儀の一切をとりしきる公的資格の「フューネラル・マネージャー（Funeral Manager）」の制度があるが，わが国でも無縁の事柄ではない．

　行政過程との直接の繋がりでは，従来の「区出張所」の行政出先機関としての発想をあらためて，一種の「地域事務所」として民間側との協働体制をねらう．地域担当の総合判断力をもつ職員の構想もその一つだが，住民サービスの実質上の仕事は，この「地域事務所」がまかなう．そして，「本庁」体制の区役所を四つの小さい区役所に分割して，まちづくりセンター——まちづくりハウスと結ぶ地域行政化が日程化している．第Ⅰ部で紹介した，1960年代当時の町田市が，基本構想「考えながら歩くまちづくりの提言」に集約されるかたちでさまざまの地域プロジェクト（「車いすで歩けるまちづくり」その他）を手がけたが，たとえば福祉行政の「地域事務所」化構想も，世田谷区と同じ精神にもとづいている．当時の町田市では，地域プロジェクトを介して行政と住民との関係性を重視して，いわば行政と住民とをつなぐ中間領域に，まちづくりプランナー，建築家，大学教師，政府テクノクラート，農業者，音楽家，冒険家等の市在住プロフェッショナルを非常勤「嘱託」として常駐化させた．かれらは幅広い専門的知識，技術をまちづくりに生かすとともに，「住民語」を「行政語」に，そして「行政語」を「住民語」に翻訳する役割を担った．

　福祉行政一般でも，専門分化と個別領域の権限増幅，そして財政手当て，専門職員の配置等が，1960年代当時にくらべて飛躍的に展開している．しかし「高齢者問題」「障害者問題」あるいは「福祉のまちづくり」一つにしても，時代のテーマとしてその緊要性が強調されている割合には，大都市間の，基礎自治体間の，地域と結んだ生きたテーマの「顔」が一向に見えてこないのは，どうしてか．福祉行政一般の「不透明」というか，「無表情」「無個性」「無性格」が目立つ．

先の，地域の一つの生活拠点として，「施設」の見直し，「施設」とリンケージする行政組織の改変，幅広いプロフェッショナル市民，職員への新しい役割期待も，この地域の「顔」を透明化することになる．そして，地域のみならず生活者個人，当事者個人の「顔」を見るということは，福祉行政一般の「サービスの送り手」と「サービスの受け手」，「専門家」と「クライエント」，「管理者」と「利用者」の分離と形式化を，少しでも崩すことにある．そこでは，「申請主義」方式から「アウトリーチ（外向）」方式への発想の転換が，福祉行政の新しい体質となることが求められる．

7. 福祉コミュニティを支える「社協」組織

　社協活動への期待は，現在のマンネリズム的体質の改善，制度の改変，組織の組みかえを含め，おおくの声が社協周辺および内部から寄せられている．このことは，各地社協のアンケート調査結果からも明らかである．アンケート調査結果は，ちょうど町内会活動への注文が，町内会当事者から寄せられている状況に似ている．あらためて，町内会周辺からの声をきかなくても，当事者には指摘される問題点が熟知されているからである．ただ歴史の皮肉として，町内会体制とは一線を画して新しい制度的枠組みと理念において戦後的スタートをきった「社協」が，地域的現場においては町内会体制に依拠してきた事実である．そして，このことは，行政と町内会体制の補完的性格と同様，行政と社協とのそれを，自ずと規定してきた．

　大都市をはじめとする地域現場で，町内会体制が漸く「終えん」を見た現在，社協は町内会と運命を共にするか，あるいは逆に，社協の自己組織力が問われる契機になる．コミュニティ形成・まちづくり運動，あるいは多様なボランタリー・グループと相互に響き合う，運動としての社協活動とは何かが，いま具体的に問われている．制度としての社協活動では，たとえば関西地区，とくに京都市市街地の事例のように，町内会体制の衰微化のなかで，個別の町内会と相互に入り組むかたちで，支援の仕組みづくりをしているばあいがある．京都市の地区社協は，「第二の町内会」と批判される向きもある．しかし私たちは，

これも地域現場に応える社協の自律的活動の一つと受けとめている．

　本書の活動・運動事例では，町内会体制あるいは社協ルートに全面的に依拠したという事実はない．しかし福祉コミュニティを内実とする活動・運動事例では，「もう一つの社協」の運動や組織に期待することが逆にいかに大きいかも，事実である．必ずしも一般化はできないが，東京にくらべて関西都市圏の事例は，それがコミュニティ形成・まちづくり運動であれ，地区社協活動であれ，長い時間的経過において試行錯誤の累積をかさね，一種の結晶型とも言うべき運動・活動の内実を得ている．東京では，運動・活動の「理念」「大義名分」がやや先行している．したがって「理念」追求の比較的小規模の担い手集団のばあいは，運動としての一本の筋が通っており，理解しやすい．しかし離合集散の度合がつよく，運動としての寿命も短命である．それはそれとして，大都市地域（とくに郊外の新興地域）の一つの特色であるが，問題は，運動の継続性が見られるコミュニティ運動や地区社協活動のばあいである．そこでは，運動・活動の「理念」は「理念」として，現実の地域現場では，町内会体制，あるいは既存の地域関連，行政関連集団・組織に依拠しているばあいがおおい．「外貌」として理念，大義名分と「内実」としての機能維持の乖離が，それである．

　たとえで言えば，「地」と「図」が相互に織りなすなかで，一枚の紋様の「地図」があるように，「地」の文脈を抜きにした「図」は，どのように描こうと，それは単に「絵」でしかない．社協は，「絵」を一定の構想として持つにしても，現実にはこの「地」と「図」の関係性にこそ着目すべきである．そして地域現場ごとの一枚の「地図」が，都市地域，とくに大都市地域においてこそ求められる．東京や大阪の歴史的に刻まれた地域的伝統があるとされた都心部，そして地域性が薄いとされた郊外新開地に，それぞれの紋様の「地図」を紡ぐコミュニティ運動，あるいはボランティア活動の実際が，どれほど求められていたかをくりかえすまでもない．

　そして，地域に根ざしながらも地域をこえる水脈において，各紋様の「地図」が重層的につなぎ合わされているのである．最大の誤解は，「都市型社協」と称して，大都市地域の広域性と機能性に着目する余り，一枚の大きい「絵」を大

第Ⅲ部　福祉コミュニティをすすめるために　207

都市地域の「地図」と見なすことにある．一枚の大きな「絵」では見えなかった福祉コミュニティの「地図」を，本来は行政と地域をつなぐ中間組織としての社協こそが発見し，読み解く努力が求められよう．

　本書ではとくにふれなかったが，福祉コミュニティを射程とするコミュニティ形成・まちづくり運動の一つの到達点に，「法人」化をめぐる問題がある．それは運動の累積的継続性，各層にわたる人と情報のネットワークと組織形成，総合的な生活福祉問題，事務局体制と常勤スタッフの必要性，固有財産の管理と資金の調達，その他の問題群は，「法人」化を避けては通れない．しかしコミュニティ形成・まちづくり運動の「横綱格」と言われた本書の事例では，いずれもこの「法人化」を結局のところ断念して，従来の運動路線を通した．「法人」化には，さまざまな煩雑な事務手続きがある以上に，行政「許認可」事項の「法人」化は，民間運動の本旨にそぐわない，また「法人」は運動と組織の性格を変えるのではという危惧が，思いとどまらせた主な理由である．

　大都市社協の一部役員層の言われるように，「民間活動の筋を通して，守備範囲をこえないように」「民間ボランティア精神の初心を忘れてはならない」との受けとめは，一面で真理である．しかし他面では，自前・自力の運動の筋を通すことが，どれだけ，より大きな生活世界への飛躍を踏みとどまらせ，また運動を実質上支えた人と組織に過重な「負担」をかけてきたことか．社協が「法人」格にあたる一部の役割を担う，あるいは肩代りできれば，（たとえば行政をはじめ公的機関から求められる法人格の「社会的信用」部分），それこそ各運動は「自然人」格としての民間ボランティア活動の本領を，「身軽」に発揮することができる．

　その他，個別には「もう一つの基礎自治体」として行政と地域をつなぐ中間組織の役割，幅ひろい人と情報のネットワークの結節点としての「施設・装置」構想，「市民サロン」，福祉まちづくり・ワークショップを日常的にとりおこなう「場所」の提供，斡旋，「アウトリーチ」方式の地域担当専門職の養成，当事者個人の生活相談，専門実務家の派遣その他の事項は，社協の当面のプログラ

ムとして読みかえてもよい．都市化の高度化にあって，大都市地域を中心に「もう一つの社協」への期待がますます寄せられるようになるが，現実の社協体制との落差，あるいは過剰期待が失望へと一転するのをいたずらに心配すべきでない．むしろ本当に心配なのは，福祉コミュニティの実践事例の拡がりと層の厚みにもかかわらず，社協への過少期待が，先細りの町内会体制と同様，社協の制度的硬直化と運動的衰退化を進めることにある．（**奥田　道大**）

第IV部　福祉コミュニティへのパースペクティブ

1. 市民主導による支援ネットワーク

林　泰義

（1）福祉コミュニティへの視点・概念

　長い年月にわたる市民の運動や，社会・経済情勢の変化の結果，今日の福祉行政は，たとえば10年前と比較すれば格段の進展をみせている．にもかかわらず，市民は今日，ますます自らの力で福祉を実現しなければならないと考えている．そうした波動は，今回の調査に強く記されている．福祉は行政には任せておけないという声がひろがっているのではあるまいか．

　生活の困難を抱える全ての人に対して，その一人ひとりの困難の解決に必要な支援をすることが福祉ではないか．市民の諸活動は，そう主張している．行政が基準によって福祉の対象者を切り分け，基準によって支援の内容を決定していく有り様を，市民の眼は見据えている．市民には，生活の実感として，また生々しい現実として，その基本的矛盾が見えているのである．

　人びとがお互いに支え合うことが，何事によらず困難を解決する基本だとしても，実際には，具体的な誰かが行動を起こさなければ，支え合いは始まらない．しかし，今回の調査は，その誰かが必ず出現し，しかも誰でも，その誰かに成りうることを示している．

　その誰かを生む根底にある福祉の概念は，支援を必要とする人を中心に置いて，その人にもっとも適した支援をすることであった．支援に必要な人のネットワークが，「誰か」を中心に組上げられている．そのネットワークは，まさにコミュニティから成り立っているのである．そして，行政の役割を適切に組込むのは「誰か」と「ネットワーク」の力量でもある．

　ここでは，行政の役割，いいかえれば，行政と市民の役割分担を決めるのは，市民（「誰か」と「ネットワーク」）であって，決して行政ではないことが重要である．コミュニティの自治として福祉が実現していくという認識が，その根底にあるのではないだろうか．

　一人ひとりの人権，個性と向き合うこと，そこに必要な支援がコミュニティ

の自治のもとで，編み出されていくこと，おそらく，福祉コミュニティの概念は，そこに集約されるのであろう．

（２） 印象的であった運動・活動例

中心となる人の宗教的使命感から活動が生まれるという事例は，歴史的にも古くからある．そのなかでは，カラバオの会の渡辺英俊氏の活動と，その活動内容や語り口から感じられる強烈な個性が印象的であった．同時に外国人労働者の人権と差別の現実が凄絶である．

当事者としての市民が取り組んだ福祉活動の事例も少なくない．なかでも名古屋のゆたか福祉会は，着々と組織と施設を拡充し，今日では恐らく民間では最高の福祉作業所や生活施設まで運営している．その組織が民主的な運営と討論の積み重ねで発展している点は，強く感銘を受けたところであった．同時に，名古屋市の対応が，施設の土地を提供するなど，きわめて重要な役割を果たしながら，それ以外は，ドライな対応であったことが，かえって，活動の自由な発展を可能にしたのではないかと思われる．

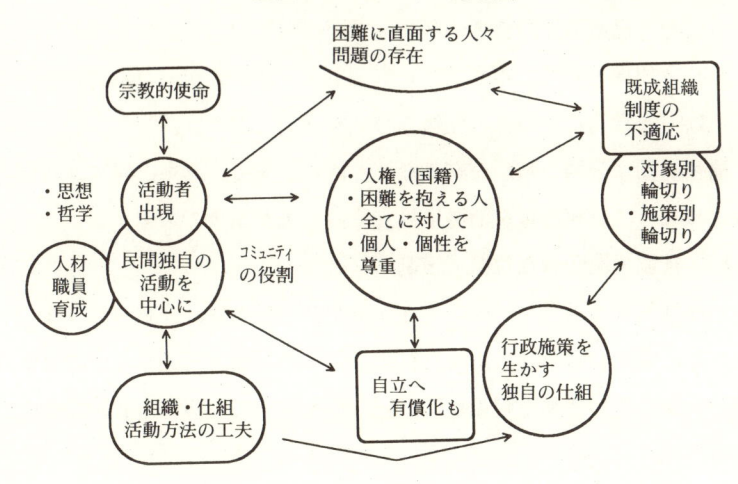

福祉コミュニティの見取図

（図：中心に「民間独自の活動を中心に」があり，周囲に「宗教的使命」「活動者出現」「思想・哲学」「人材職員育成」「組織・仕組活動方法の工夫」「自立へ有償化も」「行政施策を生かす独自の仕組」「既成組織制度の不適応」「対象別輪切り・施策別輪切り」「人権，(国籍)・困難を抱える人全てに対して・個人・個性を尊重」「困難に直面する人々問題の存在」が配置され，「コミュニティの役割」が示されている）

（3） 福祉コミュニティを考える上でも強調点

本調査の事例から，活動とそれにまつわる事柄や考慮すべき点をダイアグラム化したのが，前ページの図である．これを踏まえて列挙すれば，次の点が強調すべき点である．

イ．福祉理念の発展：（これはすでに述べたので省略する）

ロ．民間独自の活動を中心に：行政に対して，自立したポジションを取りつづけることは，活動を支える財源等については，時に困難はある．しかし，活動の発展の面からは，かえって望ましい結果となる．

ハ．この活動を支える思想や哲学の深さは，その活動が数十年も継続するためのベースである．興望館などは，そうした蓄積が，今日までの持続的発展を支えている．

ニ．組織・仕組み・活動方法の工夫：誰でも活動の中心人物になれると述べたが，これを支える各種の専門家が必要となる．この専門家が，組織，仕組みに対する助言あるいは工夫を生み出す責任を持っている．

ホ．福祉対象者自身が，自立の一環として，福祉サービスへの対価を有償化することを提案した障害者のグループが出現した．

　N.P.O組織として，ボランティア活動を，より安定した活動に変えていくには，非営利だが有償の仕組みが必ず必要となろう．

ヘ．福祉活動に公的な補助が有効なことはいうまでもない．常に，市民の主体性のもとで行政施策を活動に役立てる工夫が重要である．

（4） 社協の置かれた位置・役割

社協が福祉領域に果たしてきた大きな役割については，今さらいうまでもない．しかし，組織の常として，また行政組織との密接な関係をもつことから，キメ細かく弾力的な活動を起こしにくい構造を持っている面も否定できないところであろう．

これを前述(3)で示したように，対象者一人ひとりの状態にあわせた福祉サービスが提供できるか，という視点から見直すべき点があろう．

そのばあい，社協がインターミディエーターとして適切な活動が出来るかが

問題である．可能なかぎり，各地のボランティア活動をN.P.Oとして立ち上がらせていくための支援をすることが重要である．

支援としては，資金，情報，人材が中心である．また，各地の活動に関する情報のネットワーク化を一層充実することが望まれよう．

（5） 関心を寄せてきた活動（列挙のみ）

(1) 町田市玉川学園住民の有楽土地開発反対運動の支援．
(2) 世田谷区梅丘中学校前ふれあいのあるまちづくりにおける住民参加への参画．
(3) 世田谷区まちづくりハウス活動への参画．

2. 新しい共同社会としての福祉コミュニティ

越智　昇

(1)　「福祉コミュニティ」への視点
● 「福祉コミュニティ」の私的な定義

　生活地域を意識した住民諸階層が，自発的創造的な連帯活動のなかから，共通しあるいは関連した福祉的生活課題を共有分担して，長期的展望にむけた学習と実践でとりくむ生活様式をつくり出す．この過程は単線的ではなく，自我を組みかえる試行錯誤の過程として自覚されねばならない．そうした文化の形成とそれを基底にした人的物的ネットワークが，都市の経済的・政治的・行政的諸政策を組み変えて，人間的社会環境と「安心と情熱」を発展的に保たせ，グローバルな異質性をも吸収していく．そのような新しい共同社会をさす．
　以下，この「定義」で使ったキータームを中心に，若干の説明を試みたい．

① 都市型社会における〝地域〟とは

　「地域」範囲をどう規定するかということは，コミュニティということばが社会学の概念に登場して以来，随分古くから論点になっていた．コミュニティは「一定の地域」という条件をもたねばならないのだが，それは地理学的地域，政治的行政的地域，経済的地域，そのものではない．現実にはこれらの要素を無視できないが，私は生活的地域を基本にする概念だと思っている．住民が「生活」という点で関係をつくっている地域の範囲をさすと考えるものである．
　そうはいっても，生活地域というものが明確に示せるか，というと，非常にむつかしい．キリスト教社会のように，教会を中心にした信仰生活で結ばれている伝統があるところでは，日曜ごとに礼拝に通う人びとの居住区域を第一義的なコミュニティとよんでよい．日本の場合，伝統的には，農業生産を共同労働で営むところのムラ（＝自然村）がそれにあたった．資本主義的都市化にともなって，そうしたムラは解体された．人口の8割が都市に集住するようになり，都市における生活地域の規定が問題になる．
　都市型社会は生活の機能分化の高度化をその特徴とする社会である．生活問

題がさまざまな専門領域で処理されるので(分業型)，都市生活者はそれらに依存して生活を成り立たせているし，高度に都市化されたならば，人びとは自前で自分(自分達)の生活問題を解決する自治能力を極度に失うに至るであろう，と都市社会学者は指摘する．事実その傾向は強まっている．「わが地域」と思う地域範囲は大都市になるほど狭小になる．横浜市民の意識調査によれば，所属町内会の班(せいぜい20世帯以内)またはそれ以下の手狭な近隣居住区域をさすものが42.1%を占め，それに，町内会の範囲をさすとするものが26.3%である．かれらの生活諸問題は，もはや，「わが地域」とは無関係なところでとらえられている．そして住民にとっての生活諸問題の解決を総合的にとらえる住民主体の地域概念は，今日の都市型社会では未成立といわれねばならない．

とはいえ，昭和40年代以降，特定の生活問題をめぐって起った住民運動の多様性は，都市型社会の生活地域概念にとって大きな示唆を与えたものである．作為阻止型であれ作為要求型であれ，主体的に呼びかけあって地域的共同の生活課題解決のために結集するボランタリー・アクション，ボランタリー・アソシエーションである．この行動様式がなぜ，都市的生活地域概念に示唆を与えたというのか．争点(イシュー)を生活共同にとって不可欠な，避けて通れない課題として意識する自発的連帯行動にほかならないからして，それが持続する間にその行動の範囲，自発的連帯の範囲が「わが地域」となるからである．かつて私は，中都市での社会運動調査にもとづき，地域社会はあったり無かったりする，と論じたものだが，というのは上述のような意味でもフレキシビリティをもつのが都市の生活地域の特性だということである．

農村型のばあいは，わが村としての地域の範囲は伝統的に強く，その強さは，住民生活と生産を守るために不可欠であると意識されていた．だからして，水利をめぐる争議は，それぞれの村を守ることと一致し，「わが地域」が「わが村」であることは明々白々であった．

まとめていえば，都市型社会になるにつれて，そうであるからこそ都市といえるのであるが，専門処理サービス機能がいやが上にも充足されて生活者はそれへの依存生活を快適と心得る．その結果，日常生活では，自分達の生活地域

は？と問われると，ほとんどとるに足らない——せいぜいご近所のつきあいの場程度の近隣地区か，所属する町内会の範囲くらい——ご苦労なことだが役員中心に街灯管理や行政との連絡や，行事の世話をしてくれる町内会だから——しか思い浮かばなくなっている．しかし，生活にふりかかる共通した不安が意識されると，代表的には公害問題であるが，主体的に問題にとりくむ有志の連帯が起こり，その動的な関係性が「わが地域」をつくり出した．それまで未知だった人びとと語り合い，役割をすすんでとりあう連帯が生じる．多くのばあいその運動が既存組織である町内会などを抱きこみ，町内会が組織の中心のように見られることもあるが，あくまでも運動のための資源動員として位置づけられる．このコンテキストで明らかなように，都市型社会での地域が積極的に「わが地域」と意識されるのは運動のなかでであった．このことがまず指摘されねばならない．

② 地域生活課題の「運動」と「活動」

　以上は，地域とよぶとき，都市型社会では，自主的自発的に地域課題に気づく住民たちが，創造的にとりくむフレキシブルなエリアという見方が必要だということを述べたのであるが，そういう見方をしなければならないという事実を具体的に示したものが住民運動であるにしても，争点をめぐる住民運動にしぼって生活地域をとらえるのは表面的・一面的である．見落としてならないのは，そのような運動の地味な担い手・参加者の間に，すでに培われていた，そして運動過程においても，いっそうの意欲と行動の充実がみられる福祉的活動があったし，あるということである．そもそも，砂つぶのごとき一個人がいて，相互に何の関係もないアカの他人と，或る日，突然，住民運動の相談をすることなど出来ようはずがない．また，単に近隣としてのおつきあいがある間柄ということで運動組織化がすすめられるという図柄もありえない．相互に呼びかけや組織化につながる関係性が育っていなければできないことである．事実，そうだった．

　既存組織にかかわって，気心を知りあい，何でも話しあえる間柄がその下地の役割を果たすこともあった．町内会役員とかPTAの熱心なメンバーのなか

にもあった。そのほかに自主的なサークルをつくって，身銭をきって何かをやっている仲間がさまざまにあった．そうした間柄があるから，誰かが気がかりな問題を情報として口に出せば一緒に考え，まわりへの呼びかけが自然にできる．そして運動体が既述のように独自なものとして結成され，有志あるいは組織として参加するようになっても，それまでのそれぞれの団体活動やサークル活動が消滅するのではない．むしろ，それら自体が自己革新したり，それまでは見渡せなかった新しい地域的意義をとりこんだ活動のレベルに高まることも多い．そのことは，私どもが行った調査事例でいくらも指摘できる．と同時に，地域生活課題を争点とする運動の過程で気づく諸々の問題についてのキメ細かな日常活動の創造ととりくみも事例が教えるとおりである．

　このような，「活動」と「運動」と「組織」のからまりあいは，「人づくり」と「学習」なしには不可能である．日常的活動と非日常的運動とがどのような関係にあるかは，上述したとおりである．それはまた組織のダイナミックな関係を意味する．既存組織の役割も固定されたものとばかりいえず，その換骨奪胎が指摘できもしよう．その理論仮説として私は，既存組織とボランタリーな組織との交差力動を証明できると思っている．その問題には今は立ち入らないとしても，次の一点については明らかに訂正されねばならないと考える．住民運動そのものは，たしかに，発生——高揚——停滞ないし消滅，という経過をたどる．非日常的アクションである以上，運動が目ざした課題が勝利としてにしろ敗退としてにしろ，落着すれば，運動は消滅することが自明である．しかし，運動の研究が往々にして見落としてきたのは，前述したところの，さまざまな住民の日常活動との影響関係である．いいかえれば住民生活全体における動態的な「質」の蓄積である．運動としてのエネルギーと構造は消滅しても，質をかえて日常活動の深層を豊かにし，既存組織をも変えるエネルギーに転化する，という仮説は，真剣にとりくんできた（そういうふうに生活地域を意識してきた）ところでは多くの事例において妥当している．人が変わる（自己革新）というのは，そのような運動と活動の質的関連のはざまで出現するといえよう．

ここでは便宜上，活動と運動を分けて考察してきたが，このようにみるならば，コミュニティとよばれるような生活地域へのかかわり方では，およそ例外なく両者は切れ目なくつながっている．どこまでが運動でどこからが活動だといった切れ目がなく，そこで人間性がナマナマしく現れている（反省的な人間性……そこに自己革新が認められる）．神戸市の真野地区で活躍したM氏の手記によれば，公害追放運動，緑化推進運動をすすめつつ，老人問題に行きあたる．老人集会を開き，「地域医療シンポジウム」を開催して学習し，民生委員を中心にした88名のボランティア・グループを育てた．絶対にこの地域からは孤独死を出さないと誓いあって，ひとり暮らしの老人1人にボランティア1人をつけて友愛訪問を続けた．ここまでは運動と活動，組織と学習の切れ目のない展開である．

　そのなかで，M氏はこう述べている．「私たちは，ねたきり老人の切実なるその願望にこたえきれないで，訪問だけに解消していたことを恥じた」と．ねたきり老人達の本当の悩み，共通する悩みが，「入浴」「着替え」「食事」であることを，その家族達から知らされたからである．そのことに気がつかなかったことをM氏は「恥じた」と表現している．そこでもちろん，住民のカンパでポータブル浴槽を買い入浴サービスに走り，また給食サービス，会食会などにとりくんだのであるが，そのきっかけになった「気づき」を自分の心の底への衝撃として「恥じた」というところに，奥深い自己変革と活動への強い確信を感じざるをえない．その確信がひるがえって福祉行政への激しい批判と運動に展開するのである．M氏はいう．「これらの活動は全て住民のボランティアではじめたわけだが私たちはこれがベターとは思っていない．こういう活動は〝安上り福祉〟だと思っている．本来，行政がもっと真剣にとりくまねばならない課題である」と．

　もっとも，はじめから〝有能な〟行政まかせでよいのではない．それでは完全に行政の専門サービス依存になり，生活に根づく自治は育たない．住民による先行活動が創造的にくりかえしおこなわれて，住民みんなから，その生活地域にとって何が必要なのか，どういうとりくみが必要なのかが提起されること，

第Ⅳ部　福祉コミュニティへのパースペクティブ　219

それが第一ではないか．M氏の地区では，次々と生活地域の課題が実践と学習により掘り尽されたなかから，地区の20年計画（まちづくりマスタープラン）が住民の総意でつくられた．この過程で行政は真剣に対応し支援して，住民の行政への参加でなく，行政の住民たちのまちづくりへの参加が実現したのである．

　もちろん，そこで運動と活動が終止符をうつものではない．その先あるいはその奥の課題を明らかにすることが「福祉コミュニティ」の基本として重要である．

③　都市型コミュニティの公共性

　そこで注目されねばならないこと，それは「公共性」と「文化」であろう．われわれの文脈では，創る公共性，創造する生活文化をさすのであって，与えられ適応を求められる公共性，生活と無縁なところに華麗に飾られる文化をさすのではない．

　およそ都市型社会というのは誰のための都市か，誰のための社会か，が最も見えにくくなった社会だ，とよばれてよい．鈴木栄太郎という農村社会学者であり都市社会学者としても著名な学者がいたが，彼は農村を自然村という原理でとらえ，都市を，農村ではほとんど見当たらない政治的・経済的・文化的結節機関が集積するところだ，とした．私がはじめから使ってきたことばでいいかえれば，高度な専門処理機関の集まったところだということになる．そのさい鈴木は，人と機関，機関と人という関係から，機関と機関との関係が独り歩きして高次な都市システムをつくることを示唆していた．鈴木の時代をこえて，今日ではまさに，"人"はこの機関と機関の織りなす非人格的システムに奉仕し，その増殖をたすける存在になりつつある．それゆえに無気力・無感動なパーソナリティが普通になってくる．実体的なものは，人間や人間の生活の場の営みではなくなって，機関，それも高度に機能化した機関とそのシステムのパワーにおかれる傾向が基本的にはあるのである．そうなると，都市型社会の一つの方向軸（ベクトル）は，そのような非人格的システムに適応することを「公共性」とみなすに至るのであろう．システムが指示する秩序の原理すなわち公共

性とみなされるわけである.

　われわれが学んださまざまな「福祉コミュニティ」事例は，都市型社会のなかに，人と人，人と機関の公共性をそれぞれ個性的に創りつつある姿だった．とすると，構造的に大きな力で流れる前述の都市型の非人格的システムとしての「公共性」に対して，かれらの活動・運動が，どのような公共性を創るのか，それは一体何であるか，がすぐれて問題になろう．語呂あわせがうまい友人が，"気づきから築きへ"といったとおり，事例に登場したどのばあいにも当てはまる．さきに生活地域を意識したさまざまな活動・運動のきれ目のない動きとその厚みを述べたが，それら個々が〈気づきから築き〉であるにとどまらず，その過程で育ってきたリーダー達がそれらを総合する調整役を果たしていた．〈築き〉にむかって積み上げあるいは地固めをする調整的総合力を身につけたがゆえにコミュニティ型のリーダーたりえた，というべきだろう．そこにのみ，都市型社会でのコミュニティにふさわしい公共性が芽生えるとみた．

　そうした活動の調整的総合の節目に登場するのが言い得て妙と手をたたきたくなるような語録である．神戸市丸山地区での数々の語録はいずれも光っているが，それらはまるで漫才のような会合での語りあいから飛び出したと聞いた．語録になるならないにかかわらず，共同行動の諸課題を生活地域に即して自己確認している点は，どの事例でも共通している．胸を張って〈築き〉の自己確認をしているのである．それが都市型コミュニティの公共性にほかならない．そのなかから独自の儀礼として定着するものもあるが，まずは，これらが新しい生活文化創造だと見る方が当をえていよう．胸を張って，こういう生き方，考え方，感じ方，そして行動の仕方をしようというものが湧き上がってくるような独自の内実に他ならないからである．かれらから折々，コミュニティとは人づくり・ルールづくりだ，という声も聞かれる．幾らか舌足らずではあるけれども，生活地域での新しい文化創造（誰もが住みつづけたい気持ちになり，生きがいを感じられるようなお互いの関係性，生活様式・行動様式を活動のなかからみつけ出す）の息吹きと願望を感じとれよう．

第Ⅳ部　福祉コミュニティへのパースペクティブ　221

④　「施設」のもつ新しいイメージ

　都市型社会では通常、「施設」も前述のとおりの「機関」の一つとして扱われやすい．放置すれば，福祉関係専門処理機関とされる．冷たい印象になるのが当然の流れである．狭義の福祉施設に限らない．集会施設にしても行政機関やターミナルの近くに大型の多目的利用施設として造られ，行政的管理が徹底されやすい．人口の量と密度で，生活地域を中心にして小都市と比較してみれば，その同程度の範囲に何の施設もないと驚くのが大都市の典型である．藤岡貞彦氏が「何らかの施設づくりを土台としている」ことを地域ボランティア活動の一つのポイントとしてあげていることはきわめて意義がある．

　地域福祉活動の重要な課題として，「施設の社会化」が叫ばれて久しい．住宅でケアをうけている高齢者のショートステイや給食や入浴などの施設利用が主であろう．また，児童数が減少している学区の小・中学校は，住民の諸活動のために校庭のほか，校舎の一部を改造して〝地域に開かれた〟学校へ移行しようという動きがある．このような，施設の社会化・地域化をとおして地域住民の福祉を高めようという配慮はよいことである．その延長線上でいうならば，施設の職員を増し，待遇を改善し，地域を学ぶ参加学習が必要であり，地区社協の役割が強く期待されるところであろう．

　しかし，施設の社会化が本物になるためには，生活地域からの積極的な姿勢が不可欠である．われわれが学んだ多数多様なコミュニティ活動の事例は，前述の「公共性」とともに，「施設」の既存イメージに対する新鮮な認識を与えてくれているように思う．窮極的ないい方をすれば，〝生活地域が一つの施設のようなイメージ〟になっている．個人・家庭さまざまな関係性・地域の学校などいわゆる公共施設・行政職員の日常的参加・組みかえられた地域組織・拠点となる自前の会館ときめ細かなボランティア組織ならびにその連絡調整を専任する役割のボランティア・緊急通報ネットワークの完備（高齢者宅――隣家・ボランティア宅・消防署のみならず，寝たきりの高齢者宅の屋外に聞こえるブザーと赤ランプの設備）など，15年間の活動を持続している京都市上京区の春日住民福祉協議会は，まさにそのイメージにぴったりするであろう．詳しくは事例

報告によるが,高齢化率18%という今日の事態を予見して,はるか以前から着々ととりくんできた事実から,その気になればどこでも出来る,と思われる.

このイメージにそってみれば,さまざまなレベルの"施設"づくりがユニークに展開されている.プライベートなはずの居宅が,ゆるやかに開放されていることに気がつく.京都の古い住宅地区では,門口は完全に別々でも,裏庭は隣や裏の家と簡単に往来できるようになっていて,裏庭つきあいが必要とあれば共同共助の施設的役割を果たせるようになっている.新興住宅地区はその逆ではあるが,友人たちのネットワークで,あるいは共同購入をとおしての交流で,自然な形での相互扶助が家の垣根を風通しよくしている例は,どの地域でも見受けられるところである.もっと目的的な家の開放は,子ども文庫活動や障害児の自主訓練という当事者グループなどで,腰をすえて行われている.また,大阪市の「上六」地区の事例によれば,年中無休で深夜から早朝にわたる町内全域交替制の夜警活動のために,何箇所もの家庭が順番制で夜警詰所のために家を開放していた.

都市型社会の危機的傾向を察知するからこそ,それに対抗する必要を活動・運動のなかから気づくからこそ,行政に先行し,行政は何をすべきかという問題をつきつける,もうひとつの施設イメージが動いているといえよう.このことを例外的に見ないで,行政はもとより,社協,諸施設,既存団体がそのあり方を再検討すべきである.

⑤ 新しい共同社会としての福祉コミュニティ

どうやら,福祉コミュニティとは,新しい共同社会として最も成熟したものであるらしい."新しい"といっても,過去を否定して最先端を走るという意味ではない.共同社会のルーツをしっかりとらえているとみられる.共同社会といっても,固定化するようなものではなくて,シンはしっかりしていながら,柔らかい自己革新性をもち,流動する異質性をとりこみ,そして都市型社会を人間のための社会に変革するところの,科学的にはまだ解明されていない新しい高次の方程式に相当するような重大な問題性をもっていると想定される.したがって,私としては,新しい共同社会として福祉コミュニティをとらえつつ

も，これに対する明確な定義をためらうほかない．頭書きの"定義"はまことに未熟なもので，本来の定義には価しないという意味で「私的」と称したが，思うところを幾らかでも集約したかったのは事実である．

　実証から理論（概念と定義）へと固める力量をもたないことを恥じいるのではあるが，事例に接するなかで，広く社会的結合を課題にする社会学徒の一人として，考えさせられた点を若干述べて責をふさぎたい．

　1．「コミュニティ」のひとつの側面に「福祉コミュニティ」があるのではなくて，コミュニティの成熟した姿が「福祉コミュニティ」ではないか．

　2．「福祉コミュニティ」は，空間構造と意味世界を包む概念ではないか．

　3．事例に登場する諸活動が都市型社会あるいは都市化社会での活動でありながら，自らを共同体とかムラとかと称しているのはなぜか，自称していなくても活動内容から察知もされる．思うに，村落共同体にかえる，という意味ではないし，単一目的集団（合理的機能集団）たろうとしているのでもない．ムラのゲマインシャフト的結合でもなく，都市のゲゼルシャフト的結合でもなくて，もっと底にある原理的人間結合・人間理解・人間解放・共同と共働をからめた文化としての「分担と親睦」をいおうとしているのではないか．そう考えると，この文化原理がコミュニティの本質であって，それが農村的生活条件においては，ムラ共同体になり，都市的生活条件においては都市コミュニティになって表れる，といえないか．

（2）　地域社協の再活性化のために

① 「福祉とコミュニティ」を展開する上での地域社協の位置づけ

　戦後，GHQ の勧告にしたがって，住民主体の福祉活動を推進するために，自治体ごとに社会福祉協議会がつくられた．この施策の意図自体は，いいことだが，福祉コミュニティづくりという視点に立つとき，率直にいって，難点を数々指摘しておかねばなるまい．

　都市地域ではとくにそうかもしれないが，肝心の住民の間に社会福祉協議会という組織が知られていないようにみえる．東京郊外の，かなり熱心な地域社会福祉協議会の役員が，「社協」というと「写経」のことだと思っている住民，

つまり宗教団体だと思いこんでいる住民がいた，と苦笑していた．このような誤認や全く知らない住民が結構多いようである．社会福祉協議会だとフルネームでいえば，想像はしてくれるにしても，官庁機構のひとつのように思っていて，住民主体の民間団体だと受けとめている住民は存外少数のようにみられもする．9月15日に敬老行事をする地域社協はほとんどだろうが，住民側では，主催は連合町内会・連合自治会のように思いこんでいて，地域社協主催という認識は乏しい感じである．

　考えようによっては，それはどちらでもいいので，要は地域福祉が高まることだ，ともいえよう．私も，主催団体のヘゲモニー争いをいうつもりはないが，それくらい，地域社協が浮いた存在になっているところが少なくないことを，まず考えてみねばならない，と思うものである．この悲劇（？）は，日本での前記した組織結成のあり方と，他方，急速な都市化，それに，日本人の精神構造にその原因を求められよう．社協組織の意図は賛成だと既述したが，事実は，住民主体と裏腹に，まず自治体側に設立され，年月をへだてて地域（地区）の社協がつくられたものであったから，住民にとっては下から盛り上げる社協のイメージが乏しいのがむしろ当たり前で，上意下達の官庁組織と同列のもののように映ったのであろう．

　また，地域の福祉活動の原点には昔からの近隣相互扶助の慣習があったものだが，急激な人口移動，階層分裂にともなう近隣関係の希薄化も，とくに昭和30年代以降目立ってくるわけで，地域社会としての福祉のあり方が問題になるはずなのに，地域住民の間での対応がにぶり，そして，地域社協もその点を整理して問題提起する役割を怠ったように思える．それが，住民に地域社協への関心を低くしているもうひとつの理由だろう．

　われわれ日本人の精神構造の問題は，論じるにはあまりにも大きな問題であるし，あとで，ボランティア行為について意見を述べるさいにふれねばならないから，ここでは通説並みに述べるにとどめたい．それはプリバタイゼーション（私生活主義）への急激な傾斜であり，他人のことに構わない競争主義のはびこりである．そのことは，私生活領域が公的関与にさらされ，その私生活領

域への浸透と分断を促進させることになり，社会福祉ということも，「私たち」が「公共」をつくるという原点から急速に遠ざかることを当然とするような精神構造を助長した面として指摘されよう．

社会福祉協議会がその使命を達成する上において極めて重要な地位にあるのが地域社協であることはいうまでもない．地域社協が活力をもつためには，上記した難点を克服すべき具体的な方針をその地域独特に練り上げ，日常の活動をたゆまず遂行するしかないと思う．

② 地域社協と町内会

ところで，地域社協の構成をみると，大概，わが国独特のものになっている．委員の主力は町内会（自治会）長と民生・児童委員である．もちろん，老人クラブ会長，婦人会長，保護司，小・中学校長，ボランティア団体代表など，地域の主要団体の長をふくんでいるが，人数の上からみれば，町内会長，民生・児童委員の存在が大きい．民生・児童委員は町内会組織から推薦される者だから，あえていえば地域の町内会長たちが主であるとよんでもさしつかえあるまい．それゆえに，地域社協はたいがい，連合町内会（自治会）単位になっている．これはまさに日本的である．既述したように，地域社協を連合町内会の組織部分とみている住民が少なくないのも当然である．ところで，地域社協が活発に動くためには，連合町内会や単位町内会が社協路線で活発に動かねばならないことになるのだが，町内会長は町内のトップリーダーとして，きわめて多忙な諸行事をもっているために，地域社協の日常活動を町内で積極的に推進するには無理が多い．

私どもが，「福祉コミュニティ」の事例として多くの学習をしたなかで，感心したケースはいくつもあったが，それらのなかでも印象に深いところは，事実上，連合町内会長が地域社協の会長を兼ねている地域だといえる．そこにひとつのヒントがあろう．お分かりのように私は，町内会（自治会），その連合会が地域社協を構成する主力だからまずい，といっているのではない．これは日本的な，なるべくしてなった構成である．ここに着目して地域社協の改善をはかる途がある．そういう考え方で私の意見をすすめようと思う．そこでひとつの

事例をとりあげたい．神奈川県平塚市富士見地区社会福祉協議会である．

③ 富士見地区社協の事例から

i) 組　織

　平塚市の郊外．5600世帯，人口1万7000人（約）．元は農村だったが，今では兼業農家0.1％．他は勤労者世帯．商工業者は10％程度．区域は富士見小学校区．14の町内会・自治会．地区の中央に公民館．ほかに貴峯荘（身体障害者職業更生センター）あり．文教・衛生施設が集合していて，小・中学校各1，保健センター，県立高校4校，県立平塚看護専門学校，県立平塚保健所，県立平塚公害センター支所，日赤湘南血液センター，保育所2，私立幼稚園5などあり．この地区社協の地域は以上のように，教育・福祉を中心とした都市郊外型の通勤勤労者生活地域といえる．

　この地区に社協が設立されたのは25年前（昭和41年1月）のことである．当初から3期に区分される発展がみられるが，現在の社協組織図を示した上で，私

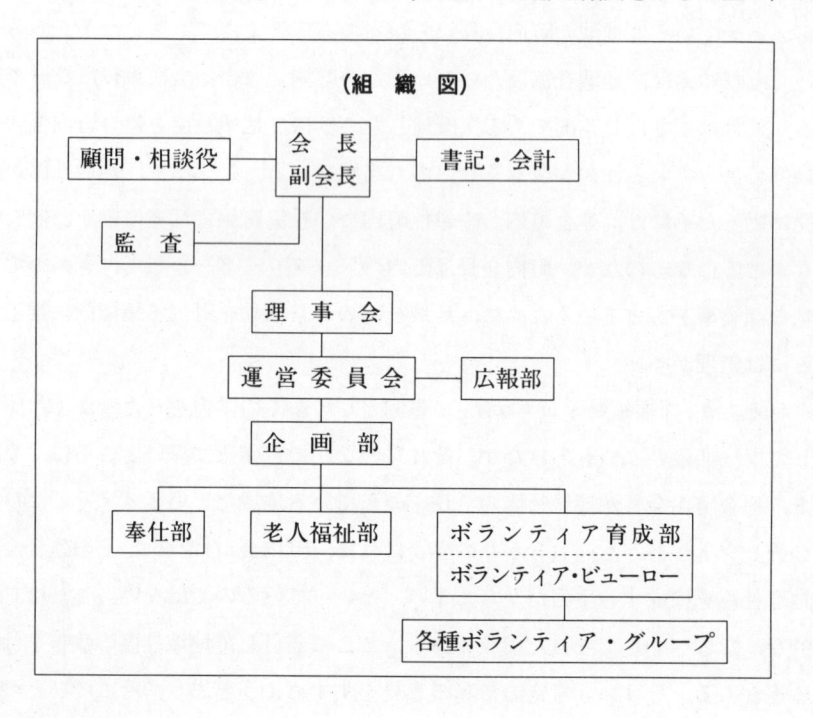

（組　織　図）

顧問・相談役 ― 会　長／副会長 ― 書記・会計
監　査
理　事　会
運営委員会 ― 広報部
企　画　部
├ 奉仕部
├ 老人福祉部
└ ボランティア育成部
　 ボランティア・ビューロー
　 各種ボランティア・グループ

が論点としたいことを述べていこう.

　前記程度の地域範囲における社協で,これだけの組織化をしているところを,私は知らない.もちろん,組織体制ができればよいというものでないことはよく分かっているが,25年かけて下から積み上げてきた福祉のまちづくりのための組織である点を強調しておきたい.

ii)　その過程

　設立当初の証言によれば,昭和39年の秋,平塚市福祉事務所と平塚市社会福祉協議会とから,降って湧いたように"富士見地区に社協をつくってほしい"という申し入れがあった(市村良平「住民とともに福祉のまちづくりを」,神奈川県ボランティア・センター『小地域活動の役割と可能性——ボランティア活動の実践記録と提言』No.10　昭和61年3月,p.83).申し入れを受けたのは連合町内会である.かれらは「社協って何なのか」「地区社協は何をするのか」「説明を聞いたところでは,町内会の仕事とあまり変わらないではないか.なぜ屋上屋を重ねるようなことをするのか」ということで,議論を重ねた.そして,充分な研究期間(準備期間)をとって納得するまで勉強しようということになり,学習,住民生活実態調査,先進地区社協の視察などを実施して,遂に設置賛成にふみきったのである.この間,実に2年間を要した.

　合意のポイントは,目的と組織である.

　「社会事業・教育・公衆衛生・非行防止等々,住民生活に関わる全ての事柄について取り組む組織」と定義され,「官製の与えられた組織でなく,住民誰もが参加でき,住民の総意によって住民が共に歩める組織」したがって「手造りの地区社協」にしよう,と合意された.この基本に立って改善を重ねた結果が前記した組織図になったものである.

　この事例から思うことの第1は,住民主体という意図を徹底的に地域に根づく仕方ですすめたことである.ただでも多忙な町内会長の方々は,はじめてのきびしい調査学習そして討論を経験せねばならなかった.それだけに,自分の町内の慣行的行事を中心にした短年度活動に力点をおく運営だけでは不充分で,変化する地域社会の実態と問題点を見とおした総合的な福祉まちづくりの

長期的・中期的計画を企画し，日常的に実践することが重要なのだ，という理解をえたのであった．地域社協としては，富士見地区社協のようにスタート段階での慎重なとりくみをしたところは珍しいであろう．今後，地域（地区）社協をつくろうというところについては，このような準備活動をおすすめしたい．しかし，既設の地域社協についても重要な教訓がふくまれていよう．

　そもそも，富士見地区社協にしても，設立段階で2年間もかけた既述の努力は，当時の関係者や，それを知る住民以外には，一般のばあいと変わらない状態が想像できる．つまり，原点と意図が何だったかを，なまなましく常に再認識することは困難なのである．ことに都市的な人口流動と世代交替，価値観の多元化のなかでは，既設の地域社協と同じ条件と考えてよい．そういうばあいになお，富士見地区社協に学ぶことは何か．組織図にかえってみよう．とくに運営委員会の中身について考える必要があると思う．ごらんの通り，ひとつは「企画部」であり，もうひとつは「広報部」である．この説明と私の提言は，必ずしも富士見地区社協の実態に忠実に報告するのではなく，他の地区社協（とくに富士見地区社協が準備期間中に，先進事例のひとつとして視察学習の対象にした神奈川県藤沢市長後地区社協）に及び，あるいは全くの私見を述べる部分もあることをお断わりしておく．

iii）　「企画部」と「広報部」

　「企画部」の先例は明らかに，長後地区社協に準拠した構想であった．長後地区のばあい，さまざまなボランタリー・アクションが自然に地区社協の方向づけをしたところにその特色があった．社協はあったし，自治会もあった．いずれも既存の在来型の組織だった．そのような町で，いつしか同好者が学習仲間をつくる．あるいは8ミリ映写機の愛好者たちが，町内の夏祭り風景を撮り，祭礼後，集会所で映写会をひらく．見に集まった住民たちから歓声が上がる．誰に頼まれたのでもなく自発的に町の躍動を記録し，住民とともに楽しむ．そうしているうちに，障害児の存在に気づき，これまたごく自然に仲間ができて自主訓練にとりくむ．多様なボランタリー・アクションが，やわらかい連なりをつくって，そんな輪がリンクしあい，無理のないコミュニティ像を育ててい

た．そこから地域を知り，地域社会を学び——つまり地域社会の生活課題・福祉課題が発見されたのであった．

地区社協こそ，そうした課題にとりくむ組織であるべきだが，既存組織のトップ集団ではそうしたやわらかいコミュニティへのとりくみはむずかしい．そこで，ボランティアの側から社協に対して「企画部」の提案が出された．

ひとり暮らし老人たちとの会食・給食，障害児自主訓練と社会参加，さまざまな学習活動など，地域共同社会にむけた総合的視点から，ボランティアたちの経験と知恵が集約されて，実践プランが企画される．それを理事会で審議してもらい，承認されたら，ボランティアたちが，実践の段取りに入る．

とはいえ，ここでも慎重な決定がなされていた．ボランティアたちは終始，黒子の役に徹するのである．絶対に表立たない．地区社協の委員である自治会長や民生委員を先頭にして，地味に裏方をつとめるのである．そこで，自治会長は，地区社協の企画実践者として住民の前に現れる．こういうパターンの活動が自治会単位にくりかえし行われた，と理解している．

富士見地区社協は，そこに注目して，組織図のとおり，ボランティア・グループを基盤とし，その育成をはかり，さらに社協としての専門部会を強化したとみられる．既存社協も，この＜長後ー富士見＞の考え方を参考にすれば，いつでも再活性化をはかることができるであろう．そしてまた，町内会（自治会）が「福祉コミュニティ」として担うべき豊かな領域をもっていることも，自然にわかるはずである．

「広報部」について，前記事例に即した知識は乏しいのであるが，むしろ私見中心に述べておこう．富士見地区社協では『ふじみ』という機関紙を発行配布しているが，活力のある地域社協は例外なく広報紙を出している様子である．役員の挨拶などは，できるだけ少なくして，できるだけ具体的なナマな話題を提供するものほど印象に強い．ナマといったのは，見方によればプライバシーにふれることになるけれども，町内のひとり暮らしの老人のケアをめぐってのボランティアの人間的交流がシリーズで紹介されたのも，どこかの広報紙で拝見し，今でも印象深い．顔が見え，心が通い，"だから人間はすばらしい"と思

える内容が最高ではないだろうか．

　苦労して書いてもあまり読まれない，という失望の声もたしかにある．しかし，それを世間の風潮のせいにしないほうがよいと思う．10回に1度でも，小さな反響があれば大成功だと思うべきだろう．「福祉コミュニティ」づくりとは，それくらい気が長いことなのだ．それだけに，読まれないかもしれなくても，真面目に努力して取材し，仲間で批評しあい，これだと思う記事を書くことが求められるのである．普通は，会長あたりが，多忙ななかで書いているようだが，その労を多としないわけではないけれども，やはり，「広報部」が独立している方がよい．構成は，ボランティア・グループから選出された数名が，きちんと会合を重ね取材につとめて，責任をもって仕上げるのがよい．取材対象はコミュニティの実態中心で，福祉のまちづくりをテーマにした素朴な投稿や疑問を歓迎し，ときには地区社協の尻を叩くようなものがあって当然である．いいかえれば，住民の声に依拠することを基本にした自立機関になり，地区社協のPRは時として必要であるが，常にはむしろつつしむ方がいいかもしれない．ミニコミ精神に徹して継続することである．

④　地域福祉文化の担い手として

　以上，「福祉コミュニティ」の視点から地域社協再活性化のための私見を述べてきた．そのなかでキータームとしてボランタリー・アクションとかボランティア・グループを重視した．その趣旨は，事例をとおして明白であろうから，くりかえさない．この提言に対する反論は，また，きびしい．その点を中心に私の意見を補足しなければなるまい．反論は2点ある．

　ボランティア活動は個人の主体的条件に左右されるが，いわば気まぐれで多数の参加をえて熱心なときもあれば，そうでなくなるときもある．それに，地域によって，その現われ方が一定しない．地域福祉は，どこででもコンスタントな活動が保証されねばならないのだから，ボランティア活動に過大な期待をかけるのは間違いである．これが第1点である．この反論には，私が主張している一つの問題点を除外すれば，賛成しないわけにはいかない．この反論を延長すれば，公的な福祉施策をきめ細かく制度として確立し，物的にはもとより，

人的にも公的保障を大幅に確立しなければならない，ということになる．そのことには異議はない．先進国として日本はあまりにも遅れているのである．

　この反論に反反論すれば，福祉の風土ともよばれるところの，他人の重荷を共に担うような生活様式をどう考えているのか，という点である．さらにいえば，道に障害物が落ちていれば，誰かがつまずいて危いのではないかと思って取り除き，通り道や公園の片隅に花を咲かせて，誰もが安らぎや楽しさを思ってくれるだろうと感じ，挨拶の声をかけたり，席をゆずったりすることを当然なことと思う——そういう生活様式がかもし出す総体を私は「福祉文化」と呼び，そして，その福祉文化を，顔と顔，手と手，声と声で日常的にたしかめあう生活地域にこだわって「地域福祉文化」と呼ぶことにしているのだが，そうした福祉の風土，福祉的生活様式，地域福祉文化の側面から，ボランティア活動の意義づけをしないでよいのか，というのが反反論である．

　地域福祉にとって，ボランティア活動がどれだけ計算された戦力になるか，という視点に限定すればさきの反論にとどまる．しかし，「福祉コミュニティ」が，いわゆる都市砂漠化を封じて，次の世代にそういう生き方，自前の公共性をつくり出す重要な視点であるとすれば，私の反反論の是非をさけてとおれないはずである．地域社協活動の再活性化を長い目で見よ，と主張してきた理由もそこにある．

　ボランティアが少数であるという指摘は，事実であるが，近年の横浜市でのボランタリー意識調査によれば，実に70％の市民が，機会があればボランティア活動に参加したい，と答えている．したがってボランティア活動は支持されており，かつ，潜在的には大多数が，自分も出来るところで出来ることをしたいと思っていることを忘れてはならない．かれらの主体性を尊重し，地域福祉文化創造にさそう，目が覚めるような力量が地域社協の，なかんずく，企画部に期待されるところである．

⑤　開かれたボランタリー・アクション

　ある社協で講演をした際，誰もが広い意味のボランティア的活動をするようになって，ボランティアと非ボランティアを区別するような「ボランティア」

という用語が無くなることが究極的にのぞまれる——ということを，話のなかでたしかに言った．講演後，社協の事務局長から，"先生は宗教的な信仰をもっているのか"，と聞かれた．私は，恥かしながら，そのような立派な信仰や信念をもっているわけではない．

　自分のことはさておくとして，この事務局長の言葉やボランティアたち聴衆の戸惑った雰囲気から察して，とくに日本の「ボランティア」についての四つの類型をあげておく必要があると思う．あえて反論のかたちをとれば，ボランティア活動といってもどの立場をとるのか，その点が不明瞭ではないか？という疑問であろう．

　4類型といったが，一つはキリスト教社会でいうところであり，他の三つは日本型といえるのではないか，と考える．もともとが横文字だから，西欧語であり，その語源はラテン語の volo とされる．volo とは，神が命ずるところ，神の思召しにかなうことであり，そういう行為をする人を volunteer とよんだわけである．その神の教えとはキリストの教えであり，したがってキリスト教社会で当然の行為とされたきた．日本でもキリスト教徒の間では，この世で隣人を愛し，人のためにつくすことは神の思召しにかなうこととして，ボランティア活動に情熱をもやし，無償の奉仕活動こそ当然であると信じているようにみえる．近年，日本型とでも呼ぼうか——有償ボランティアという用語が広がってきたのに対し，きびしい批判をする立場の中心であるとみられる．

　他方，日本型でも三つのタイプがあるようである．その一つは，ボランティア活動は自分自身のためだ——自分の人間的成長にとって有難い行為だ，とするものである．ボランティアからしばしば聞くことだが，障害児こそ人間的な美しい心をもっていると感動し，また，非運な生涯にもてあそばれて，ひねくれ者になってしまった独居老人をケアするなかで，その老人を反面教師と見たてて自分の生き方を問い直している，といったことから察しがつこう．諺に「情けは人の為ならず」（自分のためになるのだ）というが，このような感謝の気持ちでの関係性の持続発展タイプがある．美しい行為であり，もちろん無償奉仕型である．

他方，有償ボランティアも広がっている．サービスを受ける側でも適度の報酬をとってもらわないと頼みづらいという気持ちがあり，提供する側でも，せめて交通費など実費程度は負担してもらわねば長続きできない，という事情も道理である．鈴木　広教授（九大）は福岡市郊外（農村的）と東京とのボランティア調査をした結果，都市的なところでは無償奉仕型が多く，農村部ではむしろ有償型が多い傾向を発見されたが，前記のような，いろいろな動機や信念がからんでいて，複雑であると思う．

　もう一つは，労力奉仕を点数制で一種の貯蓄とし，自分が必要になった際には，それだけ分のケアをしてもらうという，会員制を前提にした独特の互助的ボランティア活動が近年ふえてきたようである．公的福祉施策がそれほど期待できず，ことに在宅福祉としての問題はギブ・アンド・テイクで乗り切ろうとする傾向であろう．

　反論に答えるために，このように4類型を整理してみた．たしかに私は，どのタイプでなければならない，とは言わない．ボランティア集会で，これら相互が批判しあうこともあるようだが，日本の社会では，あまり生産的だとはいえまい．それでは反論者は，答にならぬと非難するだろうが，私は，さきに述べた福祉コミュニティ創造の立場に立てば，広い意味での，老人から子供まで，あるいは国際化がすすむなかで，短期滞在の外国人までが，当たり前に参加できる開かれたボランタリー・アクションと，そのやわらかい，しかも率直な交流が，地域本位，住民本位にひろがり，発展することをベースにすべきだ，と思う．そのなかに，前述のような，いろいろなタイプがあっても，いっこうにさしつかえない．

　地域社協の主力は，一般にいって，町内会（自治会）長と民生・児童委員であるようだ．前者の新しい役割については文中で述べたと思う．民生・児童委員についてであるが，近年では相当，変わってきた．昔風の地域名望家ではなく，積極的な女性の活動が目立つようになった．それだけに，一歩出て，民生・児童委員が地域ボランティア活動の仲間として，ボランティア達の活動を支え，

かつ，福祉コミュニティ創造のために，町内会（自治会）のなかのみならず，町内会と地域社協，他団体，行政を調整する役割を果たすよう期待したい．

3. 21世紀につなぐ福祉コミュニティ

和田　清美

（1）　今なぜ再び「福祉コミュニティ」なのか
①　「地域福祉計画」をめぐる動きと「福祉コミュニティ」

　本書の刊行から10年が経過した．この間，社会福祉の分野では，1990年の福祉八法の改正に始まり，児童福祉法等の一部改正（1997年），介護保険法の制定（1997年制定，2000年施行），そして2000年に成立した「社会福祉の増進のための社会福祉事業法等の一部を改正する等の法律」まで一連の制度改革が矢継ぎ早に着手されてきた．とくに2000年の法改正は，社会福祉事業法，身体障害者福祉法，知的障害者福祉法および児童福祉法の広範多岐にわたる改正であり，「社会福祉基礎構造改革」と呼ばれている．この法律改正の特徴は，利用する側の生命の尊厳の重視と，福祉サービスの「措置から契約へ」の転換が打ち出され，これにより，これまでの日本の社会福祉サービスの理念と仕組みが根本から変革されることになった（坂田周一『社会福祉政策』有斐閣，2000）．

　この2000年の法改正に伴い日本の社会福祉事業を約半世紀にわたって規定してきた「社会福祉事業法」（1951年成立）は名称変更され，ここにあらたに「社会福祉法」が成立することになった．社会福祉法の基本的理念の一つに「地域福祉の推進」（第4条）が掲げられ，にわかに「地域福祉」が注目されることになった（武川正吾「地域福祉計画策定の意義と課題」『月刊福祉』2002年8月号，全社協，大森彌他編『地域福祉を拓く』（全5巻），ぎょうせい，2002）．とくに，その方策として「市町村地域福祉計画及び都道府県地域福祉支援計画の策定」（107条）が定められたことはきわめて画期的なことである．その施行は，障害者福祉の支援費制度の施行と同じ本年（2003年）であるが，これを1年後に控えた2002年1月，社会保障審議会福祉部会から，「市町村地域福祉計画及び都道府県地域福祉支援計画の策定指針のありかたについて（一人ひとりの地域住民への訴え）」（以下「策定指針」）が発表された．それ以来，「地域福祉計画」に関する論稿が目立って増えてきている（『地域福祉計画・支援計画の考え方と実

際』全社協, 2002年3月, 「特集 地域福祉計画」『月刊福祉』2002年8月号, 全社協). と同時に, これとの関連で「福祉コミュニティ」が取り上げられるようになってきているのが, 昨今の状況である (「地域福祉計画策定の取り組み」『福祉広報』No.526, 東京都社会福祉協議会, 2002年10月)

② 福祉コミュニティの今日的意義

さて, 10年前本書で提案した「福祉コミュニティ」は, そもそも1989年3月, 東京都社会福祉協議会に設置された福祉コミュニティ構想研究委員会による最終研究報告書に基づいている (福祉コミュニティ構想研究委員会編『福祉コミュニティを拓く—大都市における福祉コミュニティの構想と現実』東京都社会福祉協議会, 1991年3月). もちろんそれ以前にも社会福祉の分野で「福祉コミュニティ」についての言及があるが (岡村重夫『地域福祉論』光生館, 1974, 永田幹夫『地域福祉論』全社協, 1985), 本研究会発足の背景には, 日本の地域社会の急速な高齢化の進展とそれに伴う在宅サービスの登場, さらに住民参加型福祉活動など住民による主体的な地域福祉活動の浸透・拡大があった. この現実的基盤に着目し, 東社協側は, 「既存の社会福祉サービスの限界にも着目し, 新しい時代の新しい概念をもつ社会福祉のありかたを考えるため, 地域住民が重荷を担い合い共に支え合う"地域共同体"が, 地域福祉に果たす機能・役割を検討することにいたしました」 (前掲書, p.2) と述べ, 「新しい時代の新しい社会福祉概念」の検討が本研究委員会に課せられたのであった. もちろんこの段階ではNPO法は制定されていないが, 本研究委員会は, 日本の地域社会の社会構成の変化と地域住民の主体的・自発的な福祉課題への取り組みに着目し調査研究をすすめ, 1991年の最終報告において, 「新しい時代の新しい社会福祉」の概念として「福祉コミュニティ」を提案した. その内容が本書なのである. では, 本書で提案した「福祉コミュニティ」の意義は一体何か. この点について別稿で詳しく論じているので, そこから下記の一文を引用しつつ筆者なりの考えを紹介することとしたい.

「本調査研究の特徴は, コミュニティ形成・まちづくり運動を主軸においたところにある. とりわけ, 戦後日本の民主化運動の盛り上がりを背景とした大

都市郊外の60年代型住民運動，まちづくり運動を起点としつつ，それ以降の民間のボランティア，福祉活動・事業の展開を追っている．しかも，ポイントは，『公』『私』の連携とその担い手の把握であった．この時点ではNPO法は成立していないが，アメリカのNPOについてわが国でいち早く紹介した林泰義が委員会メンバーであったこともあり，この点についても報告書には言及されている．このような福祉サービスの多様な担い手の萌芽がこの報告書には盛り込まれており，この点から先に記した東社協の狙いは達成されている．しかし，この東社協の意図とは別に，本調査研究の最大の意義は，大都市郊外に始まった60年代型住民運動・まちづくり運動を背景に概念化をはかった『コミュニティ』の視点から，その内実の変化─洗練と成熟─を『福祉コミュニティ』として概念化させたことにあると筆者は考える．これはコミュニティ概念と社会福祉概念の接合に他ならない．つまり，新しい社会福祉概念を企図した『福祉コミュニティ』は，戦後民主主義の成果である地域住民による主体的・自発的な地域活動に内在する『福祉』の視点から発想されたものなのである．（和田清美「発想としての福祉コミュニティ─コミュニティ論とセツルメント論の架け橋」渡戸一郎・広田康生・田嶋淳子編『都市的世界／コミュニティ／エスニシティ』明石書店，2003）．

　さて，前掲の「社会福祉法」第4条によれば，「地域住民，社会福祉を目的とする事業を経営する者及び社会福祉に関する活動を行う者は，相互に協力し，福祉サービスを必要とする地域住民が地域社会を構成する一員として日常生活を営み，社会，経済，文化その他のあらゆる分野に参加する機会が与えられるように，地域福祉の推進に努めなければならない」とある．ここで述べられていることは，本書で提案している福祉コミュニティの考え方，またそれを裏付ける30の事例に散りばめられているし，また前掲「整備指針」の中で，「今後における地域福祉推進の理念」としてあげられた4点─① 住民参加の必要性，② 共に生きる社会づくり，③ 男女共同参画，④ 福祉文化の創造─は，本書第III部の奥田道大，第IV部の越智昇，林泰義の各論文で詳しく論じられているとおりである．

③ 福祉コミュニティの現実と課題をさぐる——この10年の検証——

　以上のように「社会福祉法」の主旨は，本書で提案した「福祉コミュニティ」の内容そのものであり，10年を経てようやく「社会福祉法」として制度化されたと言っても過言ではない．もちろんこの10年の日本の社会経済的変化はいちじるしく，それに伴い地域における福祉課題も変貌を遂げている．しかし，10年前福祉コミュニティの現実的背景とした都市型社会，高齢化社会，国際化社会は，この10年で予想以上に進展し一層熟度を増してきており，本書で提案した「福祉コミュニティ」の考え方，発想はますます重要になってきていると考える．それ故，「地域福祉計画」の策定に際して，「福祉コミュニティ」の発想・理念が今こそ活かされるべきであり，本書が「地域福祉計画」の施行時と同時期に再版されることはまことに時宜にかなっている．

　とはいえ，先に指摘したとおり，この10年の日本の社会経済的変化はいちじるしく，それに伴い地域での福祉課題も変貌を遂げていることもまた事実である．それ故，以下では，この10年間の福祉コミュニティ形成の現実的基盤の変化とこれに伴う地域福祉活動・運動（事業）の現状を報告したい．なお，地域福祉活動・運動（事業）の現状報告は，本書第Ⅱ部と連続性をもたせるために実施した追跡調査の結果報告を主軸として，これにこの10年の間に新たに出現した諸組織・団体の事例報告が加わっている．今回も筆者は前回の調査と同様「地域の現場」から学んだが，結論を先取りして言えば，「福祉コミュニティ」の発想・理念に基づく諸活動・運動（事業）はこの10年で着実に浸透・拡大していると言え，ますます「洗練と成熟」さを増し，より一層重要になってきていることが確認された．その一方，新たな課題を抱えていることも明らかになった．そこで，最後に，21世紀の福祉コミュニティの構想について述べ，本稿を終えることとする．

第IV部　福祉コミュニティへのパースペクティブ　239

（2）　「福祉コミュニティ」の形成基盤の変化
　　　　──1990年代から2000年代へ
① 社会経済状況の変化と「新しい地域福祉課題」の登場
　　　──少子・高齢化，家族基盤の弱体化，グローバリゼーション，
　　　　低経済成長への移行──

　では，まず社会経済状況の変化とこれに伴う「地域福祉課題」についてみていくこととしよう．10年前福祉コミュニティの社会的背景としてあげられた都市型社会，高齢化社会，国際化社会はこの10年で一層進展し，これらに少子化，家族基盤の弱体化，バブル経済の崩壊，ジェンダーなどの諸変動が複雑に絡み合って，「新しい地域福祉課題」を現出させている．その前提となる都市型社会についてみると，その背景をなす都市化率は2000年の段階で78.6％，この10年で1％程度の上昇にすぎない．しかし，最大の変化は，日本の都市化を牽引し続けていた東京圏への人口転入が1993年に減少に転じ，そのため三大都市圏の転入状況は一転減少傾向をたどる．すでに阪神圏では1973年の段階で減少に転じていたが，東京圏が転入減となる中で，1990年代中期わが国は実態として巨大都市化の終焉を迎えることとなった（奥田道大「都市と都市社会学にとっての1990年代」奥田道大編著『講座社会学　都市』東京大学出版会，1999）．このように都市型社会の都市化は，後述する少子高齢化の進展とこれに伴う人口減少が密接に関連していることを見逃してはならない．また，それは大都市の構造変動として立ち現れ，大都市インナーシティ問題として顕在化していることは周知のとおりである．

　そこで以下では，この都市型社会の都市化を前提にしつつ，この10年の社会経済的変化として，少子・高齢化の進展，家族基盤の弱体化，グローバリゼーション，低経済成長への移行とし，これに伴う「地域福祉課題」すなわち「新しい社会問題」についてみていくこととしたい．

ⅰ）　少子・高齢化の進展と「高齢者介護」「子育て支援」
　わが国の高齢化率は，1990年の時点で13.8％であった．この10年でさらに上昇し，2000年国勢調査によれば17.3％に達した．2002年1月の「日本の将来人

口推計」によれば，2050年には35.7％に達すると推計され，3人に1人が65歳以上の高齢者の時代が到来すると見込まれている．このような急速な高齢化の進展には，平均寿命の伸長と出生率の低下がその要因とされている（『国民福祉の動向2001』第48巻第12号　厚生統計協会，2001）．前者は医療技術の進歩のみならず戦後日本の国民皆保険制度や公的年金制度をはじめとした社会保障制度の充実によるところが大きく，後者は戦後ベビーブーム後の女性の意識の変化が指摘されている（『平成10年版厚生白書　少子社会を考える』厚生省，1998）．とくに後者については，1人の女性が生涯に何人の子供を産むかを示す合計特殊出生率が1989年に2人を割ったこと－その象徴的言葉としての「1.57ショック」－によって，1990年代以降にわかに少子化問題が浮上してきたのである．1997年の将来推計人口によれば，わが国の人口は2007年に1億2778人をピークに減少に転じると予測されている．事実合計特殊出生率はその後も低下し続け，2000年現在，1.35人となっているように，21世紀中葉わが国社会は確実に少子・高齢化と人口減少の時代が到来することになろう．

　そうした中で，高齢者介護を背景とする高齢者対策は，1980年代後半から取り組まれる．とくにこれまでの施設介護から在宅介護の政策転換を意図した「高齢者保健福祉推進十か年戦略（ゴールドプラン）」が1989年に策定され，翌1990年には社会福祉関係八法の改正を内容とする「社会福祉法等の一部を改正する法律」が成立し，特別養護老人ホームの入所措置権限等の町村への移譲，都道府県および市町村を単位とする老人保健福祉計画の策定が実施されることになった．1992年には「社会福祉事業法および社会福祉施設職員退職手当共済法の一部を改正する法律」が制定された．同年4月，「老人保健法」が改正され，「老人訪問看護事業」いわゆる「訪問看護ステーション」が制度化され，さらにその2年後の1994年の10月には「健康保険法」も改正され，訪問看護療養費に関する条文が盛り込まれることになった．この背景には，要看護・要介護高齢者の増加があり，これに伴う基盤整備が待たれていたのは言うまでもない（和田清美編著『高齢社会化と地域看護・介護』中央法規出版，2000）．さらに，1994年には「21世紀福祉ビジョン」が発表され，「今後の子育て支援のための

施策の基本的方向（エンゼルプラン）」(1999年「新エンゼルプラン」策定）と，「高齢者保健福祉推進十か年戦略の見直しについて」（新ゴールドプラン）」(1999年「ゴールドプラン21」策定）が示された．また，1995年には「障害者プラン」が策定された．これを踏まえ，高齢者介護については，1996年の老人保健福祉審議会の答申をふまえ，1997年に介護保険法が成立し，2000年4月より施行されていることは記憶に新しい．と同時に，1997年には保育所を選択する仕組みの導入を盛り込んだ児童福祉法の改正法が制定された．このように1990年代後半には，高齢化に伴う「在宅介護支援」だけでなく，新たに少子化に伴う「子育て支援」が積極的に展開されるようになっていく．

ⅱ）家族基盤の弱体化と「児童虐待」「高齢者虐待」「ドメスティック・バイオレンス」

上述のような急速な少子・高齢化の進展と重なって，家族規模の縮小傾向がすすみ，子育てや高齢者の介護の基礎となる家族基盤が弱体化してきている．わが国の「1世帯あたりの人員」は，1980年には3.22人であったものが，1990年には3人を割って2.99人となり，1995年は2.82人，2000年は2.67人と年々縮小傾向にある．こうした傾向は大都市において顕著であり，東京都の1世帯あたりの人員は，2000年国勢調査によれば，2.23人であり，全国のそれを0.4人下回っている．これは単身世帯の増加と大きく関わっており，東京都の場合，単身世帯の割合は40.9％に達し，全国の27.6％を大幅に上回っている．さらに近年では結婚しない男女が増え，いわゆる「パラサイトシングル」現象が取り沙汰されるようになってきている（山田昌弘『パラサイトシングルの時代』筑摩新書，1999）．

このような家族基盤の弱体化を背景に，1990年代以降，児童虐待，高齢者虐待，ドメスティック・バイオレンスといった新たな家族問題が顕在化してきた．児童虐待は，1996年以降急速に増加したといわれている．厚生省統計によれば，児童相談所で取り扱った虐待相談の処理件数は，1990年度1,101件から，1999年度は1万1,631件となり，10年間で10倍を超え，さらに2000年度は1万7,725件となり，前年より6,000件以上も増加している．このような現状に対応

して，ようやく2000年『児童虐待の防止等に関する法律』が成立した．虐待には，身体的虐待，心理的虐待，性的虐待，ネグレクト（ケアの拒否ないしは放置）のタイプがあるが，田沢あけみによれば，1996年度，1997年度の虐待のタイプをみると，「児童相談所は法に基づく設置機関であることからネグレクトの占める割合が多いのが際立った．一方，民間機関の代表例として大阪の『児童虐待ホットライン』，東京の『児童虐待防止センター』の取り扱い例をみると，制度的機関の児童相談所よりも心理的虐待が多くなっている」（田沢あけみ「児童の権利と児童虐待へのアプローチ」小川政亮・北川隆吉・関家新助編著『明日の福祉に求められるもの』中央法規出版，2002）．さらに同氏は，「児童虐待問題は複雑で難解であるがゆえに多様な専門職・機関の関与やネットワークが必要とされ，まさに地域をあげての取り組みと地域の裁量の力量が試される挑戦的な地域福祉問題である」（田沢あけみ，前掲書，p.116）と指摘している．また，1990年代後半にはこれまでうもれていたドメステック・バイオレンス（夫やパートナからの暴力）の被害の問題が一気に吹き出し，2001年4月に議員立法によるDV防止法の制定，同年10月13日の保護命令の施行，2002年4月からの全面施行は周知のとおりである．

iii) グローバリゼーションとエスニシティ

では，国際化についてはどうか．1980年代団塊状に増えた外国人の生活拠点化については本書第II部の事例に詳しいが，1990年代は，「グローバリゼーションとエスニシティ」としてテーマ化された．2000年12月末現在，わが国に在留している外国人は，186か国，168万644人にのぼり，総人口の1.3%を占める．しかし，この数は，不法に滞在している外国人の数（2001年1月1日現在で23万2121人，法務省入国管理局）はふくまれていない．外国人登録者を国籍別にみると，韓国・朝鮮が63万5,269人で最も多く，全体の38%を占める．以下，中国33万5575人，ブラジル25万4,394人，フィリピン14万4,871人などと続く．過去10年間では，韓国・朝鮮は1991年末をピークに減少傾向が続き，アメリカ合衆国はほぼ横這い，中国，ペルーは増加傾向にある．

東京圏は日本で最も外国人の多く住む地域である．一都三県（東京，神奈川，

埼玉，千葉，神奈川）の外国人登録者数は，57.4万人で，そのうちの半数以上にあたる29.7万人が居住している．東京圏内部での外国人の居住分布をみると，人口に占める外国人の割合は，都心周辺いわゆるインナーエリアと外縁部のいくつかの地域で高い．最も高いのは，中華街のある横浜市中区（9.3％）であるが，それ以外ではインナーエリアの東京都港区で9.0％，新宿区で8.4％，ついで荒川区，豊島区，渋谷区，台東区で5～6％になっている（小林浩二編著『21世紀の地域問題』二宮書店，2002）．

　新宿区の外国人登録者数は，1987年に港区を抜いて以来，特別区では最も多い．2001年1月1日現在，2万4,149人となっている．本書第Ⅱ部にも紹介されている新宿区大久保地区の外国人居住者の占める割合は，2001年1月1日現在，百人町1丁目25.4％，百人町2丁目21.9％，大久保1丁目34.9％，大久保2丁目34.9％で，大久保地区全体では平均25.1％にものぼっている（小林浩二編著，前掲書，2002）．1990年初頭当時と比べると，外国人居住者の割合は2倍に増え，街の様相は一層多文化化をつよめている（渡戸一郎・河村千鶴子編著『多文化教育を拓く』明石書店，2002）．1997年および98年に実施した新宿区大久保地区，豊島区池袋地区の外国人居住調査によると，来日時期では，1980年代来日組が29％，1990年代前中期が41％，1990年代後期が29％であり，このうち既婚者は半数近くの45％を占める．「配偶者が同国人」が69％，「配偶者が日本人」25％，「配偶者が外国人」4％となっているが，「配偶者が日本人」が女性では33％にふえる．そして，既婚者の8割に子供がおり，そのうち日本で子育てをしている人は6割を占める．結果として，長期滞在化，加齢化，既婚化，子供のいる外国人の増加が明らかになり，外国人居住が確実にすすんでいることを示している．こうした傾向を，調査責任者である奥田道大は，「ファミリー・エスニシティ」と表現している（奥田道大・鈴木久美子責任編集『エスノポリス・新宿／池袋――来日10年目のアジア系外国人調査記録』ハーベスト社，2001）．ちなみに，1997年の「外国人」出生数は，全国で36人に1人（2.8％），都で18人に1人（5.7％），東京都区部で14人に1人（7.0％），新宿区では5人に1人（19.1％）というように，新宿区がきわめて高い割合であること，また

新宿区の公立保育園30園に通う外国系園児は376名で，全園児数の2021名の約1.8%を占めており（1999年4月），大久保地区では3人に1人あるいは2人に1人は外国系であるという。そして，外国系376名の内，外国籍児童は175名で残りの201名は日本国籍であると推定している（渡戸一郎・河村千鶴子編著，前掲書, 2002）。

iv) 低経済成長への移行と「雇用不安」「ホームレス」

ところで，わが国経済は，1997年度はオイルショック後の1974年度以来23年度ぶりにマイナス成長を記録するなど，1990年代に入ってバブル経済崩壊以後，低成長基調が明瞭になってきている。2000年に入っても好転の兆しは見えず，企業倒産やリストラによって雇用不安が増大している。これに伴い完全失業率も5％を超え依然高い水準にある。それに伴い「路上生活者」いわゆる「ホームレス」の増加が顕著となり，新たな貧困問題ともいえる現象が大都市を中心に顕在化してきている。

岩田正美によれば，ホームレス問題は，日本のみならず1990年代の世界の大都市に共通する問題であり，わが国では1992年頃から新宿駅の西口地下通路に，300ほどの「段ボール」村が瞬く間に出現したという。この西口通路の「段ボールハウス村」は，1994年に閉鎖され，1996年の1月には大がかりな「強制撤去作業」の実施によってもう一つの通路からも追放され，同じ時期に他の地下街の「禁止」事項も徹底された。そのうちの何割かの人々が過密な「段ボールハウス」村をつくったが，1998年2月火災事故により，ほぼ駆逐されたという（岩田正美『ホームレス／現代社会／福祉国家』明石書店, 2000）。その後周辺の公園のテントや仮小屋が新宿だけではなく，上野，池袋，隅田川，多摩川など都内のあらゆる駅，河川，公園につかの間の「生きていく場所」を求めていく人々は増え続けているという。それは東京だけではなく，大阪，名古屋，福岡，横浜，川崎にも路上での生活者が増え続けているという（岩田正美，前掲書）。1998年，1999年の主要都市の「ホームレス概数」によれば，1998年は大阪市8,680人，東京都区部4,300人，名古屋市758人，川崎市746人，横浜市439人，1999年（大阪市除く）は，東京都区部5,800人，川崎市901人，

横浜市794人となっている(厚生省調べ).いずれも98年から大幅に数が増えている.その数はいっこうに減らず,また中には夫婦と子が揃った世帯や,夫婦世帯,高齢者世帯,母子世帯,父子世帯,女性の単身者が認められるようになっている.このように1998年半ば以降,その数のみならず質的にも変化がみられ,これを岩田正美は「第2段階に入った」と指摘している(岩田正美,前掲書,及び同「現代の福祉国家とホームレス問題」小川政亮・北川隆吉・関家新助編著『明日の福祉に求められるもの』中央法規出版,2002).

② 住民・市民組織と活動の展開

　先述のように,1990年代の社会経済経済状況の変化を背景に,「新たな地域福祉課題」が顕在化してきていることがわかったが,そうした中,福祉コミュニティ形成の基盤となる組織・活動面においても1990年代は画期的な動きがみられた.それは,あの阪神淡路大震災から始まる.

ⅰ) 阪神淡路大震災のインパクト

　1995年1月17日未明,淡路島北部を震源地として発生したマグニチュード7・2の大地震が,阪神淡路地域を襲った.6,433人の死者を出したあの日から丸8年の歳月が過ぎ,2003年で9回目の1月17日を迎えた.2002年4月にオープンした「人と未来の防災センター」は,災害時の被害状況をそのまま再現しているが,その被害の甚大さを私達にあらためて教えてくれる.

　1年後の報告によると,「死者5,502人(その後の震災関連死をふくめると約6,000人),そのうち9割が家屋に倒壊による圧死,半数以上が65歳以上の高齢者であり,木造家屋,共同低層住宅,木造戸建てを中心に約20万戸(40万世帯)が全半壊し,高速道路や新幹線が倒壊し,電気・ガス・水道等ライフラインの寸断によって市民の日常生活は完全に破壊された.海を埋め立ててつくられたポートアイランド,六甲アイランドなどの人工島は孤立し,液状化現象や高層ビルの激しい揺れによる恐怖が襲った」(大震災と地方自治研究会編『大震災と地方自治』自治体研究社,1996)とされ,さらにその3年後の報告では,「仮設住宅で誰に看取られず亡くなった『孤独死』は188名,震災による過労,病状の悪化,自殺などで命を縮めた人も多く,それらを含めると死者8,000人

を超えるとされている」(岩崎信彦「序 いま被災地は―阪神淡路大震災から3年―」『阪神・淡路大震災の社会学』昭和堂, 1999),

このように阪神淡路大震災は, 現代社会に生きる私達に都市災害の恐ろしさと様々な教訓をもたらした. その第一は, 大規模災害における行政システムの限界の認識であった. この震災を契機に, 国は, 災害対策基本法の抜本的見直しをし, これに基づいて1997年防災基本計画の改訂がなされるようになった. また, 震災時の救命救援活動, 市民生活や地域経済の復旧, 都市基盤復興の過程において被災地域の自治体の役割が決定的に重要な意味をもつことがあらためて確認されているが, 国の防災基本計画改訂に伴い地方自治体の防災対策が検討されることになった. こうした中, 近年では, 地方自治体における防災条例づくりが進んでいることは評価すべき点である (中林一樹「危機管理の基本的論点」松下圭一・西尾勝・新藤宗幸編『自治体の構想3 政策』岩波書店, 2002).

第二は, 住民・市民主体のまちづくりの重要性の認識である. 震災から1ヶ月後, 神戸市, 芦屋市, 西宮市では市街地再開発, 区画整理事業を打ち出し, 住民不在のままその2ヶ月後には強行決行した. 岩崎信彦によれば, この段階において住民と行政の間に取り返しのつかない亀裂が生じたという. さらに, その後被災者は神戸市の場合, 郊外や人工島に建てられた仮設住宅にばらばらに住まわされる一方, 市は「まちづくり協議会」の結成を促し, その役員や派遣されたコンサルタントに働きかけながら事業を推進していったが, この段階においてもそこに集まってくる住民間に, また役員やまちづくりコンサルタントの間にも対立・亀裂が生じ, それに伴い疲れが増し, 住民主体のまちづくりの困難さと行政の姿勢が問われてきたという (岩崎信彦, 前掲論文). そうした中, 次節で取り上げる「真野地区」を始めとして「野田北部・高取東地区」や「御蔵5・6丁目地区」など, 住民主体の復興まちづくりの事例も報告されてきているし, 地区間のネットワークも見られるようになってきている.

第三は, ボランティアに対する社会的評価の高まりである. 阪神淡路大震災の救援活動には, 全国から駆けつけた延べ150万人ともいわれるボランティアが目覚ましい活動を展開し, 注目を集めた. 1995年は「ボランティア元年」と

まで言われるようになり，その後のNPO，市民活動支援の流れをつくった．東京都は，1996年度に「ボランティア・非営利団体の活動促進に関する懇談会」を設け，ボランティアだけでなく非営利組織を含めた「市民活動」の支援を総合的に行う「総合ボランティアセンターに関する円卓会議」でその具体化をはかり，1998年度より現行の東京ボランティアセンターを発展・拡充し，「東京ボランティア・市民活動センター」として改組した（『東京都ボランティア・非営利団体の活動促進に関する懇談会』東京都生活文化局1997，『市民活動支援のあり方検討委員会報告書』東京ボランティアセンター，1988）．このような動きは東京ばかりでなく，全国の自治体にみられた．

ⅱ）NPO法の成立へ

ところで，前述のような東京都の動きは何故出てきたのであろうか．それは阪神淡路大震災で復興のための支援活動を展開してきたボランティア団体・NPO（非営利活動団体）の多くが任意団体であったことから，社会的認知が得られなかったり，契約行為が出来ないなど，活動にさまざまな制約があることが次第に明らかになってきた．そうした状況を背景として，ボランティア団体，非営利活動団体への「法人格」の付与についての議論が強まり，1998年3月「特定非営利活動促進法（＝NPO法）」が国会で成立，同年12月に施行されている．同法に基づく「特定非営利活動法人」は，その活動がNPO法に定められた12の活動分野―① 保健・医療又は福祉の増進を図る活動，② 社会教育の増進を図る活動，③ まちづくりの推進を図る活動，④ 文化，芸術又はスポーツの振興を図る活動，⑤ 環境の保全を図る活動，⑥ 災害救援活動，⑦ 地域安全活動，⑧ 人権の擁護または平和の推進を図る活動，⑨ 国際協力の活動，⑩ 男女共同参画社会の形成の促進を図る活動，⑪ 子どもの健全育成を図る活動，⑫ 上記の活動を行う団体の運営又は活動に関する連絡，助言又は援助の活動のいずれかに該当することが設立の条件であり，宗教活動や政治活動を主な目的とするもの，暴力団に関係するものなどについては認められていない．

NPO法施行以来，すでに今年で丸4年が経過したが，図に示されるように

NPO法人認証数の推移

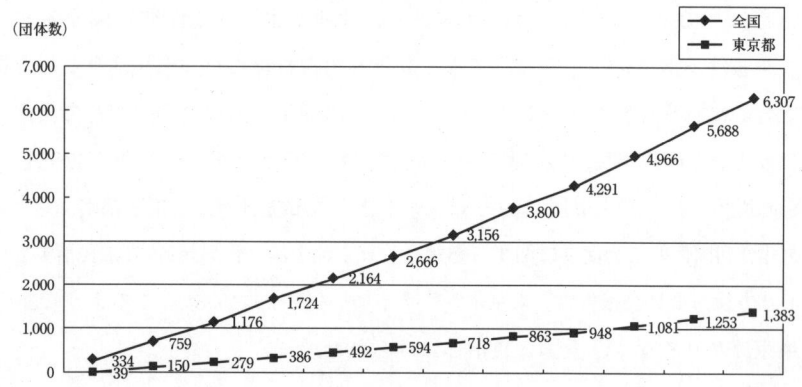

(団体数)　全国／東京都

日付	全国	東京都
H11.7.1	334	39
H11.10.1	759	150
H12.1.1	1,176	279
H12.4.1	1,724	386
H12.7.1	2,164	492
H12.10.1	2,666	594
H13.1.1	3,156	718
H13.4.1	3,800	863
H13.7.1	4,291	948
H13.10.1	4,966	1,081
H14.1.1	5,688	1,253
H14.3.15	6,307	1,383

出所：東京都生活文化局，2002，『社会貢献活動団との協働マニュアル』，p.12

年々増え続け，2002年3月15日の段階で，全国で6,307，東京都で1,383を数えている．

iii)「新しい公共論」の登場―参加から参画へ，そして協働へ―

さて，こうして阪神淡路大震災を契機とするボランティア団体・市民活動団体への支援は，NPO法の施行と共に一種のブームとなっていき，各自治体はこぞって市民活動支援施策を展開していくようになる．先に紹介した東京都の「東京ボランティア・市民活動支援センター」のように，当初都道府県レベルで先行して設置された市民活動支援センターは，NPO法施行以降基礎自治体レベルでも設置されていくようになる．

そうした中，ここ1，2年目立ってきているのが，この育成・支援の段階から，ボランティア・市民活動を行政のパートナーとして位置づけ，事業への参画・協働が強調される段階へと移ってきていることである．とくに措置制度の下で市民や事業者との協働事業化が遅れていた福祉の分野で，2000年4月の介護保険施行以降，福祉NPOが事業者認定される中で加速化されていく（三浦文夫「新しい公共の考え方」『月刊ケア』1998年6月号）．最近では，こうした動きを，「行政のみが『公共』を占有していた『古い公共』との対比において，行政，市民，NPO，企業等の協働によって創り出される「公共」の新しさが

強調される」(平岡公一「このシンポジウムがめざすもの」『地域福祉学会報告要旨集』2002年6月)とし，いわゆる「新しい公共」論議がわき起こっている．こうした動きの中で，今年で施行5年目に入ったNPO法人，さらにはボランティア団体，市民活動団体は，その本来の設立主旨であった営利法人や行政では果たしにくい役割をいかに確立していくかが問われてきている．

(3) いま地域の現場では──その連続と新展開──

前節では，本書が1993年に刊行されて以降の福祉コミュニティの形成基盤の変化についてみてきた．これらの変化を踏まえて，本節では，「地域の現場」の動きを報告していこう．報告にあたっては，本書第II部に掲載されている事例調査の視点，すなわち「その第1は，都市化社会のコミュニティ，あるいは自治の核心にふれた，比較的長い歴史と深い経験をもつ，コミュニティ形成・まちづくり運動の事例に学ぶ．第2は，都市型社会，高齢化社会，国際化社会，表現をかえれば21世紀型社会につながる問題群を地域課題として受けとめている，あるいは受けとめようとしている先駆的事例をたずねる．第3は，それが民間のボランタリーな運動であれ，行政と組む『公』『私』連携の運動であれ，運動の新しい担い手の登場を探る．併せて，新しい担い手の運動参加の動機付けづけ，行動様式，あるいはネットワーキングその他への着目」(本書，p. i〜ii)を踏襲することとした．その結果，① コミュニティ形成・まちづくり系，② ボランティア・NPO系，③ セツルメント系(＝地域福祉施設系)，④ 民間支援援助団体系，⑤ 公的支援機関系，に整理して報告することとしたい．

① コミュニティ形成・まちづくり系

ⅰ) 阪神淡路大震災以後─神戸市長田区丸山地区，真野地区─

コミュニティ形成・まちづくり系の筆頭としてあげられるのは，神戸の丸山地区，真野地区，大阪の上六地区といた戦後日本のコミュニティ形成・まちづくり運動の歴史に刻まれる各事例である．これらの運動は，いずれも戦後日本の住民運動や地域自治運動をその前史にもち，その中心に今井仙三氏，毛利芳蔵氏(故人)，中田明正氏といった優れたリーダーが全体を引っ張り，1970年以降コミュニティ形成・まちづくり運動へと展開させていったことは本書第II

部の事例報告に詳しい．と同時に，丸山地区，真野地区では前記リーダーは第一線から退きその薫陶をうけた同世代のリーダーにバトンタッチされ，上六地区では再開発ビルの完成に伴い株式会社へと組織再編される中で，新しい展開が模索されていた段階にあったことを事例報告から読みとることができる．

さて，1995年1月17日，あの阪神淡路大震災が発生した．丸山地区，真野地区はいずれも被害の大きかった長田区にある．「丸山地区」は，長田区の中でも六甲山南の山麓に立地する坂の町であることから，下町の「真野地区」に比べると被害は少なかったが，それでも全・半壊家屋1,100の被害があった．しかし，「日頃の消防，防災活動が効を奏し，死者1名を出すにとどまり，地区内に火災は1件も発生しなかった」と，現会長は語った．前回調査時には1館しか建設されていなかった住民自主管理の「自治会館」は，1999年に二館目が建設され，また高齢化の進展の中でディサービス併設型の「ケアハウス」が地区内に建設されたことがこの間の変化としてあげられた．

では，「真野地区」はどうか．地震直後の住民による消火活動，翌日からの炊き出し，翌々日には小学校に災害対策本部が設置され，この下に16の自治会長，さらにその下に避難所の責任者，それぞれの避難所ごとに部屋毎の班長が決められ，お年寄りや一人暮らしの人にも救援物資が公平に届くように配給体制がつくられるなど（阪神淡路支援NPO編『真野まちづくりと震災からの復興』自治体研究社，1995），この真野の震災時の緊急対応は，当時マスコミで盛んに取り上げられた．ともすればそれは「自治会」のそれのように報道されたが，そうでないことを，リーダーの岸野健治氏（故人）は，次のように語っている．

「こういう非常時には，そういう組織づくりが大事なんですね．いままで，まちづくり推進会が投げかけて，月に何回か会議をやってお互いに顔を知っていますし，各自治会の様子もお互いに知っていますから，こういう非常時には『これでいこう』という体制ができたら，あとはスムーズに流れます」（阪神淡路支援NPO編，前掲書，p. 46）

それ故，震災から3年後，真野は「被災地で唯一の事例である．復興に当

第IV部 福祉コミュニティへのパースペクティブ

たっても，共同建て替え，公共施設の新設など力強く前進している．もちろんここまでくるには，30年の長い歩みがあった．工場公害の克服から始まり，住環境整備，狭小老朽住宅の共同建て替えなどのまちづくりの歴史である」(岩崎信彦，前掲論文）との評価がなされている．真野のまちづくりは，住民運動の時代から数えると半世紀近くの歴史があり，この蓄積が不幸にも震災という非常事態で遺憾なく発揮され，あらためて真野のコミュニティ形成・まちづくり運動の蓄積を知らしめる結果になった．

　しかし，避難所生活の緊急対応期から応急復興期（情報誌『真野っ子がんばれ』毎週発行）を経て，避難所が解消される1996年8月以降の復旧復興期に入ると，真野にも転機がやってくる．避難所が解消されるに伴い小学校に設置されていた災害対策本部も解散され，これに代わって，復興まちづくり事務所が開設されることになった．同年夏以降，わずか40haの真野地区に市営住宅，高齢者住宅，コレクティブ住宅，民間の借り上げ住宅，共同建て替え住宅の建設が相次いで始まり，1998年には公営住宅，共同建て替えマンション，民間の借り上げ住宅92戸42店舗が完成するなど，復興が急激に進んだ．これに伴い真野地区外から新住民が続々と入ってくるようになるが，その多くは高齢者であり，真野地区は「超高齢化」というコミュニティ構造の転換が起こる．そうした中，真野の復興まちづくりの活動の中心は，神戸市が地域福祉センターとディケアセンターをつくる計画を発表したことを契機に，「ふれあいまちづくり協議会」へとうつっていく．「ふれあいまちづくり協議会」は，震災の前年に結成されていたが，これを契機にこれまでまちづくり推進会のメンバーと兼ねていた委員が改選され世代交代が図られた．結果として第一世代から第二世代がイニシアティブを握るようになっていき，ふれあいまちづくり協議会は再編強化がはかられた（今野裕昭『インナーシティのコミュニティ形成』東進堂，2001）．震災から5年後の2000年3月末，復興まちづくり事務所は閉鎖され，その後，事務所業務は推進会に引き継がれていくが，これにより復興まちづくりは一段落した感がある．今後の真野のまちづくり活動は第二世代にかかっており，その展開が期待されている．

ii）「春日未来委員会」の発足——春日学区住民福祉協議会の展開——

　神戸市の丸山，真野地区及びここではとりあげなかった大阪市上六地区はコミュニティ形成・まちづくり運動では活動の歴史からいっても老舗格にあるが，本書第Ⅱ部の事例に紹介されている春日学区住民福祉協議会は，設立年が1973年からみても比較的新しいまちづくり活動団体である．前回調査時私達研究委員会メンバーは，春日学区の取り組みから多くの示唆を得た．その評価・見解については，第Ⅲ部の奥田道大，第Ⅳ部の越智昇の論文に詳しいが，今回再訪問させていただき，この10年間の春日学区の取り組みは目を見張るものがあった．以下は再訪問した際の筆者のフィールド日誌からの引用である．

　「紅葉まぶしい2002年秋，春日学区を再訪した日は，偶然にも『春日未来委員会』の立ち上げという記念すべき日であった．10数年ぶりに再会した高瀬会長にお許しをいただき，発足の会に飛び入り参加させていただいた．会場には，10の丸テーブルが用意され，地元住民約80名と立命館大学の10数名の学生が揃っていた．高瀬会長の挨拶に始まり，来賓祝辞，会の発足の経緯説明が終わると，地元住民が実施した各種アンケート調査の結果報告，立命館大学の乾ゼミの学生によるボランティアワークショップと，お年寄りワークショップの報告がなされた．その後，地元住民と学生を交えたまちづくりのワークショップが始まった．新幹線の時間の関係で残念ながら途中で失礼したが，やや高齢者に偏った地元住民と，若い学生さん達とのやりとりをみていると，この10年間の春日学区のまちづくりの活動と，今後の春日学区のまちづくりの方向をみたような気がした．」

　会長の高瀬氏によると，この「春日未来委員会」は，1973年から「自治・福祉・防災」の観点からまちづくりをすすめてきた春日学区住民福祉協議会が，30年目という節目を迎えるなかで，地元住民と立命館大学の学生との交流をとおして，次代の春日学区のまちづくりを担う人材を育成しようと，自治会連合会内の専門委員会として立ち上げることになったという．当日のサブテーマとして掲げられた「春日の明日をみんなの力で育てよう」は，未来委員会の設立主旨をそのまま表現している．

先に前回調査に訪れた際私達研究委員会のメンバーは多くの示唆を得たと述べたが，例えば，その一つに町内にボランティアが組まなく組織されており，彼らが中心になって作成した福祉防災地図がある．阪神淡路大震災以後，町内防災マップの作成は一種のブームにもなっているが，驚くべきことに春日学区では，1983年の段階で着手されていた．まら，緊急通報システムが，春日学区の場合は隣家に備え付けられており，その通報が屋外に響くわたるとともに，赤いランプが点滅するシステムであることにも驚かされた．平成14年度の活動一覧をみると，こうした活動は現在でも継続されていることがわかる．前回調査時から新たに6つの事業が加わったが，その中で特徴的なのは，1992年に始まった春日ミニサロンである．これは月1回，ディサービスセンターを利用できない虚弱なお年寄り約10名程度を対象に春日会館の2階で開設された．これは，1996年に春日ディケアセンターが開設されるに伴いここで実施されるようになり，回数は月2回になり，対象数も20名程度に拡大された．また，1996年には，春日福祉サービス調整チームが開設される．これは在宅で介護を必要とする高齢者を地域で支え合うため，行政・専門機関と学区と諸団体・ボランティアで調整チームをつくり介護プランを立てて連携をとりながら支援を行うものである（『春日からの発信』春日住民福祉協議会，1999）．この背景には，高齢化の一層の進展があり，2002年3月末の春日学区の高齢化率は，22.8％に達し，住民の4人に1人が高齢者の時代がすぐそこに見えている．「春日未来委員会」発足にはこうしたコミュニティ構造の変化があることは言うまでもない．

iii）　向島博覧会の動き――東京都墨田区向島地区――

　春日未来委員会に参加する中で思い起こされたのは，東京都墨田区向島地区の「向島博覧会」である．向島地区は，住民参加による防災まちづくりが早くからおこなわれており，1980年代には京島地区と一寺言問地区ではまちづくり協議会が設立され，密集市街地の住環境の改善や防災性の向上をめざして道路や防災施設の整備やコミュニティ住宅の建設がすすめられてきた．しかし，長引く不況の中で目指すまちづくりが思うようにすすまなくなってきた．町工場や

1973年　京都・春日住民福祉協議会発足　1977年　春日会館オープン

平成14年4月

主な関係官庁	主な活動団体		地域福祉活動	発足
・京都市社会福祉協議会	春日住民福祉協議会	1	地域の実態把握（福祉防災地図）	S58
・上京区社会福祉協議会		2	広報活動（春日だより）	48
・京都市社会福祉協議会	Ⅰ独居・寝たきり老人	3	やよい会（◇レクリェーション）	55
・上京区社会福祉協議会		4	布団丸洗い乾燥サービス	55
・上京福祉事務所	・ボランティアの会	5	配食サービス	60
・上京保健所		6	福祉ベルの設置	59
・上京消防署	Ⅱ老人と防災	7	福祉の救出訓練・自主防災訓練	57
	A防火	8	福祉の夜回り	57
	・消防分団・ボランティアの会	9	防災教室	57
	・自主防災会・防火委員会	10	防災訪問	57
・中立売警察署	B防犯・C交通	11	防犯教室	59
	・交通安全会	12	防犯訪問	62
	・ボランティアの会	13	交通教室	59
	・防犯委員会	14	交通安全訪問	62
・御所南小学校	Ⅲ子どもと老人	15	ふれあい教室	61
・柳池中学校		16	学芸会・運動会招待・H1幼老交流	59
・わかば保育園	・ボランティアの会	17	各種プレゼント・老と子の福祉ふれあいH4	57
	・育友会	18	春日いも・もちの配布	57
	・少年補導委員会	19	大文字山登山	61
・上京保健所	Ⅳ老人と健康	20	ゲートボール	59
・医師会・府看護協会	・保健協議会	21	健康教室	60
・市社協・府栄養士会	・体育振興会	22	健康訪問	63
・区社協	・ボランティアの会	23	料理教室	62
・京都市社会福祉協議会	Ⅴ障害者と交流	24	洛陽共同作業所（身障者）と交流	H1
・上京区社会福祉協議会	・ねたきり介護者の会	25	ねたきり介護者の会と交流	59
・上京福祉事務所	・身障者の会・ボラ	26	身体障害者の会と交流	57
・上京保健所	Ⅵその他の福祉活動	27	お年寄りの文化サークル	52
・上京消防署	・宗教団体	28	S57福祉の招待・区民講座	56
・中立売警察署	・ボランティアの会	29	シルバーサークル	59
・府栄養士会	・随時シンポジウム	30	食生活（H3）と住まい（H4）	H3, H4
・府看護協会	H4. H8. H10.	31	春日ミニケアサロン	H4
・京都市住宅局		32	ボランティア研修	57
・アルバック・ハウメッセ		33	ふれあって福祉の町づくり	55
・いきいきサタデー	・住協・育友会	34	施設訪問・親子老料理教室	H4
・行政, 各種団体	・住協	35	春日福祉サービス調整チーム	H8
・京・ふれまちトーク	住協			H11

出所）『平成14年度春日学区ふれあい活動表』春日住民福祉協議会
春日学区自治連合会

商店は閉鎖を余儀なくされたり，空き家の増加に伴い防犯上の問題が発生したりした．この閉塞状態を打破するために，地元の関係団体が連携し，外部の専門家の協力を得て「向島博覧会」が開催されることになった．これまで向島地区ではドイツ・ハンブルグの下町オデッテンゼンと市民交流やドキュメンタリー映画の作成，「神戸市民の被災体験を聞くシンポジウム」「向島デザインワーク」等，住民による主体的な取り組みがすすめられてきたが，向島地区全体では，この向島博覧会がはじめてであった．空き地や空き家，路地等まち全体を会場とし，住民が手弁当で開催した同時多発型イベントである．筆者も参加した第1回の2000年向島博覧会は10日間で50の企画が行われた（『向島博覧会2000』向島博覧会2000実行委員会事務局，2001）．この時点では次回開催は4年後となっていたが，気運の高まりによって急遽翌年も開催されることになった（『向島博覧会2001』向島博覧会2001実行委員会事務局，2001）．この向島博覧会実行委員会が母体になって「向島学会」の発足準備が始まり，2002年4月15日「向島学会」が設立された．向島博覧会は，コミュニティ形成・まちづくり運動の新たな動きとして注目される．

② ボランティア・NPO系

ⅰ) 町田ハンディキャブ友の会──東京都町田市──

　町田ハンディキャブ友の会はこの3月で20周年を迎える．発足の詳しい経緯については本書第Ⅱ部の事例報告に譲るが，前回調査からほぼ10年にわたるこの間の展開をお尋ねすべく再訪問した．かつて町田市社会福祉協議会内におかれていた事務所は，現在町田市役所にほど近い町田ボランティアサロン内にあった．事務局長の高橋氏によると，「この間の大きな変化は，事務所の移転とNPO法人を取得したことである」と語ってくれた．現在の事務所への移転は，発足10周年にあたる1993年の7月であるから，今年で10年が経過したことになる．駅から近いこともあり，会員さんが立ち寄る機会も増え，溜まり場的場所になってきているという．NPO法人の認証は，2000年11月にうけている．町田ハンディキャブ友の会では1998年にNPO法が成立施行した翌1999年の総会で準備会をたちあげ，1年間にわたり学習会を重ね，その結果2000年8

月に申請，11月の認証ということになった．これだけ時間がかかったのは，その設立の目的である「身体に障害があるために外出が困難な方々（車椅子利用者，視覚障害者，歩行困難なお年寄りなど）に，移動の"足"として車椅子でそのまま乗れるリフト付きバスや運転ボランティアさんの自家用車を利用して，自立促進と行動範囲の拡大を図ることを目的とした会」を十分活かした定款づくりを実現したかったからだという．

2002年2月現在の会員数は，利用会員176人，運転会員77人，賛助会員108人になっている．本書に紹介されている時点（1989年当時）の会員数をみると，それぞれ利用会員89人，運転会員92人，賛助会員113人であるから，利用者会員が2倍以上増加したことになる．日々の送迎は1日平均4～5件，多いときは10件にも及ぶという．本書第II部の事例で紹介されているように「病院，通院だけでなく，土曜や日曜に観劇に行きたい，お出掛けしたいとか，そういうことができるシステムができるといいな」という声から始まった活動は，現在でも引き継がれ，観劇ばかりでなく，教会や買い物へとその利用は多様になってきているという．また，毎年1回企画されているバスハイクは，1992年にははじめての宿泊バスハイクが実現し，以来何回か宿泊バスハイクが実施されるようになった．本書第II部でバスハイクの参加報告にあるように，参加者はこのバスハイクを楽しみにしており「そこで浮かべるなんともいえない笑顔をみると，次の企画を考える」と高橋氏は語ってくれた．

「町田ハンディキャブ友の会」のこの10年は，事務所移転やNPO法人化をへて活動基盤が強化されると同時に，日々の地道な送迎活動が続けられてきた．2003年3月には20周年の記念式典が開催され，また新たな歴史が始まることになるが，しかし，今年度をもって都の福祉振興事業財団からの補助がうち切られることになっており，それにかわる財政措置が現段階では明らかになっていないことが，現在の最大の課題になっている．

ii) NPO法人玉川まちづくりハウスの展開——東京都世田谷区——

世田谷区内に1999年12月に認証された「NPO法人玉川まちづくりハウス」がある．この前身ともいうべきものが，第III部の奥田道大論文の中で紹介され

ている「世田谷まちづくりハウス」である.

「世田谷まちづくリハウス」は，1987年策定の「新基本計画」において住民参加をすすめる新しい仕組みとしての「世田谷まちづくりセンター」の設置の実験として，1988年7月世田谷区太子堂にオープンされた．ハウスに参加している住民の自主的活動への支援，まちづくりワークショップやニュースの発行，月に一度の「ハウス会議」などが実施されていた（『まちづくリハウス活動の記録1988〜1990』，まちづくりハウス，1991）．その後，「世田谷まちづくリハウス」は，1992年4月に「世田谷まちづくリセンター」が設立されると，閉鎖された．

しかし，住民の自主的なまちづくり活動を財政面から支援する公益信託「世田谷まちづくりファンド」が同年12月に設定され，その肋成部門の一つに「まちづくりハウス設置・運営助成部門」が設定された．世田谷区によると，「この『世田谷まちづくりファンド』でいう『まちづくりハウス』は，専門的な技術や経験を生かし，住民主体のまちづくりを支援する非営利の組織を意味している」（まちづくりハウス，前掲書）と述べている．玉川まちづくりハウスは，「区側のこのような動きに対応して設立されたもので，実は1996年度既に旧岡本邸跡の区所有の遊休地利用計画について世田谷区都市整備公社世田谷まちづくりセンターの主催する『まちづくりファンド』以前の試行段階のコンペに応募して入選し助成を受けていました」（「玉川まちづくりハウスについて」『玉川田園調布の概況と会員名簿1999年版』玉川田園調布会，1999）．このような活動の蓄積の中で，冒頭に述べたようなNPO法人の認証を受けることになる．

iii) NPO法人「ひまわり」——東京都世田谷区——

2002年9月ホームヘルプ事業「(株)ひまわり」は，特定非営利の法人格を取得した．発足の経緯は，土建産業の労働者の集まりである東京土建一般労働組合世田谷支部が介護保険の運動を進める過程で介護基盤が不足していることに気づき，「主婦の会」を中心にホームヘルプ事業をたちあげたものである．こうして介護保険実施の1年前，100％出資の「(株)ひまわり」を設立する．ホームヘルプの人材育成をはかるため，支部の「主婦の会」を中心に，一般区

民へも窓口を開いて東京都認可の二級介護資格の講習会を開催し，その1年後，主婦の会を中心に2，3級あわせて有資格者が数百名生まれた．スタートした介護保険の下，ホームヘルプ事業「(株)ひまわり」は順調に活動をつづけ，2002年9月法人認可される運びとなったのである．こうした中，介護を受ける高齢者や家族と交流がふかまりつつあると，同組合は分析している．今後は，介護施設への送迎など「輸送ニーズ」に応えようとの計画もあり，最終的には，地域の介護，福祉ネットワークとして区内の各支所に500名から1000名規模のホームヘルパーを要し，「ディホーム」設置をも構想しているという（『職人の良心をとりもどす世紀に―私たちのまちづくり・住まいづくりの挑戦』東京土建一般労働組合世田谷支部，2001）．

③　セツルメント系（＝地域福祉施設系）

ⅰ)　興望館の80年――東京都墨田区京島地区――

本書第Ⅱ部の事例報告の多くが第二次世界大戦後とりわけ1960年代以降のコミュニティ形成・住民運動団体とその後の地域福祉活動やボランティア活動団体をとりあげているが，その中で例外とも言えるのが，墨田区京島の「興望館」と金沢市の「善隣館」の二つである．この二つはいずれも戦前に発足し，日本の地域福祉の源流とみなされているセツルメント運動を系譜にもち，その起源は古く1884年イギリス・ロンドンのイーストエンドのトインビーホールにまで遡ることができる．私たちは両事例から継続的福祉活動の重みを知らされたが，両施設はこの10年間どのような展開をみたのであろうか．

興望館を再訪問したのは，2002年の4月のことである．筆者のフィールド日誌には「町工場と住宅が密集した，懐かしい狭い路地を辿っていくと，子ども達の声が響きわたっている．10年前定員割れが心配されていた保育園は待機待ちが出るほどまでに好調で，それを示すように館全体が活気にみなぎっていた」（フィールド日誌）とある．館長によれば，児童福祉法の改正に伴い通園希望が多くなり，「待機待ち」まで引き起こすことになったという．

本書第Ⅱ部の事例報告に詳しいが，1919年日本キリスト教婦人矯風会の在京外人によって本所松倉町で開設された興望館が現在地の墨田区京島で活動を開

始したのは，1929年のことである．以来1999年5月をもって創立80周年を迎えた．記念事業の一つとして2000年12月に『興望館セツルメントと吉見静江』（瀬川和男，2000年）なる記念誌が発行されている．興望館の初代館長はアメリカで社会事業経営法を学んだ日本人吉見静江であるが，吉見は着任時四つの活動方針，すなわち1．教育的（保育園，父母の会，クラブ及び組，読書室，夏の学校），2．保健的（診療所，栄養食補給，運動場開放，キャンプ），3．経済的（授産部，貯金，廉売），4．宗教的（日曜学校，日曜夕拝，読書研究の組，母の日，花の日，国際親善日，感謝祭，クリスマス）を打ち出した（瀬川，前掲書，p. 9）．この4つの方針は，現在の興望館事業に踏襲されている．2002年3月末現在興望館の事業は，保育園（定員160名），学童クラブ（定員80名），児童養護施設沓掛学荘（定員30名），自立援助ホームもみの木（定員6名），児童厚生施設地域活動部（年輩者プログラム会員60名，教室活動会員140名，キャンプ延参加者350名，全体イベント，ボランティア育成，国際交流）となっており，10年前に訪れた時よりいずれの事業も活発化している．

　戦後から1980年代までは本書事例に詳しいのでそこに譲るが，1990年代に入ると，製造業の町工場が多い当地域では経済不況と少子高齢化が深刻化し，子供たちの養育環境が悪化してきた．そこで興望館としては，保育・学童クラブの充実，情緒障害や児童虐待に対応した自立援助ホームの開設，地域活動部における年輩者プログラムの一層の充実を図るなどの活動を展開してきたという．とりわけ先述のように10年前は定員割寸前であった保育園は待機児もみられるほどであり，2001年度は乳児の定員を増員したという．また，地域の高齢化に伴い現在の年輩者プログラムに加え在宅サービスの要望も期待されている．

ii）　善隣館・ルネサンス——石川県金沢市第三善隣館——

　一方，金沢市の第三善隣館は1995年10月創立60周年を迎えた．これに先だつ1993年1月全国社会福祉協議会より『小地域福祉活動の原点—金沢善隣館活動の過去・現在・未来—』（阿部志郎編著，1993年）が出版されるなどして善隣館セツルメントは全国的に知られるようになった．現在金沢市内には12校区に善

隣館があるが，その中でも第三善隣館は戦後の善隣館活動の先導的リーダーである荒崎良道によって開設された善隣館として知られている．

本書事例に詳しいが，前回訪問した1990年前後は，福祉バザー，生きがい教室，給食サービス，愛の一針運動，子供ボランティア，ふれあい保育，5人定員のデイサービスなど現在につながる各種事業が出揃った時期であった．筆者が訪れたのは2002年4月の桜の季節であったが，フィールド日誌を紹介すると，「第三善隣館の玄関で見覚えのある事務局長が出迎えてくれた．10年振りの再会である．1992年に改築されたというセンターは，1階が15人定員のB型ディサービスセンター『さつき苑』，2階は愛育保育園，3階は会議室と大ホールの幼老一体型である．10年前さつき苑は5名定員の地域宅老施設であったが大変な変わり様である」（フィールド日誌より）．ここにあるように，1992年幼老一体化の施設整備を皮切りに，様々な場面で第三善隣館が紹介される機会が多くなり，さまざまな試みが第三善隣館で行われた．

2002年4月現在，社会福祉法人第三善隣館は，愛育保育園（保育所事業），味噌蔵福祉センター（隣保事業），デイサービスセンターさつき苑，味噌蔵児童クラブ（放課後児童健全育成事業）の各事業から運営されている．味噌蔵福祉センターの隣保事業には，味噌蔵長寿会が運営する「いきいきサロン」，味噌蔵婦人ボランティアが運営する「友愛のつどい」，子供ボランティアつくしの会が運営する「友愛訪問」，相談業務その他の活動が展開している．1992年金沢市は「福祉プラン21金沢」をうけて金沢の財産である善隣館を高齢者福祉の拠点として位置づけ，「善隣館ルネサンス」と銘打ち市の総合福祉計画に盛り込まれ，ますますその役割が期待されている．

iii) セツルメント診療所の50年──東京都足立区大谷田地区──

ところで，わが国のセツルメント運動は大正中期に隆盛をみるが，その系譜をたどると，民間系，行政系，大学系がある．興望館は民間系，善隣館は行政系にそれぞれあてはまるが，大学系としては「東京帝国大学セツルメント」がよく知られている．この戦後版ともいうべき「東京大学学生セツルメント」を前身とする地域医療活動が，東京都足立区大谷田地区で現在も続けられている．

第IV部　福祉コミュニティへのパースペクティブ　261

　セツルメント診療所は，1951年に設立された当初「東大亀有セツルメント診療所」という名称であり，戦前の帝大セツルメントをその前身とする東京大学の学生を中心としたセツルメント活動として始まったものである．1949（昭和24）年のキティ台風による洪水被害のための救援活動が，東大内に医師インターン，看護婦，学生等によって組織され，同年末，正式に東大学生セツルメントが結成された．活動は洪水被害があった葛西に，翌年の1950年には大井町に診療部，保育部が発足され，1951年には足立区大谷田地区に「東大亀有セツルメント診療所」（18時—21時）と「みどり保育園」が開設され，これにつづいて川崎に「東大川崎セツルメント診療所」が設立された．東大セツルメントの主な活動は，戦前の帝大セツルメント活動に倣い，専従部門と学生部門と分かれていた．専従部門は社会人があたり，診療所，保育所の経営などであり，学生部門は，学生が法律相談，保育，労働学校，子供会，勉強会，コーラス，栄養指導，保健などを行い，地域の改良・改善をめざす運動であった．運動に際しては，OSと呼ばれる戦前の帝大セツルメントからの援助協力があり，この点から戦前の帝大セツルメントとの連続が認められる（和田清美・医療法人財団ひこばえ会編『大都市における地域医療，看護・介護の理想と現実——東京都足立区セツルメント診療所50年のあゆみ』こうち書房，2001）．
　さて，1951年6月に開設された「東大亀有セツルメント診療所」は，翌1952年5月戦前のOSや学内，住民の人たちのカンパで大谷田534番地に建物を購入し，ここを診療所と学生ハウスとし，高野勲が所長として常勤医となったのに伴い「セツルメント診療所」と改称された．1954年経営悪化のために「みどり保育園」は閉鎖され，専従部門は医療部門だけになった．しかし，1961年「ポリオ生ワクチン運動」がおこり，ここにOSである大学や研究所の研究者，診療所の職員，学生らと地域の母親との組織的運動が展開され，セツルメント診療所と地域住民との結びつきが強まった．この運動は日本の公衆衛生上特筆すべき出来事とされている．初代所長の高野勲は「地域に根ざした医療活動」を標榜していたが，こうした高野所長の考えは「診療所友の会」の結成につながる．1978年5月28日「診療所友の会」が結成され（2001年4月現在会員数は

697)，1987（昭和62）年本院の改築が完成する一方で，学生セツラーの減少に伴い学生ハウスが閉鎖され，ここに東大セツルメントは公式的にはなくなった．

しかし，「セツルメント診療所」は，順調に発展・拡大をつづけ，翌年の1988年には長年の懸案であった法人化が実現した．その矢先戦後の立ち上げから診療所をまもってきた高野所長が病に倒れた1993年「セツルメント診療所」は転機に立たされた．しかし，その年には「つやま訪問看護ステーション」を立ち上げ，地域看護・介護活動が本格的に開始され，1998（平成10）年には，5階建ての分院を開設し，地域医療とりわけ在宅医療をより充実させてきている．

④　民間支援援助団体系
ⅰ）「女性の家ヘルプ」の多様な展開

日本キリスト教婦人矯風会は1886年に設立された女性の人権と自立獲得のための運動団体である．同会は創立100年を記念事業として，1986年国籍を問わないシェルター「女性の家ヘルプ」を開設した．設立の経緯などは，本書第Ⅱ部の事例報告に詳しいのでそれに譲るが，以下は，この10年の「女性の家ヘルプ」の利用実態からその展開をみていくこととしよう．

1986年からのヘルプの国別滞在者数の変化をみると，2001年度までの合計滞在人数は3,557人であり，このうちタイ国出身が1544人で最も多く，続いてフィリピン442人，これにコロンビア72人，ペルー60人の順で多くなっている．私たちが前回訪れた1990年頃からタイ人の利用が多くなっていたが，以降圧倒的にタイ人の利用者が多い．タイ人の多くは強制売春から単身で逃げてくる場合が多い．そうした中，1998年にタイ人利用者が減り，これに替わって日本人夫の暴力から逃れてくる子ども連れのフィリピン人が増えた．1998年は外国人の子どもの利用者が48名となり，前年の34名を大きく上回った年であったが，この頃からフィリピン人同様に韓国，中国など子どもを連れた外国人の利用者が増えてくる傾向がみられるようになった．このようなDV被害を受けた女性及び子どもの心理的被害（＝PTSD）ははかりしれず深く，とくに子どもに

対しては保育士，臨床心理士，ヘルプスタッフ，学生ボランティアが加わった「子どもケアプログラム」を開始するなどして現在対応している．また，この頃からコロンビア人もふえてきたという．タイ人同様に入所理由のほとんどが人身売買及び性産業である．従って，2001年度の外国籍の利用者の入所理由は，「人身売買」が半数近く，「夫・恋人からの暴力」が4割，「病気・帰国・その他」が14％が，「ホームレス」が6％となっている．

一方，近年の傾向として日本人の増加が顕著である．とくに1998年は，日本人女性の滞在者が81名を数え，設立以来初めて外国人女性の利用者数を上回った．以来日本人の滞在者は増え続け，2000年には100名を超えた．しかし，DV法が施行された2001年度は日本人利用者の数は75人と前年を大きく下回った．これは入所理由にも反映し，2000年度では「DV」が63％，「ホームレス」が32％であったものが，2001年度は，「DV」が46％，「ホームレス」が45％で，「ホームレス」で入所する人が多くなっている．「ホームレス」の支援団体として知られている「ふるさとの会」では，昨年女性のための「宿泊施設」を立ち上げ話題をよんだが，ヘルプがこのような利用実態にあることに驚かされた．

以上のように，ヘルプの外国人利用者の大多数は，人身売買による単身のタイ人女性であるが，近年の傾向として日本人夫の暴力（DV）から逃れて子どもを連れてヘルプにくるフィリピン，韓国，中国などの外国人女性が増えていること，また1998年に日本人女性が外国人利用者を抜いて以来日本人利用者とくに50歳代以上の中高年齢者の利用が年々増え，入所理由では，「夫・恋人からの暴力」が半数以上を占めていたが，DV法施行以降は「ホームレス」が増加傾向にあることが分かった．このような「ヘルプ」利用者の実態からみえてくるのは，「人身売買」，「DV」，「ホームレス」，「児童虐待」問題など前節で述べた「新しい社会問題」そのものであり，「ヘルプ」に現代の社会問題を見たと言っても過言ではない．

「ヘルプ」では，滞在2週間のうちにケアワーカーを含めた8人のスタッフが，人身売買の場合は警察への被害届け，帰国の準備のために法務省や大使館

HELP 国別滞在者数

1986年4月1日～2002年3月31日
＊（ ）内は子どもの数を示す

国　名	1986-1997	1998	1999	2000	2001.1.1-3.31	01.4.1-02.3.31	合　計
タ　　　　　　イ	1457(54)	29(10)	12(6)	16(12)	6(3)	24(8)	1544 (93)
フィリピン	365(80)	21(29)	14(29)	22(24)	5(7)	15(26)	442 (195)
コロンビア	32(4)	4(1)	6(4)	10(4)	9	11	72 (13)
ペ　ル　ー	49(9)	3(1)	3(1)	3(3)		2(2)	60 (16)
韓　　　　国	21(8)	6(5)	9(6)	3	2(1)	2	43 (20)
中　　　　国	16(5)	4(2)	4(1)	7(2)	1(1)	2	34 (11)
ブラジル	19(2)	2(2)	2(1)			2	25 (5)
台　　　　湾	15(4)		7			1(1)	23 (5)
メキシコ	11		1	1		1	14
アメリカ	12(2)	1					13 (2)
イ　ラ　ン	6(4)	2	1				9 (4)
無　国　籍			5	3			8
マレーシア	7(2)						7 (2)
インドネシア	5	1(1)				1	7 (1)
イギリス	6			1			7
ベトナム	1	1	1		1	1(2)	5 (2)
香　　　　港	5						5
スリランカ	3(1)					1	4 (1)
ボリビア	3					1	4
チ　　　　リ	3(2)						3 (2)
ト　ル　コ	3						3
オーストラリア	2					1	3
カ　ナ　ダ	3						3
バングラディシュ	1(1)			1(1)			2 (2)
グアテマラ	1(1)		1(1)				2 (2)
ケ　ニ　ア	2(2)						2 (2)
ギ　ニ　ア			2(2)				2 (2)
ビ　ル　マ	2(1)						2 (1)
エクアドル	2(1)						2 (1)
フランス	2(1)						2 (1)
ド　イ　ツ	1	1					2
ウクライナ						1	1
そ　の　他	8(1)	1		2(1)			11 (2)
不　　　　明	2						2
小　　　　計	2065(185)	76(51)	68(51)	69(47)	24(12)	66(39)	2368 (385)
日　　　　本	774(300)	81(29)	94(19)	115(63)	50(20)	75(22)	1189 (453)
合　　　　計	2839(485)	157(80)	162(70)	184(110)	74(32)	141(61)	3557 (838)

（　）内は子どもの数を示す

その他＝ジンバブエ，コスタリカ，ノルウェー，ナイジェリア，エストニア，ルーマニア，スウェーデン，イラク，ラオス，ネパール，アルジェリア
出所）『婦人新報』2002年6月号

第Ⅳ部　福祉コミュニティへのパースペクティブ　265

入所利用内訳

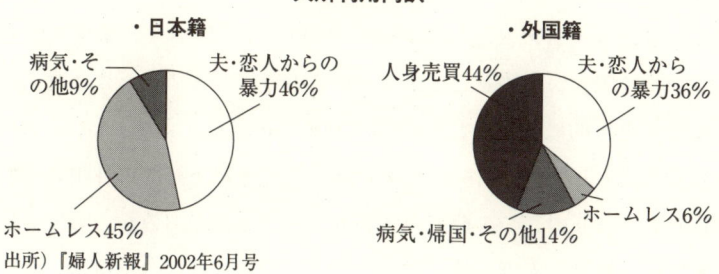

・日本籍
- 夫・恋人からの暴力46%
- 病気・その他9%
- ホームレス45%

・外国籍
- 人身売買44%
- 夫・恋人からの暴力36%
- ホームレス6%
- 病気・帰国・その他14%

出所）『婦人新報』2002年6月号

に掛け合ってビザやパスポート，チケットの準備をする．離婚や子どもの国籍取得の場合は裁判所へ，ホームレスの場合は病院や一時保護施設へつなげ，生活保護をもっている人には就労斡旋やアパートの斡旋，あるいは女性相談センターなど他の諸機関等々との交渉を行い，次の自立した生活支援のために整備，準備を行う．同敷地内にある矯風会運営の「慈愛寮」（生活環境に困窮した女性の産前産後の安静と育児指導の援助をする婦人福祉施設）と「ステップハウス」（単身女性のために宿泊施設）は，ともに女性の自立のための中間施設であるが，こことの連携は見逃せない．「慈愛寮」は1894年に創立されており（社会福祉法人慈愛会編『慈愛寮の百年のあゆみ』ドメス出版，1994年），単身女性の自立のための「ステップハウス」は，2000年10月に開設されたばかりの施設である．ちなみに「慈愛寮」は，例年70名平均の利用があるというが，2001年度は91名（年少者は17歳3名）と大幅に増えた．これは暴力被害者の緊急入院による増加のためであり，9名の幼児同伴のうち6名が暴力被害者であるという．退所者実数は，大人83名，このうち外国人の利用者は9名，子の父が外国人は6名に上ったという．また，女性の人権獲得のための運動は，他の民間シェルターとの連携，また「移住労働者と連帯する全国ネットワーク」に参加するなど，運動の輪を広げている．ちなみに，「移住労働者と連帯する全国ネットワーク」には，本書第Ⅱ部の事例に紹介されている「カラバオの会」代表の渡辺英俊氏も参加している（『「多民族・多文化共生社会」に向けて―包括的外国人政策の提言・2002年版』移住労働者と連帯する全国ネットワーク，2002年5月）」

ⅱ）青丘社・ふれあい館——川崎市桜本地区——

1988年6月14日オープンした「ふれあい館」は，「日本人と韓国・朝鮮人を主とする在日外国人が市民として子どもからお年寄りまで相互にふれあいをすすめること」を目的に設立された全国で初めての施設である．「ふれあい館」は社会教育施設としての「川崎ふれあい館」と児童館としての「川崎市桜本こども文化センター」の二つの機能をあわせもった施設であるが，設置者は川崎市，運営は社会福祉法人青丘社（在日大韓基督教会川崎教会を母体とし，1973年法人認可）の公設民営の施設である．同館を青丘社が運営することをめぐる地元とのやりとりについては，本書第Ⅱ部の事例報告に詳しいのでそれを参照されたいが，開設当初，ふれあい館は市教育委員会社会教育課，子ども文化センターは市民生局青少年課がそれぞれ所管していた．その後行政職員派遣の引き上げ，市の機構改革を経て，現在は，市民局青少年育成課に所管が一本化されている．ただし，社会教育事業予算は，教育委員会生涯学習部より市民局を経て社会福祉法人青丘社に委託されている（『だれもが力いっぱい生きていくために』川崎市ふれあい館・桜本文化センター）．現在，常勤職員6人，非常勤5人の職員（学童保育指導員，民族文化講師）がいる．

ふれあい館（児童館および社会教育機能を含む）の活動は，基本的に子ども中心の事業と貸し館業務，そして年間をとおしての種々の社会教育講座が組まれている．筆者が訪問した日は平日の午後であったが，館内は子どもの声が飛び交い，子どもの出入りが頻繁にあり，ふれあい館が利用されている実態がよくわかった．児童館としての「桜本文化センター」では，子どものあそび指導と各種事業の開催，学童保育ロバの会，こどもの森クラブ（あすくる事業），子ども文化学習サークル（こども舞踊クラブ，こどもチャンゴ・クラブ，ケナリクラブ，サークル・ダガット），おおひん虹の会の学齢児活動，中学生部，高校生部がある．このうち「サークル・ダガット」は，フィリピン人にルーツをもつ子どもの集まりで，毎回5～6人があつまるという．ここでは親から就学相談を受けたり，離婚や在留資格の問題などの相談も時には寄せられ，専門機関へつなぐこともしばしばあるという．一方，社会教育施設としての「ふれ

あい館」の活動は，ふれあい講座の開催（人権尊重講座，家庭教育講座，成人学級，民族文化講座，ハングル講座，料理講座，ボランティア養成講座，母国語学級，識字学級，講演会，社会教育研究集会），成人学習サークルの育成，学校連携事業，共に生きるための啓発講座，貸し館事業がある．現在，識字学級は，週2回開いているが，もともと識学学級は在日韓国・朝鮮人のために設けられたものであったが，ここ数年中南米，フィリピン，中国人の参加がみられるようになったという．

ふれあい館の重要な活動に「共生のまちづくりネットワーク」がある．その一つは在日韓国・朝鮮人教育の実践活動である．具体的には県教育委員会から桜本三校への「ふれあい教育」の研究委嘱（1984～1985年度）および市の「在日外国人教育基本方針」に基づく「人権尊重教育」（1986～1989年度）の研究委嘱の教育実践が現在もすすめられている．二つ目は，「おおひん地区街づくり協議会」の活動である．1991年11月，近隣6つの町内を横断的に結び街づくりを展望するための協議会の結成がこれである．現在ふれあい館が事務局機能を担っており，行政の長期プランに地域のプランとして意見を反映させる一方，街をあげてのイベント「春まつり」を実施している．また館は，1990年より商店街のまつりに農楽隊を組織して参加している．

また，最近，「高齢者事業」と「おおひん虹の会」を立ち上げた．「高齢者事業」は，在日1世を対象に，高齢者ふれあい相談窓口の開設（2000年度），ふれあい高齢者交流事業（2001年度）を開設している．また1998年より「トラジの会」（週1回の昼食会，リハビリ教室，見守り入浴）を主催している．「おおひん虹の会」は，自助グループ「障害児・者の親の会」を中心に，ボランティア，職員の三者で小学校4年生以上から成人まで対象に週2回活動を行っている．2001年10月より生活ホーム「虹のホーム」を，館の隣の民間アパートを借り上げ発足しており，新たな展開がみられる．

⑤ 公的専門諸機関系

地域における福祉課題，問題が複雑化し，専門的対応が求められてきていることは，これまでも指摘してきた．ここでは，このように複雑化し，専門化し

た問題への専門機関と専門職の役割について，東京都大田区南行政センター地域健康課が実施している「コアラルーム」を紹介したい．

大田区南行政センター地域健康課では，月に1回，保健士が中心になって外国人の母親への子育て支援を目的に「コアラルーム」を開催している．中国，フィリピン，スリランカ，インド，ベトナムなどアジア系外国人の母親とその子どもが参加している．初年度である1999年度は5月から5回実施し延べ37組の参加，2000年度は6回実施し延べ70組145名の参加，2001年度は6回実施し，延べ82組162人の参加をえ，年々参加人数は増加している．

保健士の梅実氏によれば，「大田区の中でもこの南地域行政センターのエリアには，アジア圏出身のお母さんがとても多い．新生児の検診と訪問活動をするなかで，外国人のお母さんたちは文化の違いもあり，子どもが生まれても相談相手がいないため，どうしたらよいかわからなくて孤立してしまいがちであることがわかりました．中には虐待を心配するケースもありました」と語ってくれた．そこで，外国人の母親たちが育児について語り合い，気軽に相談できる場，さらに友達づくりができる場を提供しようと開設したのが，コアラルームなのである．コアラルームには，保健士2名の他に，児童館職員2名（レクレーション担当），民生委員2名（受付，児の保育を行う），通訳ボランティア（英語，中国語，マレー語各1名）が運営を行っている．

（4） 21世紀福祉コミュニティの構想

① 地域の現場を読み解くと

さて，前述のような地域の現場での取り組みから，21世紀初頭の現在「福祉コミュニティ」はどのように構想あるいは展望が描けるのか．筆者は，再調査を終えた今あらためて「コミュニティ形成・まちづくり運動であれ，あるいは，さまざまな地域ボランティア活動であれ，福祉コミュニティが共通の地平でとらえだしたことは，確かである．各活動・運動が，福祉コミュニティを発想する，あるいはコミュニティに内在する生活の新しい『質』に漸く気づきだした，と言えようか．表現をかえれば，各活動・運動ともに，福祉コミュニティを避けては通れない，そのような時代の地平を迎えたと言うことであろう

か」（本書 pp. 3〜4）を実感し，「福祉コミュニティの内実は，『洗練と成熟』にある」（本書 p. 190）ことを，再確認している．もちろん，10年前よりも「地域」での福祉課題が複雑化し，より専門性が高まっていることは事実であるが，否それだからこそ生活の場である「地域」への視線が強まり，住民自らの主体的・自発的な取り組みや活動・運動がますます求められてきている．阪神淡路大震災の最大のインパクト，教訓はここにあると考える．ここに発想としての「福祉コミュニティ」の真髄があり，繰り返しになるが，何故本書第II部の事例報告が，1960年代型住民運動，まちづくり運動を起点とし，それ以降の地域福祉活動，ボランティア活動を主軸においたかの意味がここにある．と同時にこのことは本稿で取り上げた全事例にあてはまる．

「コミュニティ形成・まちづくり系」では，この分野での老舗格の神戸市長田区丸山・真野地区の両事例，京都市春日学区の事例，そして東京都墨田区向島地区の向島博覧会の事例を紹介したが，丸山・真野地区では震災を契機に，春日学区では高齢化を契機に，向島地区はインナーシティ問題を契機に，それぞれ新たなまちづくりの展開を見せていた．これらはいずれも大都市インナーエリア地域にあり．そこでのポイントは，少子・高齢化していく「まち」を次世代にどうつないでいくかであった．「ボランティア・NPO系」は，NPO法の施行を背景に福祉・まちづくりの担い手として注目されていることを受け，その実態の一端を紹介した．その中で「ひまわり」の事例は，東京土建労働者組合世田谷支部がこれまで踏み込んでこなかった「地域」すなわち「まちづくり活動」への一つの取り組みであった．これは直接には介護保険が契機であったが，同組合は阪神淡路大震災時のボランティア参加経験から，地域防災の認識を強め「町内レスキュー隊」を組織している．これが同組合の「地域」＝「まちづくり」への取り組みの最初の試みであった．このようにあらためて「地域」に視線が注がれている．「セツルメント系」は，地域福祉計画の策定と絡んで，日本の地域福祉の源流とみなされている「セツルメント」に近年注目が集まっている．事例として取り上げた「興望館」「善隣館」「セツルメント診療所」は，それぞれ民間系，民生委員系，大学系として類型化されるが，いず

れにあっても，80年，60年，50年と長い活動の蓄積をもち地域に根付いていることは再評価されるべきである．その際常に地域のニーズを把握しこれに対応して現在まで継続的活動を展開してきていることに目を向けることが肝要である（和田清美，前掲論文，2003）．「民間支援援助団体系」では，「女性の家ヘルプ」と「青丘社・ふれあい館」を取り上げた．「ヘルプ」はこの10年間で利用者に変化がみられるが，国籍をとわず，人身売買，DV，幼児虐待，ホームレスなど時代の社会問題を抱えた女性の一時避難施設としてその役割をますます高めている．一方の青丘社が運営する「ふれあい館」では，在日韓国・朝鮮人と日本人との共生を目的にさまざまな事業展開を行っているが，近年ではその他の外国人への対応や「障害児・者の親の会」へのサポートなど新たな展開がみられていた．「公的専門機関系」は，東京都大田区南行政センターの保健士による「コアラルーム」の活動をとりあげた．これは保健士を中心に，児童館職員，民生委員，ボランティアの人々と外国人母子の集まりである．筆者は，ここに専門職としての保健士及び保健所，保健センターが日々の赤ちゃん訪問や検診活動をとおして明らかにされる子育て不安や育児支援，あるいは虐待，DVなどへの対応に注目し，その一つの事例として，「コアラルーム」を紹介した．最近南多摩保健所での保健士による児童虐待予防システム開発の取り組み例も報告されている．もちろん，保健所，保健センターばかりでなく，児童相談所，福祉事務所，子ども家庭支援センター，女性センター，在宅介護支援センター，自立支援センター等々の公的専門機関および専門職の役割が期待されると同時に，これに民間の諸団体，諸機関，ボランティアとの有効な連携の問題がうかびあがってくる．

② 21世紀福祉コミュニティの構想——制度設計との関連で——

以上のように，1990年代の少子・高齢化，家族基盤の弱体化，グローバリゼーション，低経済成長への移行などの社会経済状況の変化を背景に，福祉コミュニティはますます現実味をもって構想される段階にあることがわかる．では，その構想を具体化していくにはどのような課題があるのか．以下，この点にふれて本稿を終えることとしたい．

ⅰ) 福祉コミュニティを支える「人」と「組織」

　先に述べたように阪神大震災以降,「コミュニティ形成・まちづくり」の重要性,さらには「地域」の重要性が再認識されてきている.しかし,21世紀の「福祉コミュニティ」を構想するにあたって,その鍵となる「人」と「組織」の問題はいまだ不定形と言わざるをえない.それは,「コミュニティ形成・まちづくり系」に先鋭的に現れている.「真野地区」の事例にあったように,震災段階でのそれは,故毛利芳蔵氏に薫陶を受けた生え抜きの第1世代(象徴としての「まちづくり推進会」)がイニシアティブをとったが,「地域福祉センター」の建設計画を契機に,世代交代が図られ,一気に第2世代(象徴としての「ふれあいまちづくり協議会」)が登場する.しかし,その行く末は定かでなく,いわば現段階はその過渡期にあると言える.春日学区の事例も同様である.春日学区の30年にわたる地域自治,福祉活動を担ってきた現会長は,時代のリーダーの育成を「春日未来委員会」に託したことはすでに紹介したとおりである.福祉コミュニティを支えるもう一方のリーダー,組織として期待されているNPOについては,どうか.筆者らが2002年8月世田谷区内のNPO法人を対象に実施したアンケート調査から代表者の属性をみると,男女の割合はほぼ半々,年齢は60歳代と,40・50代の割合がほぼ半数づつ,区内に居住している人は8割,そのうちの8割が30年以上となっている.しかし,それにもかかわらず,他団体との協働を聞くと,7割の法人が実施しているが,協働の相手は「他のNPO法人」「社会福祉協議会」「ボランティア協会」が高く,「町内会・自治会」との協働は低い(『21世紀の新しい自治体行政への挑戦—第二次世田谷区政白書』こうち書房,2003).1996年第6期コミュニティ問題研究会では,市民活動の「地域」への参入を期待して,『コミュニティ行政の新たな展開—「コミュニティ」から「市民活動」へ,そして再び「地域」へ』(東京都生活文化局コミュニティ文化部振興計画課,1996)を提言したが,NPOや市民活動団体の「地域」への参入の道筋は,現段階では見い出しにくい.その一方,行政は,NPO・市民活動支援を推進している.こうした中でむしろ,NPOや市民活動団体は,その財政基盤の問題にかかわって行政からの委託事業や協働事

業化の方向に進むのではないかとの懸念をもつ．

　この点と関わって，次に福祉コミュニティを支える組織についてみていこう．ここでの一つのポイントが，法人格取得の問題がある．奥田道大が本書第Ⅲ部で「コミュニティ形成・まちづくり運動の『横綱格』と言われた本書の事例では，いずれもこの『法人化』を結局のところ断念して，従来の運動路線をとおした．『法人』化には，さまざまな煩雑な事務手続きがある以上に，行政『許認可』事項の『法人』化は，民間運動の本旨にそぐわない．また，『法人』は運動と組織の性格を変えるのではという危惧が，思いとどまらせた主な理由である」(本書, p. 207) と述べている．今回再訪問した中に法人化した「コミュニティ・まちづくり系」団体はなかった．しかし，その一方で，奥田道大は「運動を実質上支えた人と組織に過重な『負担』をかけてきた」(同上頁) ことも確かであると述べている．そこで，奥田道大はアメリカの大都市衰退地区に事務所をもつCDC (Community-based-Development Corporation) を提案する．奥田によれば，「NPO (Non-Profit Organization) と規定される組織形態であるが，ここでのCDC等は，多様なエスニシティ系統の「普通の居住者」対象の地域社会のまとまりと再活力化につながる，住まいや近隣環境，教育，青少年動員化，高齢者ケア，雇用（再雇用）機会と仕事おこしその他の面にわたる技術指導と地域経営の実践，ノウハウを，専門家スタッフ，および市民ボランティアの立場で提供している」(奥田道大「都市コミュニティの再定義」奥田道大編著『都市』東大出版会, 1999, p. 295)．筆者は，奥田の言う「CDC」に詳しくないが，例えば，神戸市真野地区に隣接する「新長田」のまちづくり会社の事例や，先に紹介した「向島博覧会」の取り組み──例えば，若者の転入と空き家の改修，空き地の点検と老朽家屋の対策，グループマンションづくりなど──などは一部該当しよう．

ii) 福祉コミュニティを支える「公」と「私」────公共とは何か────

　福祉コミュニティを構想する場合，その大きな論点に「公」と「私」の連携の問題がある．2000年に入って「公共性」の概念の再検討が始まり，学界でのブームともなっている（例えば，佐々木毅・金泰昌編『公共哲学（1）（2）』東京

大学出版会, 2001). そうした中,「新しい公共」論が取りざたされるようになっている. その概念の提起は1997年の段階でされていたが, ここ1, 2年にわかに活発化していることはすでに紹介したとおりである.

新しい公共とは,「行政のみが『公共』を占有していた『古い公共』との対比において, 行政, 市民, NPO, 企業等の協働によって創り出される『公共』の新しさが強調される」(平岡公一「このシンポジウムがめざすもの」『地域福祉学会報告要旨集』2002年6月) であった. このこと自体は, 公共の概念から言ってまちがいではない. しかし, 問題は, 行政, 市民, NPO, 企業等の協働が, 公的責任の役割放棄, 撤退の論理に使われていることにあると考える. つまり,「財政危機」「財源論」に端を発する「公私の役割分担論」すなわち「新しい公共論」とは, 福祉コミュニティの公私協働=パートナーシップ論とはその目的なかんずく発想を異にしていることを強く主張したい.

福祉コミュニティの構想する「公」と「私」の役割分担のありようは, 青丘社のパンフレットに書かれている次の文章に込められている.

「ふれあい館は, 地域の市民運動, 地域活動の中から生まれた. 共に生きるため, 民族差別を一つひとつ刈り取る作業を重ねつつ, こんな事業展開が必要だということで, 地域と行政がパートナーシップをとることによって館は誕生した」

また,「女性の家ヘルプ」の母体である日本基督教婦人矯風会の機関誌『婦人新報』には, DV当事者支援の内容の再検討にかかわって, 次のように述べられている.

「民間シェルターは, 当事者女性とその子どもたちの緊急一時保護だけでなく, 当事者中心の視点によるケースワーク, 子どものケア, 弁護士や入国管理局, 大使館などへの同行, 退所後のフォローなど自立支援まで含めた総合的な支援を行っています. また, 電話相談により, DVについての必要な情報や『シェルターを利用せずに暴力関係から逃れるため』の継続相談などを行っています. 一方, 公的機関は依然として『指導』『更生』という視点からの対応がみられるとされており, また子どもについての支援もこれからという状態に

あります．今後は，DV当事者支援の内容と質の問題について，民間と公的責任の明確化を求め，お互いの力量の向上を図っていく必要があると考えます」
(『婦人新報』No. 1221, 2002年6月)

これらの指摘から，福祉コミュニティ構想における「公」と「私」の求められるべき関係，パートナーシップは，お互いの役割分担を明確化し，相互に補い合う関係構築に他ならないことを示している．

iii) 福祉コミュニティの制度設計——地域福祉計画に求められるもの——

ところで，社会保障審議会福祉部会が2002年1月28日発表した『市町村福祉計画及び都道府県地域福祉支援計画策定指針の在り方について（一人ひとりの地域住民の訴え）』において，とくに「市町村地域福祉計画」のなかで，市区町村社会福祉協議会の役割を，以下のように位置づけている．

「〇地域福祉を推進する様々な団体により構成された市区町村社会福祉協議会は社会福祉法において地域福祉を推進する中心的な団体として明確に位置づけられている．また，福祉協議会は，元来，地域住民主体を旨とした地域住民の参加の推進やボランティア，福祉教育，まちづくり等の実績を有することを踏まえ，地域福祉計画策定に当たっては市町村の計画策定には積極的に協力することが期待される．

〇なお，社会福祉協議会が中心となって策定している地域福祉活動計画は，住民等の福祉活動計画として地域福祉の推進を目指すものであるから，地域福祉計画とその内容を一部共有したり，地域福祉計画の実現を支援するための施策を盛り込んだりする等，相互に連携を図ることは当然である．」

以上のように，本指針で地域福祉計画における社会福祉協議会の役割なかんずく市区町村社会福祉協議会が中心となって策定している地域福祉活動計画への配慮をみせていることは評価したい．策定の過程でどれくらいの住民参加が達成されているかを十分考慮に入れる必要があることを前提にしつつも，住民の主体的・自発的地域福祉活動は地域福祉計画に充分活かされるべきである．それ故，地域福祉計画を契機に「社会福祉協議会」の役割があらためて問われてきている．福祉コミュニティを支える「社会福祉協議会」の役割について

は, 本書, 第Ⅲ部の奥田道大, 第Ⅳ部の越智昇の各論文を是非再読されたいが,「下からの制度設計」,「草の根からの制度設計」こそが, 福祉コミュニティの構想の基本的理念である. それ故, さし迫っている市町村地域福祉計画は, このような福祉コミュニティの視点から策定されることを期待すると同時に, その策定に際して社会福祉協議会が主導的役割を担うことを再度要請したい.

索　引

ア　行

アウトサイダー	6
「アウトリーチ（外向）」方式	205, 207
アジア系外国人	172
新しい公共	248, 273
阿部志郎	53, 260
荒川区社会福祉協議会	109
荒川すまいづくりセンター	117
荒川探偵団	119
家坂哲男	192
異質性	222
移住労働者と連帯する全国ネットワーク	265
1.57ショック	240
「異文化」理解	190
「異邦人」意識	174
今井仙三	195
岩田正美	244
インターミディエーター	212
インナーエリア	9, 13, 172, 242
運動	216, 218
エスニシティ	242
「エプロン」	192
NPO（＝非営利活動）団体	212, 248, 255
NPO法人	247
NPO法人玉川まちづくりハウス	256
NPO法人「ひまわり」	257
エンゼルプラン	240
大森彌	3, 235
岡村重夫	2, 236
越智昇	2, 8

カ　行

外国人登録人口	14
外国人労働者の人権と差別	212
介護保険法	235
会社人間	5
賀川豊彦	192
学習	217
春日住民福祉協議会	221, 252, 269
家族基盤の弱体化	241
活動	216, 218
神奈川県平塚市富士見地区社会福祉協議会	226
鎌田南睦会	63
上六開発株式会社	156
上六地区	249
上六ムラ	157, 161
烏山杉の子保育園	66
カラバオの会	181
川辺昭吉郎	63
考えながら歩くまちづくりの提言	204
気づきから築きへ	220
「協議会」方式	197
共生のまちづくりネットワーク	267
行政補完組織	197
共同社会のルーツ	222
京都市上京区春日学区住民福祉協議会	121
京都市南区唐橋学区自治会連合会	125
区内小学校の統廃合問題	8
車いす	21
グローバリゼーション	242
ケースワーカー	15
コアラルーム	268
郊外二世	7
公共性	219, 220, 272
公私協働＝パートナーシップ論	273
高次な都市システム	219
公的専門諸機関	268
神戸市	144
神戸市長田区真野地区	149, 250
神戸市長田区丸山地区	12, 136, 220, 250
興望館	100, 201, 212, 258, 270
広報部	230
高齢化社会	194
高齢化対策	14
高齢化率	9, 239
高齢者介護	239

高齢者虐待	241	心理的被害（＝PTSD）	262
高齢者の食事サービス	109	鈴木栄太郎	219
子育て支援	239	鈴木広	2, 233
コミュニティ	214	ステップハウス	265
コミュニティ形成・まちづくり	191	住み合い	15
コミュニティ形成・まちづくり運動	2, 4, 249	住み分け	15
		生活保護法	176
コミュニティ・センター	200	青丘社・ふれあい館	186, 265, 270
コミュニティの定義	3, 13	聖和社会館	183
雇用不安	244	セツルメント運動	258
		セツルメント診療所	260, 270
サ 行		善意	143
在日	179, 182, 183, 186	善隣館	131, 260
在宅サービス	236	洗練と成熟	190, 191, 237, 269
さがみ市民生活会議	192		
「作為阻止型」の住民運動	191	**タ 行**	
「作為要求型」の住民運動	191	第一次ベビーブーム世代	7
座間子どもの家保育園	61	『大河長篇』	191
慈愛寮	265	代弁的プランナー（Advocate Planner）	204
幸せなコミュニティ	2		
自己革新性	222	団塊世代	7
施設	200, 221	団塊世代女性	195
CDC	272	大都市インナーシティ問題	239
児童虐待	241, 263	男女共同参加	237
"施設"づくり	222	地域アウトサイダー	5
シビル・ミニマム	5	地域横結的な組織モデル	197
社会福祉基礎構造改革	235	地域事務所	204
社会福祉協議会	205, 223, 274	地域社協	223, 226, 233
社会福祉法	235	地域社協再活性化	230
社協	212	地域生活の新しい質	190
社協組織図	226	地域の「衰退化」「放棄化」現象	8
宗教的な信仰	232	地域福祉計画	235, 274
住民社協	122	地域福祉文化	2
住民主体のまちづくり	149	地域プロジェクト	5
住民参加型福祉活動	236	地域民主主義	4
少子・高齢化	239	ちゃぼとひよこ	73
女性の家ヘルプ	177, 230, 262	調整型リーダー	196
新規参入型の住民層	194	町内会・自治会体制	197
新宿区大久保界隈	178	町内会調査	9
心身障害者地域作業所「三ツ葉園」	58	町内会の組織加入率	197
人身売買	263	塚本哲	94
「申請主義」方式	205	土と暮らしの互助会	192
人的ネットワーク	198	つやま訪問看護ステーション	262

定時制市民	5
定住化対策	14
低成長への移行	244
「定年」後の男性市民層	196
定年男性層	6
トインビーホール	258
東京大学学生セツルメント	260
東京帝国大学セツルメント	260
東京土建一般労働組合世田谷支部	257
特定非営利活動促進法（NPO法）	247
とげぬき生活館相談所	94
トーコロ情報処理センター	87
都市型社会	215, 219, 222
都市型住民運動の"横綱格"	12
都市化率	239
「都市協同組合」（丸山コミュニティ）	192
都市的＝Urban	190
独居老人	127
ドメスティック・バイオレンス（＝DV）	241, 263, 273
トムソン夫妻	52
共に生きる社会づくり	237

ナ 行

長い道づれ（long engagement）	190
永田幹夫	2, 236
21世紀福祉ビジョン	240
日本キリスト教婦人矯風会	100, 177, 202, 262
日本人の精神構造	224
寝たきり老人	10
ネットワーク	210
練馬障害児をもつ親の会	70
野方の福祉を考える会	74

ハ 行

パラサイトシングル	241
阪神淡路大震災	245
人が変わる	217
人づくり	217
人と人との基本的結びつき	190
ひとり暮らし	115
ひとり暮らし老人	10
日出町地区	173
ひまわり	269
ファミリー・エスニシティ	243
100％民間の"株式会社"	117
フォロアー	196
福祉コミュニティ	214, 222, 223, 231
福祉コミュニティの定義	190
福祉的ストック	191
福祉文化	231
福祉防災地図	121, 253
「普遍」としてのモデル	192
不法占拠	157
フューネラル・マネージャー（Funeral Manager）	204
プリバタイゼーション（私生活主義）	224
プロセスを大事に	144
文化	219
文化変容	3
分業型	215
訪問看護ステーション	240
「法人」化（問題）	197, 198, 207
ホームレス	244, 263
ボランタリー・アクション	215, 231, 233
ボランタリー・アソシエーション	215
ボランタリーな組織	217
ボランティア	135, 218, 229, 232, 249, 255
ボランティア活動	16, 231
ボランティア元年	246
ボランティア組織	221

マ 行

町田ハンディキャブ友の会	21, 255
まちづくり	152, 249
まちづくりセンター	203
まちづくりハウス	200
まちづくりプランナー	204
まちづくり・むらおこし運動	17
まちづくりワークショップ	200
松下圭一	4, 195
丸山コミュニティ	136
三浦文夫	2
三ツ葉福祉作業所	193

魅力あるパーソナリティ	195	有償型	233
民間シェルター	273	有償ボランティア	232
民生委員	131	ゆたか福祉会	169
向島清掃事務所	113	横須賀基督教社会館	52
向島博覧会	253, 269	吉見静江	259
無償奉仕型	233	寄合い場所	198
毛利芳蔵	195, 249	寄本勝美	114
木賃密集アパート	13		
モデル・コミュニティの指定	136		
もやい	11		

ラ 行

リサイクルみなみ作業所	165
連作短篇	191

ヤ 行

ワ 行

安上り福祉	218		
闇市	157	わが地域	215
闇商売	157	渡辺英俊	181, 211, 265
有言実行	145	渡辺保育園	193
有償	77		

編者略歴

奥田 道大（おくだ・みちひろ）

1932年	東京生まれ.
1955年	東洋大学文学部社会学科卒業. 同大学大学院修了. 米国・ブランダイス大学大学院に留学. 立教大学社会学部教授等を経て,
現　在	中央大学文学部教授・社会学博士
専　攻	都市社会学・コミュニティ論
主　著	『都市コミュニティの理論』（東京大学出版会, 1983年）,『都市と地域の文脈を求めて――21世紀システムとしての都市社会学』（有信堂, 1993年）,『都市型社会のコミュニティ』（勁草書房, 1993年）,『都市社会学の眼』（ハーベスト社, 2000年）他

和田 清美（わだ・きよみ）

1955年	神奈川生まれ
1982年	立教大学社会学部社会学科卒業。同大学院社会学研究科博士課程後期課程単位取得退学. 常磐大学人間科学部専任講師・助教授を経て
現　在	東京都立短期大学都市生活学科助教授
専　攻	都市社会学，コミュニティ論，地域看護・介護論
主　著	「1990年代巨大都市東京の地域社会論的位相」（『東京研究』創刊号, 時潮社, 1993）,『高齢社会化と地域看護・介護』（編著, 中央法規出版, 2000）,『大都市における地域医療, 看護・介護の理想と現実』（共編著, こうち書房, 2001）

第二版
● 新シリーズ 社会学　福祉コミュニティ論

1993年3月10日　第一版発行
2003年3月20日　第二版発行

- 編　者　奥田道大・和田清美
- 発行所　㈱学文社
- 発行者　田中千津子

〒153-0064　東京都目黒区下目黒3-6-1
振替　00130-9-98842
電話　03(3715)1501　FAX 03(3715)2012
http://www.gakubunsha.com

・定価はカバー, 売上カードに表示してあります.
・乱丁・落丁本の場合は本社でお取替します.
印刷所―㈱シナノ　・検印省略

ISBN4-7620-1224-6